A Hundred Years' History
of Chinese Parliamentarianism
Who have been represented, by whom?

FUKAMACHI Hideo
深町英夫【編】

中国議会100年史

誰が誰を代表してきたのか

東京大学出版会

本書の刊行に当たっては，学術書刊行基金の助成を受けた．

A Hundred Years' History of Chinese Parliamentarianism:
Who have been represented, by whom?
Hideo Fukamachi, Editor
University of Tokyo Press, 2015
ISBN978-4-13-036257-3

目　次

序　章　誰が誰を代表するのか？　いかに？ ……… 深町英夫　3
　　　　現代議会の多様性　3
　　　　中国議会史の概観　6
　　　　中国議会の歴史的性質　18

第Ⅰ部　中華民国前期

第1章　「選挙運動は不当だ！」
　　　　――第1回選挙への批判 ……………………… ジョシュア・ヒル　25
　　　　はじめに　25
　　　1　共和国のための選挙設計　27
　　　2　最初の省・国政選挙　30
　　　3　選挙運動の実態　32
　　　4　投票日の諸相　35
　　　　おわりに　39

第2章　「神聖」から「唾棄」へ
　　　　――国会への期待と幻滅 ……………………………… 王　奇生　43
　　　　はじめに　43
　　　1　急速な革命の成功と革命後の失望　44
　　　2　「国会神聖」から「国会唾棄」へ　49
　　　3　代議制度よりも議員の品行を批判　52
　　　4　「救亡」と国会　56
　　　　おわりに　60

第3章　民意に服さぬ代表
　　——新国会の「議会専制」……………………………………金子　肇　63
　　　はじめに　63
　　　1　近現代中国における議会権力　65
　　　2　安福国会と「中国銀行則例」問題　67
　　　3　再議権行使をめぐる政府，安福系と中国銀行股東　75
　　　おわりに　80

第Ⅱ部　中華民国後期

第4章　地域代表か？　職能代表か？
　　——国民党の選挙制度……………………………………孫　宏雲　85
　　　はじめに　85
　　　1　職能団体の台頭と代議制改革要求　87
　　　2　国民党の職能代表制構想と孫文の国民会議論　90
　　　3　1931年の国民会議における職能代表制の運用　94
　　　4　国民参政会・国民大会における職能代表制の運用　97
　　　おわりに　100

第5章　一党支配を掘り崩す民意
　　——立法院と国民参政会　…………………………中村元哉　105
　　　はじめに　105
　　　1　政党分離と立法院・国民参政会　107
　　　2　事例研究　109
　　　おわりに　115

第6章　権威主義的指導者と議会
　　——蔣介石の自由民主観　……………………………汪　朝光　119
　　　はじめに　119
　　　1　蔣介石の自由民主観　120

2　蔣介石の「自由」「民主」に対する現実主義的な運用　127
　おわりに　132

第Ⅲ部　中華人民共和国初期

第7章　前衛党と党外勢力
　　──建国期の「人民代表会議」……………………杜崎群傑　137
　はじめに　137
　1　中国共産党の「立法機関」構想　138
　2　中国成立期「人民代表会議」制度の機能　140
　3　「選挙権威主義」体制の確立手段──強靭性　142
　4　「人民代表会議」制度の特質　145
　5　中国共産党の正統性調達の成否──脆弱性　147
　おわりに　149

第8章　実業界と政治参加
　　──第1回全人大と中国民主建国会　……………水羽信男　153
　はじめに　153
　1　人民代表大会と「普選」運動　155
　2　若干の検討　159
　おわりに　165

第9章　「国家の主人公」の創出
　　──第1回人民代表普通選挙　………………………張　済順　169
　はじめに　169
　1　宣伝──主人公とは何か？　171
　2　実演──主人公を感じる　174
　3　「主旋律」の外──別の種類の主人公　179
　4　首都──主人公の様々な側面　182
　5　北京と上海の比較──誰が主人公か　186

補　論　民族／民主
　　　──国共両党政権と満族の政治参加 ……深町英夫・張　玉萍　191
　　　はじめに　191
　　　1　独自選挙──満族・国民大会・国民党　193
　　　2　管理選挙──満族・人民代表大会・共産党　204
　　　おわりに　217

第Ⅳ部　現　代

第10章　権威主義的「議会」の限界
　　　──地方選挙と民意 ………………………………中岡まり　225
　　　はじめに　225
　　　1　権威主義体制下での「議会」の意味
　　　　　──「権力機関」としての人民代表大会の特殊性　227
　　　2　権威主義体制下での選挙の果たす役割　230
　　　3　"権力機関"を作り上げるための選挙の仕組み　235
　　　おわりに　241

第11章　人大に埋め込まれた機能
　　　──代理・諫言・代表 ………………………………加茂具樹　247
　　　はじめに　247
　　　1　何が埋め込まれているのか　248
　　　2　誰に埋め込んだのか　252
　　　3　埋め込まれた機能はどのように発揮されているのか　254
　　　おわりに　258

第12章　立憲主義か民主主義か？
　　　──中国大陸と台湾 …………………………………石塚　迅　261
　　　はじめに　261
　　　1　人民代表大会と人民法院の相剋──中国　263

2　司法院大法官会議の躍動——台湾　271
  　おわりに　279

あとがき　285
索　引　287
執筆者一覧　292

中国議会 100 年史
誰が誰を代表してきたのか

序　章　誰が誰を代表するのか？　いかに？

深町 英夫

現代議会の多様性

　現代における議会（およびそれと不可分の関係にある選挙）の意義に関して，相異なる2通りの見解が表明されている．一方で，2011年にニューヨークのウォール街で始まり，世界各国へ飛び火した占拠（occupy）運動や，2014年に台湾の立法院（国会）を占拠した「太陽花（ひまわり）」学生運動は，議会制度（あるいは間接民主制）への懐疑や失望に根差した，直接的な大衆行動であったと言われる［藤本 2012；唐光華 2014］．他方で，自由な選挙の実施こそが民主主義の条件だという主張も，主に旧社会主義圏や第三世界における体制移行をめぐり，依然として唱えられている［間 2006］．前者は主に先進民主主義諸国において，代議制度が機能不全に陥り民意を反映しえなくなっているという指摘であり，後者は総じて権威主義あるいは全体主義体制の終焉後，民意の表出を制度化すべく代議制度の確立が求められていることを示す．やや乱暴に整理するならば，前者は代表制民主主義という階段の踊り場，後者は1階に位置する国々を指すと言いうるのだろうか．
　早川誠によれば代表制には，「代表する者が代表される者の意見を忠実に再現するという側面と，代表する者が代表される者の意見に束縛されず一定の見解と行動の自由を有するという側面の，ふたつの矛盾する要素が同時に存在」し，間接民主主義とは「代表と市民という二重の主体を用意する」ことにより，多様かつ流動的な民意を有効な政策に変換しようとする制度である［早川 2014：

200-205]．この代表する者と代表される者との分離ゆえにこそ，先に述べたように今日の先進民主主義諸国において，代議制度への疑念が生じていることは言うまでもない．

　民意の負託に（少なくとも擬制的に）支配の正統性根拠を求め，統治者を人民の代表として性格づけるのが現代世界では主流の政治的価値観であり，これは近代的体制を前近代的体制と分かつ1つの指標だとも言えよう．その点において，実は政治体制分類の両極を成すとされる民主主義と全体主義とに相違はなく，それゆえ非民主的な体制下にも（形式的にであれ）人民の代表が構成する機関が存在し，むしろ体制の持続に議会や選挙が貢献するという，一見すると自家撞着的な現象が指摘されている［久保 2013］．無論，そのような議会や選挙が契機となって権威主義や全体主義の諸国も，将来は民主化する（さらに遠い将来には代議制度の限界に直面する）だろうと，上記の「階段」論のように単線的な政治発展の過程を想定することも可能だが，実はこれは十分な歴史の検証を経ていない仮説にとどまる．

　現代中国の人民代表大会や人民政治協商会議は，まさにこの範疇に属する代表的な事例であり，皮肉なことに民主主義的な国々の議会と比べれば，より安定的かつ効率的であるかにすら見える．これは何を意味するのだろう．中国の議会制度は，先進民主主義諸国のそれよりも成功しているのか．無論，人民代表大会および人民政治協商会議という機関は，三権分立の原則を採用している国々の立法府としての議会とは性質が異なり，これを議会の範疇に含めることには本書第10章（中岡）のように異論もある．だが，議会を「選挙によって選ばれた代表者（議員）をメンバーとする政治的意思決定のための合議機関」と定義するならば［川出 2000：217］，このような代議機関は政治体制のいかんを問わず今日ほとんどの国家に存在し，人民代表大会や人民政治協商会議も広義の議会に含めてよいのではなかろうか．世界各国の議会や選挙に関する制度は，それぞれの通時的な政治発展過程の産物にほかならず，「国の歴史，民族の闘争の歴史などが深く刻み込まれている」［新庄 1998：163］．それゆえ上述のような共時的比較を行なうには，多様な各事例の歴史的背景を考慮に入れるべきことは，改めて言うまでもなかろう．しばしば忘れられがちだが，中国は100年を超える議会・選挙の歴史を持ち，それが現代中国の人民代表大会や人民政治

協商会議にも，深く刻印されているのである．

　しかし，日本やイギリスの議会史が歴史学・政治学の古典的な研究領域であるのに対して［中村 1977；内田等 1990-1991］，中国の議会や選挙は民国初期や人民共和国初期といった，各時期の政治（史）研究の中で課題とされることはあっても，通史的な検討はきわめて不十分だった．その1つの理由は，紆余曲折を極めた中国近現代史そのものが体制転換の連続であり，その過程で議会自体が短命に終わったり，時期ごとに議会の性質が大きく異なったりすることであろう．多少なりとも通史的な性質を持つ著作としては，清朝末期および中華民国期を対象としたもの［程舒偉 2006；張朋園 2007；張睿麗 2009］，中華民国前期のみを扱ったもの［薛恒 2007；厳泉 2012；谷麗娟等 2012］，中華民国期から中華人民共和国初期までを検討したもの［金子 2014］，そして共産党政権の代議制度に関するもの［O'Brien 1990；何俊志 2011］があるが，1949年をまたいで民国期から現代までを通観した著作は，管見の限り皆無である[1]．これは従来，1949年以前を歴史学者，それ以後を政治学者が研究領域にするという分業，あるいは住み分けが成立していたためと思われる．だが，1949年の前後を通じてほぼ全時期の体制に，人民を代表する（と称する）何らかの代議機関が存在し，幾度となく繰り返された政治体制の変更には，民意を表出する方式をめぐる試行錯誤，あるいは人民を代表する権利の争奪という側面があり，その結果としてこそ現在の制度が存在していることは，決して無視すべきでない．

　それゆえ近現代100年の議会史——誰が誰を，いかに代表してきたのか——を通観しえてこそ，先に述べたような国際的な比較検討の俎上に中国という事例を載せ，さらには近代国家における間接民主主義（代議制）の意義といった，より普遍的な課題へと考察を発展させることも可能となるのではなかろうか．そのような試みとして，おそらく本書は初めてのものであろう．

---

[1]　この他，対象を議会に限定しない近現代中国政治体制の通史的著作としては，横山［1996］；Shambaugh［2000］；西村［2004］；山田［2007］；深町［2009］；浅野・川井［2012］等がある．

中国議会史の概観

本書は，中華民国前期，中華民国後期，中華人民共和国初期，現代の議会を検討した，計13章から成る[2]．ここでは，各章の概要を要約・紹介するとともに，十分には取り上げられなかった時期について若干の補足を行ない，中国議会100年史の概略を描き出したい．

1. 中華民国前期

中国に議会制度を紹介したのは，清朝末期の列強による「瓜分（分割）」への危機感から，政治体制改革を唱えた思想家たちである．ただし，立憲君主制論者の鄭観応や厳復は，議会を行政権力と相互に牽制し合う立法府としてよりも，君民の協調や一致を図る機関と捉えていたという［李暁東 2009］．清朝は1905年に13世紀も続いた官吏登用制度である科挙を廃止して，1908年に大日本帝国憲法に倣った「憲法大綱」を公布し，1909年には各省に諮議局を開設して議員選挙を実施した．これは極端な制限選挙で，選挙権は一定の職歴・学歴・財産等を持つ25歳以上（被選挙権は30歳以上）の男子にのみ認められ，また資産額を秘匿するために投票権を放棄する者もいた．その結果，有権者が総人口に占める割合は0.42％にとどまり，当選者には官職経験者を含む科挙合格者が多かったという．

こうして成立した諮議局が正式な議会ではなく，あくまでも諮問機関として位置づけられていたのは，鄭観応や厳復と同様の発想に基づくものだろう．だが，このごく一握りのエリートであった諮議局議員たちは予想に反して反官的傾向が強く，むしろ台頭しつつあった地方有力者層の利益を代表し，地方当局に対する行政監督権限を要求した．さらには各省の諮議局が連合して，朝廷に国会の早期開設を3度にわたって請願する．1910年には中央諮問機関として資

---

[2] ここでいう「中華民国前期」「中華民国後期」は，中華民国政府が大陸に存在した時期（1912-49年）を，国民革命（1926-28年）を境として前後に区分したものである．台湾移転（1949年）以後の中華民国の体制に関しては，第12章で中華人民共和国との比較を行なっているが，約100年を通じて（日中戦争期を除き）中国政府の統治下にあった大陸地区に，おおむね本書の検討対象は限定される．

政院が開設され，皇族や貴族から成る欽選議員と各省諮議局から選ばれた民選議員が各半数を占めたが，やはり同様に国会の早期開設を要求した．そのため，やむなく清朝は国会開設予定の前倒し（1916年から1913年に）を決定するが，それでも多くの請願者は不満だった．この点で清朝末期の諮議局や資政院と，君主権力に対抗したヨーロッパの身分制議会の類似性を指摘しうるかもしれない．そして，中央朝廷と地方有力者層との対立を背景に，1911年10月10日の武昌蜂起を契機として，華中・華南の各省が相継いで清朝から独立を宣言し，その連邦的統合により中華民国の成立に至ったのが辛亥革命である［張朋園 1969］．

　中華民国という国家は，各省代表が組織する代議機関によって創出された．独立各省の都督（軍政長官）府の代表が，上海・漢口・南京と場所を移しつつ会合した各省都督府代表聯合会は，12月3日に「中華民国臨時政府組織大綱」を議決して，これに基づき29日に孫文を臨時大総統に選出する．1912年1月1日に南京で孫文が就任し臨時政府が成立すると，やはり同大綱に基づき各省代表の組織する臨時参議院が28日に成立し，各省都督府代表聯合会に取って代わった．しかし，なお北京に残る朝廷を打倒する実力が臨時政府にはなく，清朝北洋軍を擁する袁世凱が2月12日に皇帝を退位させるのと引き換えに，翌日に孫文は辞職を臨時参議院に申し出て，15日に袁世凱が同院により臨時大総統に選出される．だが，袁世凱の専横を予防すべく議会が首長より優位に立つことを規定した，暫定憲法としての「中華民国臨時約法」を臨時参議院は議決し，3月11日に孫文により公布された．

　袁世凱の政権掌握に伴い臨時政府が北京に移ると，上記の臨時約法に基づいて各省代表（主に臨時省議会が選出）により再組織された，臨時参議院も5月1日に北京で開会する．そして，選挙により正式国会を成立させるべく，「国会組織法」「衆議院議員選挙法」「参議院議員選挙法」「省議会議員選挙法」が相継いで可決・公布されたのである［張玉法 1985］．なお，地方においても広東省臨時議会が都督を度々弾劾したように，人民（実質的には地方有力者層）を代表すべき「立法」機関の，軍事力により政権を獲得した「行政」府に対する警戒・抵抗を見ることができる［深町 1999：104-105］．これは中央・省に共通する傾向であり，また清朝末期の諮議局や資政院から受け継がれた性質でもあった．

本書第Ⅰ部は，こうして成立した中華民国の前期における議会を検討した3章から成る．

第1章「「選挙運動は不当だ！」——第1回選挙への批判」（ジョシュア・ヒル）は，正式国会・省議会の議員を選出すべく実施された，衆議院議員・省議会議員選挙の実態を明らかにする（参議院議員は省議会が選出）．臨時参議院が制定した選挙法は1909年の諮議局議員選挙に倣い，初選・複選の2段階選挙と制限選挙の制度を採用した．ただし納税額・財産・学歴といった選挙権の資格は大幅に緩和され，年齢も21歳以上（被選挙権は衆議院25歳以上，参議院30歳以上）に引き下げられている（女子参政権はなし）[3]．しかし，この選挙に当時の世論が期待したのは，個別・特定の集団・地域・階層の利益を代表する人物ではなく，それらを超越して共和国全体の普遍的な利益に貢献しうる，優秀かつ高潔な人物を選出することであった．そして，公共の場所における演説や政党による投票調整といった「選挙運動」，およびそれらの影響を受けた選挙民の投票行動は，まさに公益よりも私利を目的としたものと批判され，選挙制度そのものへの失望を招いたという．

議員は社会の全体と部分のいずれを代表すべきかという「委任—独立論争」は，議会制度をめぐる古典的な難題だが，これを民国初期の中国世論は理想主義的・道徳主義的に捉えたのである．

第2章「「神聖」から「唾棄」へ——国会への期待と幻滅」（王奇生）は，このような世論の批判が，選挙後の議会にも向けられていたことを描き出す．革命派の流れを汲む国民党が選挙で第1党となり，その最高実力者の宋教仁は袁世凱に暗殺されるが，1913年4月8日に開幕した第1次国会に国民は多大な希望を託した．だが，「国会神聖時期」は短命に終わり，多くの議員が買収によって当選しただけでなく，欠席議員が多く流会が相継いだ上に議場の秩序が守られず議事の進行が遅滞したため，6月には世論が議員の品行を非難する「国会唾棄時期」へと転じる．他方で袁世凱が国会の承認を経ずに借款を決定した

---

[3] 有権者が総人口に占める比率は，約10％（一部の省では30％以上）に達した［張玉法 1985：282-284］．当時，フランス・ドイツ・アメリカなどで男子普通選挙が実施されていたが，日本の有権者比率が1889年に1％，1900年に2％，1919年に5.5％であったのと比較すれば，中華民国初期の有権者比率は決して低いものとは言えない．

のを契機に，孫文等の国民党急進派は第二革命を発動する．しかし，地方有力者層は民意を代表するはずの国会第1党よりも，武力を背景に清朝から権力を継承した大総統の袁世凱を支持し，第二革命は短期間に鎮圧された．10月6日に袁世凱は国会で正式大総統に選出されると，11月4日に国民党の解散を命じるとともに同党籍議員の資格を剥奪したため，国会は定足数を満たせぬ「国会衰微時期」に入る．翌年1月10日に国会（さらには省議会）の解散（実態は解散権に基づかぬ解体）を袁世凱は宣告し，第1次国会はわずか7か月の歴史を閉じた．従来は議会制度が短命に終わった原因が，主に袁世凱の独裁志向や孫文の無謀さに帰せられていたが，実際には国会に対する世論の失望こそが本質的な要因であり，その背景には清朝末期以来の「亡国」の危機感ゆえ，短時日に救国の成果を求める性急な国民心理が存在したという．

　議員が世論を代表しえなくなった原因としては，第二革命のように反官的政治参加志向が急進化し，地域社会の利益と矛盾するようになったことも指摘できよう．

　国会を解散し次第に独裁体制を確立していった袁世凱も，少なくとも形式上は民意を代表する機関を必要とした．1913年12月15日には諮問機関として，中央政府のみならず省政府の代表も参加する政治会議を成立させ，これが国会・省議会の解散を決議したのである．政治会議の決定に基づき1914年3月18日に開幕した約法会議により，大総統の権限を強化した新たな約法が起草され，これを袁世凱は5月1日に公布する．新約法体制下では，主に中央・地方の官職経験者から成る参政院が，やはり大総統の諮問機関として5月26日に召集されたが，選挙により組織されるべき立法院は成立に至らなかった［金子2008：49-79］．1915年9月28日に袁世凱は参政院に国民代表大会組織法を制定させ，10月25日には各省で国民代表の選挙を実施する．11月20日に国民代表の投票により政体を君主立憲制に変更して，袁世凱を皇帝に推戴することが決定されると，12月11日に参政院が推戴書を提出し，これを袁世凱は翌日に受諾した．このように袁世凱は皇帝への即位に際しても，選挙による民意の表出という形式を取ったのである．だが，帝制復活に反対する華中・華南各省が独立を宣言し，袁世凱腹心の北洋軍人も離反したため帝制は挫折し，袁世凱の急死に伴い1916年6月29日に臨時約法と第1次国会が回復された．

第3章「民意に服さぬ代表――新国会の「議会専制」」(金子肇)は，1918年8月12日に成立した新国会(第2次国会)にも，旧国会(第1次国会)に臨時約法が与えた「議会専制」的な権限は継承されたと論じる．1917年6月13日に「復辟(清朝復興)」を図る張勲によって解散され，以後は臨時約法に基づく「法統(法的正統性)」を主張した旧国会に比して，7月12日に復辟を粉砕した段祺瑞の主導下で翌年に組織された新国会は，彼を首領とする安徽派軍事勢力に従属するものと，従来の研究においては見られがちだった．しかし，実際には安福俱楽部に所属する議員が優勢な国会は，中央銀行総裁の任命権をめぐり商工業者を中心とする世論と対立し，安徽派の支配する政府も組閣人事への影響を恐れるがゆえに，国会を制止しえなかったのである．その結果，民意を表出・代表することによって担保されるべき議会の正統性は，後述する曹錕の賄選が行なわれる以前に大きく損なわれていたのだという．
　やがて1920年7月の直皖戦争で安徽派が直隷派・奉天派に敗北すると，翌月に安福俱楽部は解散を命じられ，新国会も自主閉会という形で消滅した．旧国会とは大きく異なる経緯により成立した新国会においても，第二革命の際に顕在化した議会と世論との乖離は解消されず，国会は地方有力者層の利益を代表するどころか，むしろこれを圧迫するものとすら見なされたのである．
　他方，旧国会も民意を反映するどころか，革命派や軍事諸勢力による権力争奪の道具と化していた．すなわち一部の議員が孫文の呼び掛けに応じて，広州で非常会議(法定人数に達しないための名称)を開き，1917年8月31日に「中華民国軍政府組織大綱」を通過させ，その首班として孫文を海陸軍大元帥に選出する．1918年に入ると西南各省の軍事勢力が軍政府の主導権を奪取し，8月には欠席議員を除名し次点者等を補充することにより，旧国会の法定人数を満たして北京の中央政府と新国会に対抗した．その後，孫文派や西南軍事勢力各派の角逐の中で分裂・流転・回復・解散を経た旧国会は，1922年8月1日に北京政府を掌握した直隷派により回復される．だが，1923年10月5日には買収を受けて曹錕を大総統に選出し，世論から「猪仔(子豚)議員」と謗られて権威の失墜した国会は，1924年10月23日の北京政変を機に再び政権を握った段祺瑞により，1925年4月24日に廃止され消滅したのである[味岡1999；深町1999：第5章]．

2. 中華民国後期

　こうして民国初期に導入された議会制度が，立憲共和政体の安定的な確立に失敗した反省に基づき，全く異なる代表原理に基づく体制変革を構想したのが孫文である．彼は，軍事力で反革命勢力を一掃する「軍政」，地方自治により人民を訓練する「訓政」，憲法を制定し選挙を実施する「憲政」の3段階（「三序」）を辿るべきことを唱えた．中国人民は主権者として未熟な「嬰児」なので，これを「保育者」たる革命党が養育した後，「還政於民（政権を人民に返還する）」を行なうべきだというのである．これは人民を代表する（と自称する）いわば前衛革命政党が，過渡的に国家と社会を指導下におく時限的独裁を意味するが，それにより実現される体制は漸進的に政治参加が制度化された民主主義なのか，あるいは徹底的に反対者が粛清された全体主義なのか，どちらとも解釈しうる二面性がある．孫文の死後，その遺志を継承した国民党は1926年7月7日に国民革命を発動し，1928年にはほぼ全国統一を達成して訓政の開始を宣言する．

　本書第Ⅱ部は，民国前期における議会制度の失敗をトラウマとして，さまざまな代替案が訓政から憲政への移行にともなって提唱・試行された，中華民国の後期における議会を検討した3章から成る．

　第4章「地域代表か？　職能代表か？——国民党の選挙制度」（孫宏雲）は，孫文が最晩年に職能代表制に基づく国民会議を構想し，これを国民党が1930年代から1940年代に実行に移した経緯を論じる．清朝末期から各種の職能団体が次第に台頭する一方，ヨーロッパから職能代表制が紹介され，これを国民党は民国前期に地方選挙で部分的に採用していたが，民国後期には全国規模の民意機関に適用する．1930年に蔣介石が党内反対派を制圧した中原大戦後，1931年5月5日に召集し「中華民国訓政時期約法」を議決した国民会議は，主に各省・市の職能団体が選出する代表により構成された．日中戦争勃発後に民意を代表する機関として1938年7月6日に開幕した国民参政会も，職能代表制を部分的に採用している．1936年5月5日公布の「中華民国憲法草案（五五憲草）」や，1947年1月1日公布の「中華民国憲法」も，国民大会代表の選挙に関しては地域代表制と職能代表制を併用した．だが，団体資格の承認や選挙権・被選挙権の制限，代表枠の配分や投票方法といった選挙の制度設計において，職能代表制は国民党による統制・操作が容易で，必ずしも民意を十分に

表出しうるものではなかったという．

　国家コーポラティズムは伝統的議会制度の対案として当時の世界的潮流であり，国民党「党治」下の職能代表制もその一事例だと言える．だが，孫文の国民会議構想は北京政変後の混乱に対する応急措置という性格が強く，それは中原大戦後の国民会議や日中戦争期の国民参政会にも共通する．国民党は内憂外患の中で，前衛政党が革命過程を掌握する「三序」を貫徹しえず，既存の職能団体を単位とした代議機関を召集して世論の支持を求めつつ，その統制・操作を図らざるをえなかったのである．

　第5章「一党支配を掘り崩す民意――立法院と国民参政会」(中村元哉) は，まさに国民党による上からの統制・操作が，必ずしも代議機関に対して貫徹されていたわけではないことを，抗日戦争期と戦後の言論政策決定過程を例に描き出す．孫文の「五権 (行政・立法・司法・考試・監察) 分立」論に基づき，1928年に国民政府に設けられた立法院は非民選の諮問機関であったが，専門家や職能代表を介して世論をくみ取り，政策決定過程にも一定の影響力を持っていた．それは国民参政会も同様で，名目上は諮問機関でありながら実質的には準政策決定機関だったと評価しうる．そして，1947年12月25日から「中華民国憲法」が施行されて憲政期に入ると，直接選挙により選出された委員が構成するようになった立法院が，その政策決定過程における影響力を増大させた．総じて立法院・国民参政会は国内・国際世論を背景に，当局による言論統制に一貫して反対・抵抗する立場を取り，党・政府・軍と対峙する姿勢を示すことすらあったという．

　国民党が政権を独占する「党国体制 (party-state regime)」下において，代議機関は党の指導と民意の表出とが交差する場となり，次第に前者が後者により掘り崩されていったのである．

　第6章「権威主義的指導者と議会――蔣介石の自由民主観」(汪朝光) は，抗日戦争という未曾有の危機に対処しつつ，訓政から憲政への移行という難題に取り組まねばならなかった，国民党の最高実力者である蔣介石の民主主義観を検討する．国民党は蔣介石という権威主義的な独裁指導者の下，「党治」体制を構築した．「自由」概念には否定的だった蔣介石も，「民主」概念は「三序」の枠内で肯定的に捉えており，地方諮問機関として設立された参議会に代表さ

れる地方自治，そして憲法の公布や国民大会の召集による憲政移行の必要性を主張している．しかし，抗日戦争中に勢力を拡大させた共産党が，「民主」を唱えて国民党を「独裁」と批判する状況下で，むしろ政党間の競争的選挙に蔣介石は消極的だった．だが，内戦が激化するにつれて世論の支持を得て共産党への優位を確保すべく，1947年11月21日から国民大会代表選挙を完全な普通選挙として実施し，3月29日に開幕した国民大会で蔣介石が総統に選出され，憲政への移行が完了する．それでも軍事的劣勢を挽回しえず，1949年1月21日に下野した蔣介石は，この憲政への移行が「剿匪（共産党討伐）」を阻害したと考えたという．

国民大会代表選挙（および1948年1月21日の立法院委員選挙）は，少数の弱小政党を除き共産党等の野党が参加せず，実質的には国民党の支配に新たな正統性を付与する儀式にとどまった．「三序」の軍政・訓政を完成しえず党内外に反対勢力を残したまま，民意の支持を得るために代議機関を次第に拡大していったことが，国民党政権の崩壊をもたらしたのである．

3. 中華人民共和国初期

抗日戦争中から共産党も自己の支配領域において，民意の支持という正統性を獲得して国民党政権に対抗すべく，さまざまな代議機関を召集していた．そして国共内戦において優位に立つ一方，他党派と連携して1949年9月21日に中国人民政治協商会議を開催し，「中華人民共和国中央人民政府組織法」を採択し，これに基づき10月1日に中華人民共和国の成立が宣言されたのである．

本書第Ⅲ部は，こうして独自の代議機関により新たな国家を樹立した共産党が，政権を獲得・確立する過程で相継いで組織した，中華人民共和国の初期における議会を検討した3章から成る．

第7章「前衛党と党外勢力――建国期の「人民代表会議」」（杜崎群傑）は，人民共和国成立前後に共産党が一連の代議機関を設立することにより，民意の支持という正統性を調達しつつ，党国体制を確立していった過程を描き出す．これらの機関に民主党派を参加させ，1948年8月の華北人民代表大会や上記の中国人民政治協商会議が，民主党派人士を副首長に選出したことは，共産党が知識人やブルジョアジーの支持を得られねば，その支配は正統性を失うという

脆弱性を示すものであった．しかし，会議の開催権や決議・法案の起草権を掌握し，参加代表および指導部の多数を党員が占め，さらに党グループを設置して党員の投票行動を統制することにより，これら代議機関において共産党は主導権を確保したのである．そして，これを可能にしたのは党員による選挙委員会の独占や，等額選挙・職能代表制・間接選挙（直接選挙の場合も挙手投票）といった，共産党の統制・操作を容易にする制度だった．こうして掌握した人民政治協商会議を共産党は正式な人民代表会議と位置づけ，プロレタリア独裁的傾向を持つ「人民政治協商会議共同綱領」を，臨時憲法として採択させる．そして，最高権力機関と位置づけられた議会において優位を占めたことが，共産党の党国体制が確立される制度的基盤となったという．

　代議機関を設置して民意の支持を調達しつつ，これを前衛政党が指導下に置くことにより支配を強化するという，国民党が失敗した試みに共産党は成功したのである．

　第8章「実業界と政治参加——第1回全国人民代表大会と中国民主建国会」（水羽信男）は，共産党の政権獲得を支持して人民政治協商会議に参加した民主党派の1つで，商工業者とそのイデオローグの団体である中国民主建国会（民建）の，第1回全国人民代表大会代表選挙への対応を検討する．議会の多数を占め憲法を定めて独裁を確立すべきだというスターリンの指示を受け，1953年から1954年にかけて人民代表選挙を地域代表制の普通選挙として実施した．これに先立つ「普選」運動は「反動分子」の排除を伴う政治運動で，「過渡期の総路線」により企業の所有権・経営権の喪失に直面していた商工業者たちは，しばしば同運動の中で批判の対象となったため，民建幹部は共産党中央の劉少奇や彭真に代表される法治志向に期待し，不安を抱く会員の利益を守り動揺を抑えるべく努めたという．

　共産党の統制・操作する選挙によって代議機関が組織されるに当たり，誰が代表され誰が排除されるべきかをも，共産党が定義することになった．その境界線上に位置した民建に代表される商工業者は，以後の政治的動乱に翻弄されることになる．

　第9章「「国家の主人公」の創出——第1回人民代表普通選挙」（張済順）は，第1回人民代表選挙の上海・北京における過程を分析し，共産党が望ましい

「国家の主人公」イメージの創出を試みた経緯と，これに対する両都市社会の反応を描き出す．上海の場合，選挙に先立ち当局の媒体で「主人公」の役割を演じたのは，共産党のイデオロギーに基づき周到な計画と選抜を経た3種の人々，すなわち工場労働者・基層女性・被差別少数民族で，彼等は「国家の主人公」に生まれ変わったことを一様に感謝した．この選挙は候補者の連合推薦と等額選挙という制度により，共産党が完全に統制・操作しうるもので当初は有権者の関心が低かったため，このような宣伝が必要とされたのである．他方，選挙に対して冷笑的な官僚，当局におもねり同僚を非難する大学教授，独自の候補者を支持するキリスト教徒といった，より多様かつ能動的な反応が見られたのが北京の特徴だという．

　国民党が党派間の議席配分を除けば，国民の自由意思に基づく選挙結果を受容したのに対して，共産党は自己に有利な人民代表を選出させるべく，きわめて慎重かつ巧妙に選挙過程を統制・操作した．こうして成立した人民代表大会制度を通じて共産党は，民意の支持という正統性を確保するのみならず，望ましい人民の範疇を定義することにも成功し，国家機構の掌握と社会各層の制圧により，国民党とは比較にならぬほど強固な党国体制を構築したのである．

　補論「民族／民主——国共両党政権と満族の政治参加」（深町英夫・張玉萍）は，少数民族の政治参加という他の各章とは異なる角度から，民国期（国民党政権）と人民共和国期（共産党政権）の選挙制度の比較を試みる．満族は清朝の支配民族として辛亥革命の打倒対象となっただけでなく，日中戦争期には満洲国の樹立に利用されたという，複雑かつ特殊な歴史的背景ゆえに，帰属意識をめぐり内部に複雑な分岐を抱えていた．1947年の国民大会代表選挙と1953-54年の人民代表大会代表選挙に際し，満族内部の積極分子が独自の議席獲得を希望すると，ともに少数民族の政治参加を唱える国共両党政権は，きわめて異なる対応を示す．国民党が満族協会という民族団体に代表選出を委託したために，その内部分裂を引き起こしたのに対して，共産党は自己の指導下で代表選出を実施することにより，満族内部の多様性に対応しえたのである．ここには下からの民意表出に対する上からの統制・操作の柔軟性・現実性という，共産党の国民党に対する優越面が凝縮的に表れている．

　基層の人民代表大会から4段階の間接選挙を経て組織された，第1回全国人

民代表大会（『全国人大』）が 1954 年 9 月 15 日に開幕し，人民共和国最初の正式憲法である「中華人民共和国憲法」を採択した．これはレーニンのソビエト論に立脚し，全国人大を「国家の最高権力機関」「国家の立法権を行使する唯一の機関」と位置づけ，すべての権力が立法府に集中する議行合一制を採用し，「国家の最高行政機関」である国務院や，「最高の裁判機関」である最高人民法院の任免権・監督権を，いずれも全国人大に付与している．だが，その実態は「党委員会が手を揮い〔指示し〕，政府が手を動かし〔実行し〕，人民代表大会が手を挙げる〔賛同する〕」と揶揄されるように，共産党の方針を追認する儀礼的機関たるにとどまった．なお全国人大の成立に伴って人民政治協商会議は，共産党と民主党派等との統一戦線組織と位置づけられるようになっている．ところが 1957 年から 1958 年にかけて，反右派闘争および大躍進運動といった大衆動員運動が開始されると，このような儀礼的機能すら往々にして無視され，会議の開催も不定期化していく．さらに 1966 年から 10 年間の文化大革命の間，この毛沢東というカリスマ的指導者の扇動する，未曾有の非制度的な民意の暴発の下，多くの人民代表大会代表や人民政治協商会議委員が批判・迫害を受け，代表性を否定された人民代表大会と人民政治協商会議の制度は，ともに機能を停止することになった［毛里 2012：116-142］．

4. 現　代

1976 年の毛沢東の死去に伴って文化大革命が終結し，1978 年に改革・開放政策が開始されると，人民代表大会（「人大」，日本では「人代」とも略記）と人民政治協商会議（政協）の制度も次第に回復されていった．

本書第Ⅳ部は，こうして回復された代議機関が党国体制の枠内においてではあるが，経済発展と社会変容につれて多様な役割を担うようになった，現代中国の議会を検討した 3 章から成る．

第 10 章「権威主義的「議会」の限界——地方選挙と民意」（中岡まり）は，近年における北京の区人民代表大会の動向を分析するとともに，権威主義体制と議会・選挙の関係をめぐる理論を援用して，人民代表大会制度が体制の維持・安定に果たす役割を検討する．三権分立制に基づく議会とは異なり，議行合一の国家権力機関である人大は行政部門との一体性が強く，その機能は政治

的リーダーの補充と正当性の付与である．より具体的には，党組織による社会からの情報収集や利益の集約・統合に基づき，人大代表の選出を通じて特定の「単位（職場）」・業界や党派・民族に利益を再配分する．これは体制内エリートに権力と特権を分配するとともに，体制の盤石さを知らしめて彼等の反乱や離脱を防止する効果もある．そのために共産党は，選挙委員会の組織や選挙区割りと定数配分，選挙民登録や候補者推薦から，投票行動に至るまで慎重かつ綿密に計画・管理している．このようにフォーマルな政治参加の制度と，非公式の党組織や社会的ネットワークの均衡の上に共産党の一党独裁体制は成立しているが，それは利益の再分配を受けない大衆の不満・離反や，フォーマルな制度を利用したエリートの挑戦にさらされているという．

共産党は建国当初から社会の隅々にまで張り巡らされた党組織を駆使しつつ，選挙の過程や結果を統制・操作する制度や技術を構築・蓄積してきたが，それは人民に「代表されている」と実感（あるいは錯覚）させるための，不断の調整過程だったと言えよう．

第11章「人大に埋め込まれた機能——代理・諫言・代表」（加茂具樹）は，江蘇省揚州市の人民代表大会の代表や議案に関するデータを詳細に分析し，地域代表制に基づく人大において，代表は自身の出身地域に利益を誘導すべく議案の提出を行なっていることを明らかにする．それによると人大代表は今日，単に社会に対する共産党や政府の「代理者（agents）」，あるいは社会の状況を共産党や政府に伝達する「諫言者（remonstrators）」であるだけでなく，自らが所属する地域や集団の政治的・経済的利益を代表する利益誘導行動を取る，「代表者（representatives）」ともなっていることがわかる．ただし，こうして人大というアリーナ（場）で表出されるのは，「地級市」「区・県・県級市」「郷鎮・街道・村」という，垂直方向に相異なる行政レベルの利益である．これらに対して共産党は「領導」を行なうと同時に，そこから政策決定のために有用な情報収集も行なうことにより，「統治の有効性の向上」が可能になっているという．

上述の通り共産党は人民の代表たることを演出する制度や技術を洗練させてきたが，これが社会各層の巧妙な利益表出を導き出していることも，現在の党国体制の強靭さを支える要因であろう．

第 12 章「民主主義か？　立憲主義か？——中国大陸と台湾」（石塚迅）は，議会と裁判所あるいは民主主義と立憲主義の微妙な関係を，法学の立場から検討する．中国憲法は三権分立制ではなく民主集中制を取るため，「一府両院（人民政府・人民法院・人民検察院）」を監督する人民代表大会が強大な権力を持ち，裁判機関は違憲立法審査権を付与されておらず，「民主主義の暴走」に対する制度的歯止めは存在しない．実際に圧倒的な権力・権限を享有・行使しているのは共産党だが，1990 年代後半以降に人大の活動が活発化するにつれ，人民法院の人大に対する報告義務や違憲審査制の導入の是非が議論を呼んでいる．これに対して台湾では，司法院大法官会議が憲法解釈（違憲審査）を行なう．1946 年に大陸で制定された「中華民国憲法」は立憲民主主義的性格を持ち，1987 年の戒厳令解除や 1991 年の憲法改正は，この凍結されていた立憲主義を解凍するものだった．従来は権威主義体制の擁護者であった大法官会議が，その後は「万年国会」化していた国民大会の廃止による立法院の活性化のように，民主化を促す憲法解釈を繰り返したが，司法の民主化が立憲主義を浸食することも懸念されている．総じて民主化を実現した台湾が，「民主主義か立憲主義か」という難題に直面しているのに対して，民主主義も立憲主義も実現していない中国大陸では，動員型・ポピュリズム型民主主義が警戒されるものの，民主主義に対する過度の警戒は民意・公論の生成を阻害しかねないという．

　大陸と台湾の事例を比較・参照することにより，権威主義から民主主義への体制転換において立憲主義が重要な意味を持つこと，そして民主主義と立憲主義の両立が時として困難であることが理解される．

中国議会の歴史的性質

　こうして中国議会 100 年史を通観すると，近代国家に不可欠な民意の支持という正統性を獲得すべく，実にさまざまな代議機関が設立され，また消滅してきたことが看取される[4]．この紆余曲折・試行錯誤の過程は換言すれば，議会

---

[4] 本書に「正統性」と「正当性」という異なる表記が混在しているのは，各章筆者の表記に従っているためだが，ここで門外漢ながら編者の見解を提示しておきたい．編者には大屋 [2011] の簡潔な定義・説明が，十分な説得力を持つものに思われる．すなわち，

制度が中国に定着することの困難さを物語るものであろう.

　中華民国成立時に採用された議会制民主主義は，西洋・日本に倣った当時としては十分に先進的なものであったが，それが失敗に終わった経緯は以下のように整理できる．すなわち，辛亥革命は地域社会による王朝国家の「瓜分」として進行し，清朝から独立した各省の連邦的統合により中華民国が成立するが，その過程で国家の社会に対する支配の両側面の担い手が分裂した．支配の心理的基礎である正統性は民意の負託に求められ，これを代表すべく地方エリート層が省議会および中央議会を重層的に組織し，その承認・議決を根拠に省政府・中央政府が成立する．他方，支配の物理的基礎である強制力（軍事力）は広大な国土の各地に分散し，これを掌握する大小さまざまな軍事指導者が，それぞれ省政府・中央政府の首長の地位に就いた．清朝末期からの慣性もあって立法権を持つ前者（政治エリート）が反官的姿勢を取ると[5]，しばしば行政権を握る後者（軍事エリート）は議会の制圧・解散をもって応じ，これは辛亥革命時と同様の省独立による連邦的統一の破綻をも惹起した．その結果，定期的・全国的な選挙による民意の制度的な表出が困難になり，議員は徐々に代表性を喪失して議会に盤踞する「政客」と化し，中央・地方政府を争奪する「軍閥」諸派と相互依存・利用関係を結ぶようになる．これに対して経済エリート（商工界）・文化エリート（言論界）は，職能団体や大衆運動といった非制度的方法による民意の表出に傾斜し，議会制民主主義は次第に空洞化していったのである．

　この失敗を踏まえて提起されたのが孫文の「三序」で，これは革命エリートの組織する前衛政党が人民の代表たることを正統性の根拠として，独自に掌握する軍事力の行使により全国を制圧した後，地方から中央へと段階的に議会制度を導入し，最終的に自ら代表を選出する権利を人民に「返還する」という構想である．しかし，実際には国民革命を経ても軍事力の分散は解消されず，また前衛政党が人民を代表するという虚構は世論からの独裁批判を招いた．さら

　　「正当性（justness）」が主張や行為の内容の当否を問う，やや主観的・道義的なものであるのに対して，「正統性（legitimacy）」は手続き形式の当否を問う，より客観的・法規的なものであるという．この両概念は表裏一体の関係にあると編者は理解するが，支配の根拠としては何らかの価値が客観化・規範化される必要があるため，ここでは「正統性」の語を用いる．

5) これが本書第3章（金子）に言うところの，「議会専制」である．

に日本の侵略という未曾有の危機に直面し，世論の支持を必要とした国民党は軍政・訓政ともに未完のまま「三序」を棚上げする．そして，議会に替わる代表性を獲得しつつあった職能団体を基礎に国民参政会を開設し，これに反対勢力をも包摂せざるをえなかった．抗日戦争の勝利後，国民党は「三序」を再開して「政権を人民に返還」すべく憲政を実施したが，「返還」ではなく「奪取」を図る反対勢力との内戦に敗北し，史上最初の普通選挙であった国民大会代表・立法院委員選挙は，中国大陸における議会制民主主義の絶唱となったのである．

　国民党が失敗した軍事力の独占による全国の統一に成功した共産党は，労働者階級のみならず全中国人民の前衛を自称しながらも，権力を獲得する以前から慎重に代表制による正統性の調達に努めていた．中華人民共和国は共産党が単独で樹立するのではなく，国民党政権を否認した他党派との連合政府とすべく，職能代表制に基づく人民政治協商会議を成立主体としており，その点で共産党が代議機関を設けた目的は国民党の場合と同様に，当面の支持を世論から得ることだったとも言える．しかし，建国後に確立された人民代表大会制度は，将来に議会制民主主義へと移行することを想定しておらず，あくまでも恒久的な党国体制の補助機関たるにとどまり，そのため巧妙かつ厳格に統制・操作された人大代表選挙は，民意を表出するよりも共産党の意向を宣伝する儀式となった．そして，どのような人民が代表されるべきかを共産党が規定・提示し，それを受容し追従するよう社会各層が迫られたことは，1950年代後半の反右派闘争・大躍進運動や1960-70年代の文化大革命といった恣意的な大衆動員の先駆けとなり，代議制度そのものを破壊することにもつながったのである．

　改革・開放政策による脱社会主義化は驚異的な経済発展をもたらすとともに，共産党の党国体制に対する懐疑・批判をも惹起し，それが1989年の六・四天安門事件の一因となった．それ以後も，2008年の「〇八憲章」に代表される民主化要求が，一部の知識人から提起され続けており，また社会の分節化がもたらす利害関係の矛盾・衝突から，集団的抗議・暴動が頻発するようになっているものの，それらはいずれも小規模の散発的な行動にとどまり，共産党の支配体制を動揺させるには至っていない．これは2000年に江沢民が「三つの代表」論を提起して，共産党が階級政党から包括的なエリート政党へと変質するとと

もに，人民代表大会や人民政治協商会議といった代議機関も，社会変動に対応して新興エリートの包摂を進めてきたことによるものだろう．共産党政権は独占的に掌握する圧倒的な強制力（軍・公安）により，広大な国土の全域において反対勢力の出現を防ぎつつ，人大や政協が社会各層による民意表出の回路として利用されるのを許容することにより，自己の代表性・正統（当）性を慎重かつ巧妙に更新・維持し，統治の心理的・物理的基礎を独占的に兼備し続けている[6]．しかし，このように洗練された議会操作の技巧を駆使する限り共産党は，いかなる牽制をも実質的に免れる超越的存在であり続けることになり，立憲主義の欠如が権威主義的党国体制を安定的に持続させていると言える．

冒頭で述べた現代中国における議会制度の奇妙な安定は，このような党国体制の下でこそ実現されたもので，その背景には100年来の紆余曲折・試行錯誤がある．換言すれば，20世紀の中国という特定の条件下で唯一，安定的に確立しえたのが現在の共産党による党国体制で，それは独特の議会制度をも活用して諸条件の変化を吸収する柔軟性を，21世紀においても相当な長期にわたり持ち続けるだろう．

文献目録

中国語文献

程舒偉［2006］『議会政治与近代中国』商務印書館.
谷麗娟・袁香甫［2012］『中華民国国会史』中華書局.
何俊志［2011］『従蘇維埃到人民代表大会制　中国共産党関于現代代議制的構想与実践』復旦大学出版社.

---

[6] 本書において政治史を専門とする各筆者が「正統性」，現代政治を専門とする各筆者が「正当性」の語を用いているのは，象徴的な意味を持つ現象に思われる．民国期には「法統」の語に象徴されるように，議会は手続き的な合法性を象徴する機関であったが，権力闘争の中で過度の「法統」追求が議会の権威の形骸化，すなわち「正統性」と表裏一体を成すべき実質的道義性としての「正当性」を，次第に議会から奪っていく結果となったのである．その後，国民大会・人民代表大会選挙における満族の扱いが示すように，自発的な代表選出という形式的な手続き上の妥当性，すなわち「正統性」を尊重した国民党に対し，結果としての多様な選挙民の実質的な満足と合意の獲得，すなわち「正当性」を追求したのが共産党だった．総じて人民共和国期の議会は，手続き的「正統性」よりも道義的「正当性」を政権に付与するという性格が，より強いものとなっているのではなかろうか．

唐光華［2014］「江宜樺与亜里斯多徳」（http://blog.roodo.com/wscutang/archives/28136882. html, 2015年10月2日確認）.
薛恒［2007］『民国議会制度研究（1911-1924）』中国社会科学出版社.
厳泉［2012］『民国製造　国会政治制度的運作1912-1924』江蘇文芸出版社.
張朋園［1969］『立憲派与辛亥革命』中央研究院近代史研究所.
―――［2007］『中国民主政治的困境，1909-1949　晩清以来歴届議会選挙述論』聯経.
張睿麗［2009］『議会政治与近代中国政治変遷』中国社会科学出版社.
張玉法［1985］『民国初年的政党』中央研究院近代史研究所.

日本語文献
浅野亮・川井悟編著［2012］『概説　近現代中国政治史』ミネルヴァ書房.
味岡徹［1999］「民国国会と北京政変」中央大学人文科学研究所編『民国前期中国と東アジアの変動』中央大学出版部.
内田健三・金原左門・古屋哲夫編［1990-1991］『日本議会史録』第一法規出版.
大屋雄裕［2011］「正当性と正統性」（http://synodos.jp/politics/1645, 2015年10月2日確認）.
金子肇［2008］『近代中国の中央と地方』汲古書院.
―――［2014］「近現代中国の立憲制と議会専制の系譜」『新しい歴史学のために』第285号.
川出良枝［2000］「議会」猪口孝他編『政治学事典』弘文堂.
久保慶一［2013］「権威主義における議会と選挙の役割」『アジア経済』第54巻第4号.
新庄勝美［1998］「議会」大学教育社編『新訂版 現代政治学事典』ブレーン出版.
中村英勝［1977］『イギリス議会史』有斐閣.
西村成雄［2004］『20世紀中国の政治空間　「中華民族的国民国家」の凝集力』青木書店.
早川誠［2014］『代表制という思想』風行社.
間寧［2006］「民主主義の最低条件」（http://www.ide.go.jp/Japanese/Research/Theme/Pol/Elections/200608_hazama.html, 2015年10月2日確認）.
深町英夫［1999］『近代中国における政党・社会・国家　中国国民党の形成過程』中央大学出版部.
―――編［2009］『中国政治体制100年　何が求められてきたのか』中央大学出版部.
藤本一美［2012］「米国における「ウォール街占拠」運動」『専修大学社会科学研究所月報』第593号.
毛里和子［2012］『現代中国政治［第3版］グローバル・パワーの肖像』名古屋大学出版会.
山田辰雄［2007］『中国近代政治史』放送大学教育振興会.
横山宏章［1996］『中華民国史　専制と民主の相剋』三一書房.
李暁東［2009］「伝統・民意・民度　清朝末期の体制変革」深町［2009］.

英語文献
O'Brien, Kevin J. [1990] *Reform without Liberalization: China's National People's Congress and the Politics of Institutional Change*, Cambridge University Press.
Shambaugh, David ed. [2000] *The Modern Chinese State*, Cambridge University Press.

第Ⅰ部　中華民国前期

西暦	中国政治	中国と世界
1900		義和団戦争
1905	科挙廃止	
1908	「憲法大綱」公布	青年トルコ革命
1909	各省諮議局成立	
1910	資政院成立	日本による韓国併合
1911	辛亥革命（〜1912）	
1912	中華民国成立・清朝滅亡 「中華民国臨時約法」公布	
1913	第1次国会（旧国会）成立 第二革命	
1914	第1次国会解散・「臨時約法」廃止	第一次世界大戦（〜1918）
1916	第1次国会・「臨時約法」回復	
1917	復辟（第1次国会解散）	ロシア革命
1918	第2次国会（新国会）成立	
1919	五・四運動 中国国民党発足	パリ講和会議
1920	第2次国会消滅 中国共産党成立	国際連盟成立
1921		ワシントン会議（〜1922）
1922	第1次国会回復	
1922		トルコ革命（〜1923）
1925	国会制度廃止 国民政府成立	日本「普通選挙法」公布

第1章 「選挙運動は不当だ！」
――第1回選挙への批判

ジョシュア・ヒル

（家永真幸訳）

はじめに

　清朝のラスト・エンペラー退位からの18か月間は，中国近代史の中でもとりわけ象徴的な地位を占めている．当時，多くの者がその時代に無限の可能性を感じていた．それは民意に基づく新たな政治システムや，平等に基づく新たな社会関係構造，あるいは国際秩序においていっそう尊重され，かつ安全な地位を獲得できる機会のように思われた．この物語に従えば，中華民国が初期に有していた可能性は，1913年の晩夏から秋にかけての時期，袁世凱臨時大総統が暴力と脱法行為を通じて政府を自身の独裁政権へと変質させたことにより，無慈悲にも裏切られる．袁の治世は数年しか続かなかったものの，1つのパターンが設定されることになった．すなわち，選挙された政府を確立する試みは，さまざまな形態の独裁統治を甘受することに取って代わられ，その到達点とも言うべき一党支配体制は中国において1927年から今日に至るまで支配的な形態であり続けている．

　1912年12月から1913年1月にかけて実施された省および国政選挙は，この神話の中心をなす．投票は，不正もあったとは言え，自由かつ公正に行われた．ところが，ひとたび袁に反対する政党が国会で多数を占めることが明らかになると，彼は暗殺者の銃弾を用いてその状況を変えることにした．それに続く彼の脅迫戦術は，失敗を運命づけられた蜂起へと政敵を追い込んだ．1世紀が過ぎた今日もなお，これらの選挙は中国大陸の歴史上最大にして唯一の，複数政

党選挙の試みだったと理解されている．そのため，これらの選挙は，中国の民主化の可能性，あるいは一党支配の不可避性を論じるためのモデルとして，中国内外の学者から注目を集めてきた．

　しかしながら，民国初期における知識人の選挙についての言説は，新共和国の活発で規制の少ない言論状況を反映してか，もっと複雑で曖昧なものであった．選挙された政府を打ち立てることへの期待は極度に高い一方，選挙プロセスそのものには鋭い批判が向けられた．1909 年に清朝による諮議局選挙が実施された際と同様，各紙の論説員たちは，彼らが「運動」と呼ぶ一連の行為に対して批判的な眼差しを向け続けた．有権者に候補者の名前の書き方を教えることから，投票の見返りに現金を渡すことに至るまで，候補者が有権者の支持を獲得するための方法は多数存在していた．しかし，論説員たちをいらだたせたのは，何か特定の手法だけではなかった．彼らの怒りの焦点は，「有権者は何らかの説得の試みに応じるはずだ」とする考え方そのものに向けられていた．彼らにとって，選挙はあくまで自立した有権者の見識ある判断を反映したものであるべきで，野心的な候補者の説得力を反映すべきものではなかった．運動を通じた説得は，普遍的な公共の必要性よりも，普遍性を欠いた個人的利害関心が優先することを意味したのである．

　辛亥革命後も，このような論調は依然として見られたばかりか，いっそう強まっていった．このことは清朝と民国の間の政治的価値観および選挙により設立された機関の構造上の連続性をいっそう際立たせている．ただし，それらは民国政府にとって，イデオロギーおよび象徴性の面で，清朝にとってよりも高い重要性を有していた．1909 年の清朝の諮議局選挙が，天命による統治を主張し続けている王朝が正統性の源を追加する目的で企図されたのとは異なり，共和国における選挙された立法府は，民衆による統治を基本とする政府の新システムの心臓部であった．ゆえに，新たな共和政体において，選挙は不可避でありながら安定性をゆるがすものでもあった．すなわち，投票は民国の正統性にとって，たとえその正統性を傷つけるものであっても，必須のものと見なされたのである．

1　共和国のための選挙設計

　1912年初頭に採択された臨時約法は，新政府が1913年1月までに選挙された議会を招集することを定めていた．臨時参議院（1912年4月に北京に移転していた）および袁世凱政府は，この期限内に，新議会の組織および選挙プロセスを統御するための法律を起草，制定することが求められた．ただし，それらの方法について臨時約法は具体的に明示してはいなかった．初夏を迎える頃には，約法が要請する期限が差し迫っているにもかかわらず，選挙法制定の進捗は滞った[1]．時間のプレッシャーが民国最初の選挙に重くのしかかっていた．法律の制定から選挙の実施に至るまで，あらゆる物事が慌しく進められた．

　おそらくこのような性急さも原因の1つとなり，1912年の晩夏に採択された選挙法のシステムは，1909年に清朝が先駆けたそれと著しく似たものとなった．清朝の選挙との連続性は，臨時参議院の議事録（それらは『政府公報』や主要紙の多くに掲載されている）から看取される．君主制に反対する革命の継承者であるはずの臨時政府は，驚くほど多くの面で王朝時代の制度設計を維持していた．清朝の選挙法は，拒絶されるのではなく，修正されたのである．1912年の夏季，臨時参議院は，政府の新たな立法部門の構成および選挙の方法を規定した，3つの一連の法律（中華民国国会組織法，衆議院議員選挙法，省議会議員選挙法）を可決した．衆議院議員選挙法は，1912年8月11日，省議会議員選挙法は1912年9月5日に公布された．これらの内容は互いにわずかに異なるだけである．そのため，それらは同じような原則ないし関心を反映した一連のものと理解することができる．これら1912年の法律は，この後1910年代から1920年代にかけて実施された国政・省選挙のうちの多くのものの基礎ともなった．そのため，中央政府は1909年から1920年代の間にたびたび交代したが，選挙を底支えする法的な構造は，この期間を通じてほぼ安定が保たれていたと言える．

　1912年夏の審議過程の初期より，臨時参議院の大多数は，ごく限定された有権者のみが参加できる2段階・間接選挙を想定していた．清朝の選挙法を踏襲

---

[1]　とりわけ袁世凱は，この期限を守れないことを恐れており（結局は3か月遅れることになる），7月上旬には参議院に対し，急ぎ選挙法を採択するよう催促した［「専電」『申報』1912年7月5日，第2版］．

するこの2点の特徴は，省議会ならびに中央の衆議院いずれの法的構成にも持ち込まれた．考え方に細かな違いはあっても，選挙法に関する主要な提案はいずれもこの枠組みに基づいていた[2]．臨時参議院以外にも，康有為や梁啓超といった思想家に代表される，主流知識人の選挙に対する言説も，この2つの基本原理を肯定的に捉える傾向にあった［梁啓超 1999(4)：2108-2180；康有為 1914(7)：1a-24b］．省議会のための独自の選挙法の起草を試みた少数の省政府も，同様のシステムを提案している．

　審議の過程で，参議院議員の圧倒的多数は2段階・間接選挙の採用に賛成したが，システムの細部については大きな議論が巻き起こった[3]．議事要旨によれば，議員の谷鐘秀は，間接選挙システムが支持されてきたのは「直接選挙に比べ，間接選挙の方が優秀な人材を選抜しやすいためだ」と述べている．1909年の選挙と同様に，各県が初選の選挙区とされ，初選当選者数は登録された有権者数に基づき配分された．ただし，初選当選者を決定する公式には，当選に必要な総得票数を引き下げる修正がなされていた．1909年の場合，当選するために必要な得票数は，投票総数を議員定数で割った数の半分であった．これに対し1912年においては，省・中央どちらの選挙でも，投票総数を議員定数で割った数の3分の1に改められている．同時に，初選での当選者の枠も拡大された．1909年の場合，諮議局の定員の10倍（江蘇省では，120名の定員に対し，初選では省全体で1200名が当選した）とされていたのに対し，1912年の場合，衆議院議員は定員の50倍（江蘇省では，定員数40に対し，初選では2000名を当選させるものとした），省議会議員は定員の20倍（江蘇省の省議会定員数160に対し，初選では3200名を当選させることが求められた）にまで拡大した．このような変更によってもたらされた効果の1つが，当選者の絶対数の増加である——江蘇省の

---

2) そのような提案の例としては，1912年7月5日に臨時参議院に送られた袁世凱政府の省議会議員選挙法草案を参照［「臨時大総統為省治，省官職，省議会議員選挙法三項草案提請議決咨」中国第二歴史檔案館編 1991：90-114］．同じ文書は『政府公報』89号［1912年7月28日］附録，22-28にも見られる．

3) 出席していた84人の参議院議員のうち65人が，間接・2段階の選挙システムに賛成票を投じた［『政府公報』75号，1912年7月13日，附録，9-15］．省議会議員選挙法について議論された際には，初選（第1段階）と複選（第2段階）の選挙区規模をめぐる議論が繰り返された［『政府公報』140号，1912年9月17日，附録，14-17］．

場合，1909年にはわずか1200名だったそれは，1912-13年には，省議会議員選挙と国会議員選挙を合わせて5200名となった．もう1つの効果は，議席を獲得するのに必要な最低得票率が低下したことである．国会議員選挙については，複選当選者に対する初選当選者の倍率が議論の俎上に載せられた．参院議員たちは，倍率が高すぎたり低すぎたりすると，選挙不正につながるという懸念を表明した．大多数は50対1の比率を支持していたが，その理由は明確ではなかった［『政府公報』100号，1912年8月8日，附録，11-12］．

選挙法は，有権者を限定することを前提としていたが，1909年よりは制限を緩めるべきともされた．袁世凱政府のある代表は参議院会議において「（我々は）ただちに普通選挙を採用することはできないが，制限を厳しくし過ぎてもいけない」と発言した［『政府公報』89号，1912年7月28日，附録，17-18］．参議院議員の中には読み書きのできる成人男性による普通選挙を提案する者も少数あったが，圧倒的多数はより厳格に有権者を制限する案に賛成票を投じた[4]．王鑫潤という議員が説明したところによれば，国際社会の実例に照らすと，有権者を制限する基本原則には2種類があるという．すなわち，参政権を「生計が独立している者」に与えるか，「学問のある者」に与えるかである［『政府公報』86号，1912年7月25日，附録，21-27］．この表現は議員の1人が用いたものではあるが，有権者の資格に関する基本原理として広く共有されていた認識でもあった．最終的に法律に採用された資格要件は，まさに王鑫潤の枠組みに適合したものであった．

選挙法は結局，選挙権を21歳以上の成人男性で，2年以上同じ選挙区に居住している者に制限した．この基本要件に加え，選挙権を得るためには以下の4つのうち少なくとも1つの追加要件を満たさなければならないとされた．

 1）小学校卒業かそれ以上の近代教育を受けていること
 2）「小学校卒業に相当する資格」を有すること（科挙の称号など）

4）80名の議員のうち8名のみが男性による普通選挙に賛成票を投じた［『政府広報』74号，1912年7月13日，附録，15-19］．民国初期には，小規模ながら重要な女性参政権運動も存在していた．とりわけ1912年初頭には，主要紙において女性の投票権をめぐる問題が議論されることもあった．女性の権利を提唱する者の中には，自らの主張が政治の中心的な課題となることを目指し，時には体を張って，民国初期の指導者たちと対立を演出する者もあったが，最終的な成果は上げられなかった［Friedman 1974：93-99］．

3) 500 元以上の不動産を所有していること
4) 「直接税」を年間 2 元以上納めていること

　選挙権を失効する要件も，1909 年の清朝の法を大いに踏襲した．1909 年同様，アヘンを使用した者，漢字を書けない者，精神疾患のある者，破産した者は，選挙権を剥奪された．

　総じて，これら選挙権の付与と剥奪の要件は，新しい共和政体の青写真だったと見ることができる．すなわち，それらは新たな共和国にとって許容できる「市民」の境界線を画定していたのである．たとえ十分に表現できてはいなかったにせよ，それらは市民がどのようにあるべきかの基準を言明していた．この選挙法に体現された，以前より緩和された要件を見る限り，異質な人々を排除するための障壁を設けつつも，臨時参議院が市民権を社会のより広範に拡大すべきものと見なしていたことは明らかである．

2　最初の省・国政選挙

　清朝時代と同様，政府機関および新聞社を含む民間団体は協力して，選挙プロセスについての大衆教育に取り組んだ．選挙法はパンフレットの形で流布し，時には解説が施されていることもあれば，解説がないこともあった[5]．それらの中には商業出版物として印刷・販売されるものもあった．その広告はしばしば新聞に掲載され，時には大量購入に対する割引を謳うこともあった［無題広告，『申報』1912 年 10 月 19 日，第 3 版］．新聞も通常の紙面に選挙法の全文を掲載した[6]．政府は，法律そのものの周知を促す役割を果たすだけでなく，選挙とその重要性について説明する冊子の印刷と頒布も指示した[7]［『政府公報』153

---

5) それらパンフレットの出版部数はわからないが，それらはおそらく比較的ありふれたものであったと推測される．今日，これらパンフレットは各省図書館の稀覯資料室に大量に残されている．
6) たとえば『申報』は，衆議院議員選挙法の全文を，1912 年 8 月 13 日から 8 月 19 日にかけて分割掲載している．省議会議員選挙法も同様に，1912 年 9 月 2 日から 9 月 7 日にかけて連載した．
7) この指示自体は北京周辺地域に向けて発せられたものであるが，全国的に配布されたこれら冊子についての一般的な指示に言及している．

号，1912年9月30日，公文，10］．中央政府は江蘇省に対してだけでも，選挙に関する大総統および内閣の声明を，有権者に対して配布するために6万部以上印刷することおよび，選挙プロセスを説明する講師を各県に派遣するよう指示した［『政府広報』186号，1912年9月3日，公電，18］．

　新たな国政・省選挙法に関する情報の広範な流布は，1912年初頭の各省における断続的な試みとも連動し，1912年の晩夏から秋にかけての間，選挙の性質についての大きな議論をもたらした．『申報』の2回に分けて連載された社説「敬告選挙人〔有権者に申し上げる〕」において，同紙はまだ実際には範囲が画定されていない聴衆に向けて訴えようとした．有権者の登記はまだ始まっておらず，省議会および国会議員選挙における「有権者」は，どれだけ好意的に見てもあいまいな概念としてしか規定されていなかった．同社説はまず，政府に雇われている人間の人格に問題の焦点を定め，臨時政府に対する痛烈な批判から始まる．

　　我が国が雇っている人間の多くは，我国を富強たらしめることができない．彼らが選んできた道は，我が国を富強たらしめることにつながる道ではない［芙1912a］．

　これらの無能な政府指導者たちは，しかし，革命がもたらした異常事態の結果として統治者の地位についた．今や，選挙法の制定と国会・省議会議員選挙の実施により，「政府指導者を任用する権利」は人民に授与されることになる．有権者はこの力を享受する新たな権限を重く受け止めなくてはならない．社説はそのように警告した．

　　先述のとおり，もし我が国が真の有為な人材を活用できなければ，自らを強めることは非常に困難である．真の有為な人材とは，学識，経験，信用，気力を併せ持つ人物である．もし我が国に真の有為な人材があれば，有権者は私見によって彼らを選出しないようなことがあってはならない［芙1912b］．

　選挙の目的についてのこの特徴的な見解は，次のように主張する．有権者は自身を代表する個人を選ぶのではなく，より厳密に言えば，自身と似た者を選ぶことを求められているのでもない．そうではなく，彼らは客観的な評価という意味で才能ある人物を見抜く洞察力を駆使し，それら人物を「公僕」に選出

することが期待されているのである．

　数か月後，江蘇省で投票が始まったばかりの時期にも，『申報』社説では同様の意見が繰り返された．1909年の清代の有権者に向けられた説明を想起させる表現で，論説員は次のように述べている．

　　議会は政府の働きを監督し，民意を伝えるためのものである．……広大で人口の多い国では，国民全体を直接の会議に参加させることは現実には難しい．そのため，選挙という方法を取るほかない．「選挙」とは国民の中から突出した才能を持つ少数を選び出すことを意味する．彼らは国家の大きな問題について議論すべく集まり，国民全体の考えを代表する［「社論：敬告国会選挙人」『申報』1912年12月2日，第1版］．

　選挙は国家的な問題について客観的な議論に参加する優秀な人物を選ぶことであった．こうして議員に選出された者の任務は，自身に投票してくれた人々や，その地方の利益を代弁することでもなければ，有権者の中の一部の人々の価値観を代表することでもなかった．そうではなく，彼らは新しい共和国における「国民全体の考え」を代表することが求められたのである．

3　選挙運動の実態

　しかし，現実は理想とはかけ離れたものであった．1912年に衆議院議員に当選した江蘇省呉江県出身の王紹鏊は，選挙運動に関する数少ない直接の記述の1つを残している．

　　当時の選挙活動としては，密かに票の買収をはたらく者がいたほか，ほとんどの者は公開の演説という手段を用いた．私は江蘇都督府で働いている間，時間を見つけては，蘇州・太湖・松江一帯へ40回以上にわたり選挙演説旅行に出た．これら演説の多くは，茶館その他公共の場所で行なった．候補者は，銅鑼を鳴らしては大声を張り上げる一群の人々を引き連れていた．彼らが叫ぶ内容は「何々党の何某という候補者が選挙演説にやって参りました！　どなたでも聞きにいらしてください！」というものであった．聴衆が集まると，演説が始まった．時には，別の政党の候補者が同時に同じ茶館に居合わせてしまうこともあった．そのような時，彼らは茶館内の

2か所に分かれて，それぞれが演説を行なった．聴衆はたいてい士紳など社会の上中流階級の者から成っていた．まれに農民が演説を聞きに来ることもあったが，彼らにとって面白い内容ではないので，ほどなく立ち去るか，座っていても聞いてはいなかった［王紹鏊 1961：405］．

王の説明においては，政党の役割が強調されている．ただし，この引用文においては候補者が自身の所属政党を大々的に宣伝しているが，後段で彼が自身の選挙について描写した箇所では，政党組織がいかに弱いものだったか説明されている．王は共和党員であったが，他の政党との提携をめぐって意見が合わず党を離れた．その結果，共和党は彼の当選を妨げようとしたが，王には同郷の有力者との強い関係があったため，失敗に終わった[8]［王紹鏊 1961：404-405］．

1912年には数百もの政党が勃興した．それらのうち真に影響力のあるものはわずかであったが，清末より知識人の間で鬱積していた，政治変革を主張するための組織化方法に対する欲求を示すものであった[9]．新たな共和国における最大の変化は，そのような結社に対する規制が緩和されたことであった[10]．各政党は堂々と機能していた．彼らは事務所を設け，集会を開き，新聞広告も打った[11]．彼らは党綱領を定め，その綱領についての議論が新聞に掲載されたりもした[12]．政党の存在こそが，1909年と1912-13年の選挙の最大の違いの1つであった．当時の新聞に始まり今日の歴史家にも引き続き使われている言葉を借りれば，党派性ないし「党争」がこの選挙の顕著な特徴の1つであった．ただし，これらの表現は基本的には否定的な意味で使われた．すなわち，実際

---

8) 王の説明は初選と複選を区別していないので，詳細な状況を理解するのは難しい．
9) 張玉法によればその数は300を超え，そのうち100以上が江蘇省で活動していた［張玉法 1985：35-36］．
10) 政党は一般的な結社の形態となったが，中にはその党派性の強さを快く思わない者もいた．そのような思想については，フリードマンの「包括的エリート単一政党」についての議論を参照［Friedman 1974：29-47］．
11) たとえば，『申報』1912年10月13日第1版に掲載された「民主党籌備総事務所」の広告を参照．同広告は，党の北京と上海の事務所の住所を記した上で，主要な地方都市に支部を設立する用意があることを告知していた．同様の広告は1912年末にはしばしば見られた．
12) たとえば「国民党政見之研究」『申報』1912年10月13日は，選挙に先立ち党の「最新の政見」を全国に向けて公表できるよう，同党内のあるグループが会合を行なったことを報じている．

に起こったことを描写しているというよりは，道徳的な審判を示す言葉として使われているのである[13]．しかし，民国初期の政党についての研究はこれまで，党の指導者やイデオロギー，選挙後の議会における政党間の競争に焦点を当てる傾向にあった．おそらく史料的制約もあり，彼らの日々の活動について深く検討されることはなかった[14]．

　王紹鏊のような選挙活動を行なう候補者に加え，各政党も有権者の取り込みに一定の役割を果たしていた．有権者が議員を直接選ぶのではなく，選挙人を選出するという2段階選挙システムのため，政党は自党に同調する選挙人の面々がまずは初選において確実に選出されるよう，慎重を期さねばならなかった．当選者は相対多数ではなく公式によって決まるので，政党は所属する選挙人が当選に必要な最低票数を得られるかどうかを気にしていた．1912年における有権者数は1909年の10倍にのぼったものの，初選で当選するために必要な票数は，多くの選挙区において依然としてそれほど大きくはなかった．県にもよるが，数百ないし，せいぜい1000を少し超える程度であった．しかしそれは，候補者が個人的なつながりだけで集められるほど小さな数でもなかった．そのギャップを埋めていたのが政党だったのであろう．政党は選挙直前期には，省レベル，時には県レベルで事務所を開設した．もっとも，これら選挙事務所が国会や省議会の初選において実際にどのような活動をしていたのかについては，史料がごくわずかにしか存在しない．新聞がしばしば論及しているように，政党は選挙当日，投票所近くに「休憩所」を開設していた．おそらく，投票日以前にも何らかの形で，有権者を取り込むための活動は行なわれていただろう．

　結果として，1912年の選挙における政党による「運動」の効果を計ることは難しい．初選当選者の政党所属についての情報は，手に入らない．そのような情報は新聞にも表れておらず，歴史家でその実態の解明に成功した者もいない．複選当選者（たとえば国会議員）についても，正確な党員名簿を見出すことは難しい．張朋園の研究は，1913年11月の国会議員名簿を用い，国民党への所属

---

13) 最も詳細な描写，たとえば沈暁敏による江蘇省の南に隣接する浙江省における1912-13年の選挙についての議論においても，新聞が贈賄や不正を報じた例が注記されている程度で，政党の活動と初選における投票との関係は明らかにされていない［沈暁敏 2005：104-107］．

14) 当該時期の政党に関する古典的研究として張玉法［1985］がある．

を決定している［張朋園 2007：106］．これは彼の研究目的にとっては有効な解を与えてくれるかもしれないが，私たちの目的は異なる．1913 年末にある者が国民党員だと袁世凱に断定されたからと言って，その 10 か月から 11 か月も前の時点で，有権者がその候補者を国民党員と認識していたとは限らないからである．近年の研究によれば，当時の資料から歴史家によるものにいたるまで，国会における諸政党の議席数の比率については 11 種類もの異なった見積もりがあるという［薛恒 2008：73-74］．省議会に関して得られる情報はさらに少ない．たとえば 1913 年に選出された江蘇省議会における政党所属など，いっさい何もわからないのである[15]．

4　投票日の諸相

　江蘇省南部のほとんどの県，すなわち王紹鏊の地元であり，ほぼ上海の定期刊行物がカバーする地域において，1912 年 12 月 6 日，省議会議員選挙の初選が行なわれた．翌日，新聞は上海県において 2 万人以上の有権者（登記された 5 万人以上のうちの）が投票したこと，および投票所は人であふれたものの，違反や不正は報告されていないことを報じた［『申報』1912 年 12 月 7 日，第 7 版］．『申報』に見られるこれら報道は，同紙の記者自身の観察を示すものであろうが，他の上海地方紙にも同様の報道が見られる［「上海人選挙之踴躍」『申報』1912 年 12 月 7 日，第 5 版；「時評三」『時報』1912 年 12 月 7 日，第 6 頁；「選挙投票冷熱観」『時事新報』1912 年 12 月 7 日，第 3 張］．ただし，その後，別の県からはまた異なった報道が見られた．

　そのような報道の一例として，松江県からの報告が挙げられる．その副題は「私は選挙の前途のために泣く」というもので，そこには読者へのメッセージが簡潔によく表れている．2 万人の投票者は，混み合い無秩序な中で票を投じたが，その多くは無効なものや不正なものであることが疑われた．混乱に輪をかけたのは，国民党や共和党をはじめとする政党が，投票所近くに休憩所を設

---

[15]　ただし，沈暁敏は浙江省議会について論じる中で，政党所属について明らかにしている［沈暁敏 2005：104-107］．

置し，酒，食事，旅費，列車の切符，現金の提供などを含む様々な形で誘惑や不正を試みていたことだ．同記事は結論として，「世論は納得していない」とした上で，選挙結果を無効とすることを主張している者もいると指摘した［「松江省議会初選之現状：吾為選挙前途哭」『申報』1912 年 12 月 8 日，第 6 版］．

　選挙後の言論は，このようなイメージをいっそう強めるものだった．正式な開票が上海で始まった翌日，『申報』には「選挙百笑録」と題されたある風刺記事が掲載された．そこでは，江蘇省議会議員選挙における投票者，選挙運営者，候補者ら選挙参加者の様々な滑稽な失敗が紹介されている．この記事は，その手の記事がいつもそうであるように，場所や人物を明示してはいない．著者の意図は明らかに，選挙に広く見られた典型を指摘することにあった．そこに登場するのは，たとえば時代遅れな者（「村人が辮髪を下げ仰々しい衣裳を着こんで投票にやってきた．ああ可笑しい！」），アヘン中毒者（「アヘン吸引者が青白く血の気がない顔で投票所に入ってきた．ああ可笑しい！」），社会的地位の高い候補者に投票する者（「村人たちが投票所に向かいながら，うろたえながら互いに相談していた．『お前は誰に投票するんだ？』ある者が答えた．『誰それ旦那だ．』別の者が答えた．『誰それ若旦那だ．』ああ可笑しい！」），選挙運動を行なった者も，有権者を買収しようとしたことや（「運動員が投票者に列車の切符を買い与えている．ああ可笑しい！」），有権者を投票所に連れて行ったことで（「人を投票に誘導する手口がまるでポン引きだ．ああ可笑しい！」）嘲笑の対象となっている［「自由談話会：選挙百笑録」『申報』1912 年 12 月 10 日，第 10 版］．

　この類の記事が見られるのは，上海で発行されていた新聞に限られたことではない．江蘇省南部の各地における，より小規模で，局地的な新聞においても，似たような記事は見られた．もともと存在していた少数の新聞のうち，現在にまで保管されている紙面はごく一部とは言え，江蘇省南部は辛亥革命直後から活力ある出版文化を有していた．たとえば，蘇州市のやや北東に位置する常熟市では，少なくとも 3 紙の新聞が発行されていた（そのうち少なくとも 2 紙は週刊であった）．国会・省議会の両選挙の初選が常熟で実施された後，ある新聞の社説は「選挙の悲観」とのタイトルで，選挙は「宴席と現金を用いた運動」のせいで台無しになったと主張している．これらのせいで，適切な倫理観はないがしろにされたとして，同社説は次のように言う．

私は（選挙期間中），父と子が疎遠になり，兄弟が不和になり，友人関係がぎくしゃくしたと聞き及んだ．人倫と道徳は選挙によって崩壊してしまったのだ［「第一社論：選挙之悲観」『常熟旬報』1912 年 12 月 21 日］．

　常熟の別の新聞が 1913 年 2 月中旬に掲載した社説は，「選挙運動の熱力が沸騰させた奇々怪々な現象は，清朝時代の犬畜生のような下劣なやり方と何も変わらない」とも述べている［「社論　選挙票之過去観」『虞陽報』1913 年 2 月 16 日］．

　12 月の中頃に省および国政選挙の初選の結果が出ると，『申報』ならびに『時報』の社説は，その結果が意味する中国の投票者のあり方について，懐疑的な見解を示した．『申報』のある書き手は，「投票心理」を分析し，「運動」の負の側面を指摘している．

　私は有権者ではないが，一般的な有権者のおおよその心理はわかる．最も意識の高い者たちは，初めから自身の信念を持ち，政党の支配を受けない．また，人の運動を受けて意思を変えることなく，純然と自分の意思を貫く．それに次ぐ者は，政党の意思を自分の意思となす．それに次ぐ者は，村落思想や地方主義を自分の意思となす．それに次ぐ者は，交友を最優先して約束を重んじるため，交友上の関係を自分の意思となす．最も意識の低い者は自分の意思がなく，ただ金銭報酬の多寡だけを問題にする．目下の状況を見ると，自分の意思のない者は 60 から 70 パーセントほどであるのに対し，自身の意思を貫くことのできる者は 100 人に 1 人もいない［「雑評二　複選人心理之試測」『申報』1913 年 1 月 11 日，第 6 版］．

　この著者が提起しているのは，中華民国期の選挙に常につきまとい，さらには 21 世紀に中国の民主主義をめぐる議論においても繰り返される，解決しがたいジレンマであった．すなわち，有権者が権力者を不快にさせ，動揺させ，苛立たせるような方法で自由に投票先を選んだ場合，何が起こるのかという問題である．あるいは，人々が「誤った」理由で「誤った」人物に投票してしまうと，何が起こるのかという問題である．

　江蘇省における国会の初選の開票が行なわれていた頃，上海の新聞では引き続き「運動」に対する批判が展開されていた．『申報』に掲載された記事「選挙運動についての所感」において，その著者は，選挙は「国民の将来のため」に重要であるが，これを投票者は「子どもの遊びのように扱った」との，当時

よく見られた不平を繰り返した．これは必ずしも選挙システムに問題があるのではなく，選挙運動家たちがもたらした悪影響に問題があったのだと，著者はほのめかしている．アメリカやフランスなど他国では，選挙運動家は「日ごろから国家や国民を豊かにせんとする熱意を持っている」．ところが中国の選挙運動家は対照的に，「自身の名声と利益のみを目的としている」．中には有能な人材もいるかもしれないが，多くの者は単に「議員という虚名」および「議員であることの利益」を望むだけだと，著者は読者に強調している．選挙がそのような当選者を生み出していることに，著者は次のような嫌悪感を示す．

  人は選出された新たな議員を羨望の眼差しで見るが，私は新たな罪人が選出されたとの慨嘆を禁じ得ない．ああ選挙，ああ選挙運動よ［痩蝶 1912］．

選挙の経験は見方によっては，選挙により成立した諸機関の正統性を損ねるものであった．

 1月初旬の各紙には，選挙を風刺する短編の創作が多く掲載されたが，それらはいずれも似たようなテーマを扱っていた．「複選」と題されたある記事は，自身と16人の息子全員が初選を通過した，ある男の話を伝えている．その男は，息子たちが複選においては自分に投票して，自分が省議会議員になれるものと信じていた．しかし，いざ複選の投票が行なわれると，その老人は1票も獲得することができなかった．彼が息子たちを呼び出すと，彼らはそれぞれ何故父に投票できなかったのか説明した．ある者は別の党との約束があったと言い，ある者は議会の仕事がもたらす疲労が父の健康を害すのではないか心配したと言い，ある者は特定の者に投票することを売春婦に約束してしまったと説明した［了青 1913］．選挙は父と子の間柄のような，最も基本的な人間関係さえも蝕んだのである．

 江蘇省における選挙は1913年2月までに決着がついた．この時期に，江蘇省選出の省議会および国会議員は南京において非公式な会談を設け，中央と各省の政府間関係や，課税の問題を含め，省の重要課題について議論を行なった［「新議員開懇親会紀実」『申報』1913年2月9日，第6版］．数週間後，『申報』は編集委員の選挙に対する最終的な評価を発表した．同紙は選挙結果を踏まえ，当選者はいずれも特定の政党や地方と結びつきが強い者たちや，単に「金銭主義」に頼った者であったと断じた［「雑評二　民国之複選之痛」『申報』1913年2月

27 日，第 6 版］．換言すれば，選挙によって新たに成立した代議機関は，狭く特殊な目標しか持たぬ者や，私腹を肥やすことしか考えぬ者で溢れていたことになる．運動に基づく選挙は，この結果を避けることができなかった．公的な論点は，私的な利益の競争の中で跡形もなくなってしまったのである．

おわりに

　選挙が終わる前から，袁世凱は選挙プロセスに関して同様に厳しい評価を下していた．12 月 15 日，初選の際の騒動の報告が北京の彼の下に届くと，彼は声明を発表し，「選挙のための競争」の中で巷間の秩序を乱したり，投票箱を独占したり，投票所を破壊したり，その他の選挙妨害をする人々を強く非難した．そのような事件がどのような頻度で起こっていたのかは明らかではない．それらは多くのメディアや政府の注意を引きつけたが，おそらくそれほど一般的ではなかったであろう[16]．袁はそれらの事件が「ごく局地的に」起こっているものではあるが，県全体に波及しうるほど深刻だと論じた．これらの騒動は，政党間や地域間の対立に根差したものであると袁は説明した．彼は，そのような狭い利害関心が「中華民国の建国という神聖で重大な任務」の妨げとなるべきではないと警告した［『政府公報』229 号，1912 年 12 月 16 日，命令，6-8］．

　1913 年 3 月には全国的に複選が終結すると，国民党が国会の多数を占めることが明らかになった．同党の領袖である宋教仁は，国会の権力を行使して臨時大総統である袁世凱の権力を制限する意向を持っていることで知られていた．宋は湖南省出身の 30 歳，長期にわたる反清革命運動を経て，党の全国的な選挙活動を取り仕切り，今やおそらくは総理となって中央政府を改組することを望んでいた．袁世凱の側近（あるいは袁本人）の命を受けた暗殺者が上海駅で彼を銃撃したのは 1913 年 3 月 20 日で，その 2 日後に彼は死亡した．

---

16) 選挙後，江蘇省政府は，初選の運営責任者である各県県長の働きを査定した．それによると，江蘇省に 60 ある県のうちの 12 県の県長が行政上の高評価を得る一方，6 県の県長は落ち度を指摘された［江蘇内務司 1914：114-117］．ここから看取されることは，いくつかの県では問題があったものの，より多くの県では全体的に良好な選挙運営がなされ，圧倒的多数の県では特筆すべきことは起こらなかったということである．

歴史家はしばしば宋の劇的な死を重大な転機と見なしてきた．彼の暗殺を，中国における議会制民主主義への希望が死滅した瞬間と捉えたのである．議会は4月に開始されるも，国民党と袁世凱政権との対立は，国会においても国民党籍の省長が統治する省においても，晩夏にもなると，表立った戦闘にまで発展した．国民党の蜂起は失敗に終わり，党員たちは国会および省議会から排除され，多くの者は再起を期して日本に亡命した．定足数を満たせなくなった国会は1913年11月には機能停止に陥り，省議会とともに1914年初頭には解散させられた．その後，袁による独裁期に入り，それは彼が投票によって選ばれた，立憲君主制下の皇帝となるという，結局は失敗に終わった試みにおいて頂点に達する．

　しかしながら，1912年の選挙の正統性に対する重大で，深刻で，持続的な異議申し立ては，宋の暗殺以前からすでに広範に見られた．一連の国会・省議会選挙は，清朝皇帝の退位から1年も経たぬ内に，成立して6か月にも満たない法に基づき，たかだか数か月の準備の下に実施されたのだが，しかしそれは数千万人の中国人の生活に関わるものであった．江蘇省だけをとっても，12月には100万人以上の人々が投票を行なった．その多くは，別々の日に実施された2つの選挙に投票しているのである．これはひょっとすると，市民による統治の儀式への参加に動員された中国人の数として，最大のものかもしれない．王朝時代においては，いかなる非強制的で平和的な政治活動も，これほど多くの人々に同時に同じ行動を取らせるようなことはなかったであろう．

　ところが，新聞の論説員たちは，投票者の政治的な知識や振る舞いへの高い関心に比して，その数にはさしたる注意を払っていなかった．彼らは，彼らが不適切と考える理由に基づき，喜んで投票に赴いた人の数の多さに困惑していた．「公共の利益」に対する客観的な判断以外の理由で候補者を選ばせるよう有権者を誘導する，あらゆる形態の「運動」は，共和国の健康を呪うものと見なされたのである．『申報』のある執筆者の言葉を借りれば，「運動に基づく選挙は道理に合わない」のであった［「自由談話会」『申報』1913年1月7日，第10版］．

　かりに運動というものが，上述の論説が言うように，選挙を偽りに満ちたものに捻じ曲げてしまうのだとしよう．しかし，選挙と運動が互いに不可分のも

のだとすれば，いったいどういうことになるのであろうか．この緊張関係は，新聞の大衆に向けた論説方針に表れる一方，政府を組織する（ないし組織することを望む）エリート知識人たちによって言及されることはほとんどなかったものの，1909年の清朝の選挙においても，1912年の民国の選挙においても明らかであった．

しかし，1912年の選挙は，その3年前のものよりもやっかいな含意を帯びていた．清朝が主権を人民にあるという思想に積極的に抵抗したのに対し，民国はその考え方を取り入れていたのである．その結果として，民意を測定する手法を発展させることは，新たな政府の正統性にとって決定的に重要になった．しかしながら，民意は，普遍的な公共の利益を代表するよう導かれることが求められていた．1912年の選挙の経験を通じて一部の人々に明らかになり始めたことは，選挙は，少なくとも当時計画されていたような方式では，そのような結果を決してもたらさないということであった．その代わりに選挙がもたらしたのは，私的な利益を追求する不徳な運動家たちによって操作された，私的な利害関心の集積物に過ぎないと考えられたのである．その後数十年にわたり，この問題は新たな異なった形態の選挙という実験へと，つながっていくことになる．

文献目録
中国語文献
芙［1912a］「社論　敬告選挙人（一）」『申報』1912年9月7日，第1版．
────［1912b］「社論　敬告選挙人（二）」『申報』1912年9月7日，第1版．
江蘇内務司［1914］『江蘇省内務行政報告書 中華民国2年第1届』第1巻，出版地不明．
康有為［1914］「擬中華民国国会代議院議員選挙法案」『康南海文集』共和編譯局．
了青［1913］「自由談　複選」『申報』1913年1月9日，第10版．
梁啓超［1999］「中国国会制度私議」『梁啓超全集』北京出版社．
『申報』．
沈暁敏［2005］『処常與求変　清末民初的浙江諮議局和省議会』生活・読書・新知三聯書店．
『時事新報』．
痩蝶［1912］「自由談話会　選挙運動感言」『申報』1912年12月16日，第10版．
王紹鏊［1961］「辛亥革命時期政党活動的点滴回憶」『辛亥革命回憶録』中華書局，第1集．
薛恒［2008］『民国議会制度研究　1911-1924』中国社会科学出版社．

『虞陽報』.
張朋園［2007］『中国民主政治的困境．1909-1949　晩清以来歴届議会選挙述論』聯経.
張玉法［1985］『民国初年的政党』中央研究院近代史研究所.
『政府公報』.
中国第二歴史檔案館編［1991］『中華民国史档案資料彙編　第3輯　南京臨時政府』江蘇古籍出版社.

英語文献

Friedman, Edward [1974] *Backward toward Revolution: The Chinese Revolutionary Party*, University of California Press.

第2章 「神聖」から「唾棄」へ
――国会への期待と幻滅

王　奇　生
（張　玉萍訳）

　　はじめに

　百数十年来，中国人が「憲政」の思想と制度に取り組んできた過程は，おおむね「君主憲政」「民主憲政」「党主憲政」という3つの段階に分けることができる．清朝の「君主憲政」が成功しなかったことは言うまでもないが，民国初期の「民主憲政」も有名無実であった．辛亥革命は帝制を共和に変えたが，それはただ国体を改めたのみであり，革命後の政治体制の改革は一貫して成功しなかった．最終的に実行されたのは国共両党の「党主憲政」である．この過程で最も重要な時期は，民国初期の15年間（1912―1927年）だった．2回にわたる帝制の復活を除いて，西洋式議会政治の試行とソ連式革命政治の台頭は，いずれもこの時期に生じたのである．この問題は広い範囲に関わるが，本章はもっぱら1913年の第1次正式国会の設立から解散までの過程を切り口として，当時の知識階層の世論と心理状態を明らかにしたい．本文でいう知識階層は，広い意味でほぼ伝統的な「士大夫」階層に相当し，現代の純粋な知識人には限られない．それは多くのエリートが複数の業界，特に政界・学界・世論界に跨っていたからである．政治に参加し政治を議論したのは，みな一群の知識エリートであった．

1　急速な革命の成功と革命後の失望

　辛亥革命が帝制を倒して民国を樹立したのは，3つの政治的な力が協力し合った結果である．学界では以前もっぱら革命派の功績を強調していたが，近年では立憲派の貢献も認めるようになった．実際には袁世凱を主とした北洋派も，革命を迅速に成功させた重要な推進者であった．たとえば，初期の同盟会会員であった張耀曾は，「民国の成立は3大派閥の人物の協力によるものだ」と考えた[1]［張耀曾 1933］．李剣農も「清朝の皇位の転覆は，革命派・立憲派と北洋軍閥の官僚派という3つの勢力の共同作業によってなされたのだ」と捉えている．民国初期の政治もこの3大派閥の勢力が主導・角逐するものであった［李剣農 2006：276］．学界における多くの研究は，革命派と袁世凱の北洋派との対立に焦点を当て，また共和が成功しえなかった責任を，すべて袁世凱の北洋派による簒奪と破壊に帰してきた．だが近年来，一部の学者は孫文を指弾するようになり，宋教仁〔暗殺〕事件は本来なら法律の範囲内で解決できたはずだが，孫文の指導する国民党は軽率に内戦を発動し，結果として袁世凱とともに中国憲政の夢を扼殺したのだと捉えている．

　総じて袁世凱の主導する北洋派に，民主政治を行なう意思がないのは明白だった．革命派の内部においては，宋教仁が政党政治と憲政の急先鋒であったことは言うまでもない．孫文も当初は政党政治に賛同していたが，宋教仁暗殺事件が発生した後，党内では法律により袁世凱を倒すことを主張する者が多く，たとえば汪精衛・蔡元培等の著名人はみな武力に訴えるのに強く反対した．しかし，孫文は武力で袁世凱を倒すことに固執した．孫文の武力による袁世凱打倒はもちろん失敗したが，法律による袁世凱打倒が必ず成功できたかというと，後世の歴史学者には想像しようもない．戦闘が始まった後，立憲派の新聞はほとんどが袁世凱を支持し，国民党を非難した．一般的な社会世論も先に武力に訴えたのが国民党なので，たとえ袁氏が正しくなくても，正当な法的手段で解決すべきだと考えた．歴史家の李剣農は，袁世凱は大軍を擁して法律や国会は眼中になく，宋教仁暗殺事件の発生後，謀殺の容疑者である趙秉鈞が出頭に抵

---

[1]　楊琥［2004：76］より転引．

抗したので，法律や世論による袁世凱打倒は功を奏しなかったろうと考えた［李剣農 2006：299-304］．袁世凱が国会を解散した理由を，孫文の武力による袁世凱打倒に帰するにせよ，袁世凱の帝制復活は明らかに国民党とは直接的な因果関係がない．換言すれば，たとえ孫文の「第二革命」が起こらなかったとしても，やはり袁世凱が民国初期の憲政民主化を推進する可能性はあまりなかったろう．

　本章は，民国初期の知識層の共和に対する認識，およびそれと関連する社会世論を重点的に検討し，世論を通して当時の歴史的状況を考察するものである．孫文の主導する革命派と袁世凱の主導する北洋派の拮抗にのみ注目するのは，妥当ではない．革命直後の外国の新聞が，「今回，政体を改めて共和制を樹立したのは，はたして専制政体が生存に適さないことを四億の人心が深く嫌悪し，それゆえ共和制に改めることを目指したのか，それとも実は時勢に迫られて，やむを得ずこうなったのだろうか」と疑問を提起し，おそらく一般国民は「共和を知らないだけでなく，専制さえも知らないのだ」と唱えた［「外人之共和観」『庸言』1913 年，第 1 巻，第 10 期］．

　革命党員ですら多数派の要求は，やはり満洲人の清朝による統治を打倒することだけで，共和民主の真諦については深い認識を欠いていた．1918 年に高一涵が辛亥革命とフランス革命・アメリカの革命とを比較し，各国の革命の過程における思想的啓蒙の差異に注目し，以下のように指摘した．「フランスは革命前にルソー，ヴォルテール，モンテスキューなどの人物がいて，それぞれ天賦人権や自由平等の説により人民を啓蒙した．ゆえに帝制を倒すと，ただちに共和思想が一般の人々の心に深く入り込んだのである．アメリカはイギリスに服属していた時，すでに平等・自由・民約等の諸説が人々の心に深く浸透していたので，イギリスの支配から解放されると，ただちに平民政治を創出することができた．中国革命は種族思想により成功したのであり，共和思想により成功したのではないので，皇帝が退位したにもかかわらず，いまだに人々の頭の中では皇帝が退位していなかったのである」［高一涵 1918］．

　五四時期の 2 人の学生指導者である羅家倫・傅斯年は，辛亥革命の先達と同じ考え方を持っていた．羅家倫は，「当時は皆の革命に対する認識は，私の知る限り実に単純であった．彼らの公式は，『革命――革命とは満洲政府を倒す

こと——満洲政府を倒せば中国は良くなる』というものだった．……数人の指導的人物を除けば，その他の人々には……元々民主・共和の観念がなかった．どうして彼等に民主・共和の体制を実行することを期待できただろうか」と指摘している［羅家倫 1920］．傅斯年も，「当時革命を唱えた人々は，まったく民主体制の本当のあり方について適確な理解が不足しており，だから満洲王朝を倒すことができたのは，半分は種族的な嫌悪感によるもので，半分は野心家の投機によるものであった」と指摘している［傅斯年 1919］．

　孫文も晩年には，「革命の勃発する前は，多くの者が頭の中では民族主義を知っているだけだった．……その頃，彼等は詳細な研究をしないので，もちろん民権主義については理解できず，ましてや民生主義についてはなおのこと訳がわからなかった．革命が成功した後，民国を樹立して共和制度を採用した．この時，皆はなぜ民国を樹立するのかを深く追究しなかった．現在に至っても心から民権を実行し共和に賛同する同志は，やはり少ない」と認めている［中国社会科学院近代史研究所等 1981-86(9)：385］．孫文は1924年に国民党を改組した後に，このように語ったのである．その直後，さらに以下のように指摘した者もいる．

> 辛亥革命はただ辛亥革命でしかなく，絶対に辛亥革命より良い結果になることもなければ，また辛亥革命より悪い結果になることもなかった．これはどういうことだろうか．辛亥革命の頃に当時の環境が求め，また大多数の人民が求めたのは，ただ「満洲人の清朝を倒す」ことであった．満洲人の清朝を倒す以外のこと，および満洲人の清朝を倒した後のことについて，彼らは考えなかったのである．ゆえに辛亥革命の結果は，ただ満洲人の清朝を倒しだけであった．満洲人の清朝を倒さなかったわけではないが，かといって満洲人の清朝を倒す以外の好結果を生じえたわけでもない［徐天一 1928：21-22］．

　辛亥革命の「迅速な成功」については当時，驚きと喜びを感じる者が少なくなかった．孫文は，「有史以来，これほど迅速な成功はなかった」と感慨を表した［中国社会科学院近代史研究所等 1981-86(2)：1］．梁啓超も，「成功の迅速さは，ほとんど中外古今において未曾有のものだ」と感慨を述べている［梁啓超 1916：168］．ただし，革命の「迅速な成功」の消極面を懸念する者もいた．当

第 2 章 「神聖」から「唾棄」へ

時の日本の『国民新聞』は革命後の中国情勢について,「中国の去年の革命は安易に行なわれたもので, 急がば回れである. 今の政治情勢を観察すると, 疲弊・怠惰の状況を呈している. その場しのぎで国を維持し, 社会の万般の事はみなその刺激を受けず, 気風を一新することはなかった」と論評している [「中国之地歩」(『日本国民新聞』より呉貫因訳)『庸言』1913 年, 第 1 巻, 第 3 期]. 呉貫因 (1879-1936) は, 中国革命の「安易」さや革命後の「疲弊」に対する日本の新聞の観察に大いに「共感」し, この記事を中国語に訳して発表し, さらに以下のような評語を附した.

　共和が成功してから国を挙げて怠惰になり, なんと老衰現象を呈している. これは他国で革命が発生した後には見られないことであり, また中国歴代の革命後にも見られなかったことである. 中国では以前に王朝が交替した後, 朝野はともに必ず新しい気風を呈した. それがなぜできたかというと, 以前の革命の期間は長くて十数年ないしは数十年にも達し, 短くても必ず数年間にわたって戦い, 乱れた日々が長く, 大いに苦心することが多かった. 人材は鍛えられて初めてできるので, 大将たる器量を持つ人材がそこから現れ, 政治家もその中で育てられた. 全土を統一した後, すでにこのような十分に鍛えられた人材がいて, 諸々の政治はみな立派なもので, その威望がまた世の中を畏敬させ, 民間の者も軽々しく対抗を試みる勇気がなく, 頭を垂れて従った. このようにかつては革命を経た後, 朝野を一新させることができたのである. しかし, 去年の革命は成功があまりにも迅速だったので, 国を治める人材を生み出せず, 一般の者は共和政体が容易に成功したため, これを大切にすることを知らず, 維持・進歩させることをともに図ろうともしなかったので, そのため国家全体に活気がなくなり, かえって無気力に陥ったのだ. 去年の革命は, 帝制を共和に改めた. その意図はきわめて公正であり, その方法はきわめて正当で, 前代の帝位争いとは大きく異なっている. 革命後の業績は前代より大きいはずなのだが, 実際の状況を見ると優れたところがないどころか, むしろ劣っているのである. その原因は共和の成功が速すぎて, 国民が訓練を経ておらず, 国事のための憂慮・勤労・警戒・激励の精神がないので, このように中途半端な状態になってしまったのである [「中国之地歩」『庸言』1913 年, 第 1 巻, 第

3期].

　呉貫因は清朝末期に同盟会に加入したが，民国初期には梁啓超を支持し，進歩党に接近した．1912 年には梁啓超と天津で月刊誌『庸言』を創刊し，その言論はおおむね中間的な立場であった．呉貫因から見ると，辛亥革命は帝制を共和に改めたが，しかしその「強烈度」はなお歴史上の王朝交代に及ばなかった．その成功があまりにも速かったので，人材は十分に鍛錬されず，国民は十分に訓練されなかったので，革命後に活気が欠乏し，沈滞の気が満ちて，「中途半端」な状態になってしまったというのである．1913 年に中国の新聞報道には，革命に対して「失望」したという言論が非常に多くなった．李大釗が 1913 年に考察したように，「光復〔漢人の天下の回復〕以来，世間の道理と人情は悪化しつつある．政治が乱れて，処世の道が険しく，賄略が公に行なわれ，廉潔で恥を知る心が全く無くなってしまった」［李大釗研究会 1999：46］．一部の者は憤激して，「むしろ民国は清に及ばない」と慨嘆している［羅志田 2014：58-59］．政治と社会の混乱した現象に直面して，共和を嫌悪し「専制」を懐かしむ者が少なからず現れたが，おそらく少数の遺臣のみが旧時代を偲んだのではなかっただろう．呉貫因は下記のように観察している．

　　一般の人々はこのような現象を見て，いわゆる共和立憲主義者の功績はこの程度だと思い，共和立憲という言葉を歓迎しないどころか，さらに嫌悪するようになった．人々は，ただ強力な政府が兵力で暴民を排除し，人民を苦境から解放できるよう渇望したので，極端に専制的な権力者を奉じることすら厭わなくなったのである．国事維持会河南支部の通電〔公開電報〕は，「君主は今日の国体に適していないが，専制は実に今日の政治に有益である」と説く．……これは 1 つの政党の主張にすぎないが，実は大多数の国民の心理を代表しているようである［呉貫因 1913b：5］．

　清末の遺臣が君主を偲んだのとは異なり，「大多数の国民」は乱世を嫌悪して専制を懐かしんだのである．李剣農の観察によると，「当時の人心は，一般的に『乱を嫌う』であった．なぜ『乱を嫌う』のかといえば，やはり『乱を知らない』からであった．一般の人々は辛亥革命というごく小さい戦事こそ『乱』であり，江西・南京の戦闘〔第二革命〕こそ『乱』だと考え，さらに数限りない南北混戦の『大乱』の種が，北洋軍閥の中に潜んでいることを知らなかったの

である」［李剣農 2006：306］．人心は「乱を嫌う」ために強力な政府に希望を寄せ，袁世凱のような強力な政治家に期待した．汪精衛は，「1年来，国民の一致した共通の口癖は，『袁でなければ駄目だ』である」ことに気づいた．李剣農は，この逸話がほぼ当時の知識階層が袁世凱を支持した核心的心理を示すものだと考えている［李剣農 2006：304-305］．

　辛亥革命の成功の迅速さは「未曾有」であったが，革命後の国民の失望の迅速さも，また驚くべきものであった．

2　「国会神聖」から「国会唾棄」へ

　一般的な「失望」のほかに，民国初期の国会運営に対する世論の批判も注目に値する．ここでいう「世論」とは，主に知識階層の声を指す．中国人にとって，帝制から共和への変化は数千年来の未曾有の大変化であった．これを具体的に「政治体制」の次元で実行するとなると，代議政治と関係する憲法・国会・内閣・選挙・政党競争などの具体的な運用は，いずれも中国人にとっては未知のもので，西洋に学ばねばならなかった．当時はロシア革命がまだ発生しておらず，西洋の議会制が唯一の選択肢となった．西洋の議会制には大統領制と内閣制の区別があるが，革命後の中国はまず大総統（大統領）制を採り，後に袁世凱を牽制するために内閣制を採った．

　1913年4月8日，国会が中国で正式に開幕した．本来，国民党は第1次正式国会で絶対的優勢を占める見込みがあったのだが，宋教仁暗殺事件が発生し国民党の武力による袁世凱討伐が失敗した後，国会における党派の情勢が次第に変化した．一方では，国民党が宋教仁という代議政治の有力者を失って内部分裂を生じ，しかも世論には暴民党と見なされた．他方では共和・統一・民主の3党が合併して進歩党となり，立憲派の著名人を集めたため，国会の重心は次第に進歩党に移った［李剣農 2006：307］．袁世凱は正式大総統の地位を得ることを望んだため，当面は国会と進歩党の力を借りざるをえなかった．そして進歩党が組閣したのだが，その行動と言論はきわめて穏健で，北洋派を導いて次第に憲政の軌道に乗せるべく，袁世凱を正式大総統に選ぶことを願った．国民党籍の議員は国会の場を借りて袁世凱と対抗することを図った．袁世凱は正式大

総統に当選した後，11月4日には国民党を解散させ，国民党籍国会議員の資格を取り消すという命令を下したので，国会は法定人数に足らず開会できなくなる．続いて袁世凱は1914年1月10日に，国会の解散を正式に宣告した．第1次国会は実際にはわずか7か月しか存在しなかったのである．

学界における民国初期の国会に関する研究の多くは，国民党の袁世凱への対抗と袁世凱による国会解散の暴挙に焦点を当ててきたが，実際には国会に対する当時の知識階層の態度も注目に値する．まず王登乂が第1次国会終了後に記した，「8か月来の憲法に対する国民心理の回顧」という文章を引用したい．王登乂の叙述によると，1913年4月から11月まで，国民の国会に対する心理的変遷は3つの時期に分けることができる．すなわち，「国会神聖時期」「国会唾棄時期」「国会衰微時期」である．

第1期は4月から5月までである．国民党派の世論にせよ，非国民党派の世論にせよ，みな「国会に無窮の期待を抱いたが，憲法における国会の権限の制定についても，大きな委託を希望した」．国民の大多数は強力な国会を創設することに傾き，政治の実権がすべて国会の手に委ねられることを主張した．

第2期は6月から10月までである．国会が開幕した後，

> 国民が尊び慕おうにも，その意に適う者が〔議員には〕1人もおらず，日々混乱してひたすら利益を図るばかりで，反対も賛成もみな個人の金銭と個人の権利を目的としていた．大我を代表すべき者がすべて小我主義へと矮小化してしまった．200日余りの間に議決された重要な法案は2つにすぎず，1つは議員逮捕法で，もう1つは歳費を5000元とするものであった．〔議員たちは〕その地位を固めることができたし，また家族を手厚く養うこともできたので，国事は全く脳裏に留めておくことがなかった．わが4億国民の膏血は，このたった800人の貴族を扶養するためのものとなり，それゆえ一方で国民にはどうしようもなく，他方で憲法上の国会権限問題について，実に懐疑の時代に入った．……一般の人心は国会に頼ることができない以上，政府に頼るほかはないと考えたため，議会内閣制の憲法が根本的に動揺することになった．

第3期は10月下旬である．大総統袁世凱は各省に通電し，憲法についての意見を求めた後，「憲政の潮流が暴発し大河のように奔流となって，数か月来

不平を溜めていた者は，みないっせいに躍り出てきた〔第二革命を指す〕」．これを各省の行政機関が百数十通以上の通電で非難したほか，「北京・上海・漢口・南洋・北洋では，世論によるすさまじい批判が生じており，その影響は全国にいきわたっている」．王登乂の観察によると，「国民多数の心理は，この8か月間の国会のありさまを見て，またこの8か月間の国会議員の人格を見て，はたして政治の実権を国会に与えることを望むだろうか」と，深刻な疑問を提起する．「今日のわが国民の一般的な心理をまとめると，その積極的な主張は以前と正反対で，最も重要なのは国会の専制を取り除いて権力を大総統に与え，国会は独自に立法権を行使するというものだ．……政治権力の運用はすべて大総統に委ね，それによって行政権は独自任用制の組織とすべきだという大原則に合致させる」［王登乂 1913：11-17］．

　王登乂は当時，週刊誌『憲法新聞』の主筆の1人であった．『憲法新聞』は1913年4月13日に創刊，同年12月1日に廃刊され，第1次国会とほぼ同時期に存在した．この雑誌は憲政思想を鼓吹し，憲政知識を紹介する以外に，大量の紙幅で当時の国会の動態と憲法制定の状況を報道した．また同誌は各党と社会各方面の憲政に関する意見・提案を掲載し，関連する世論を転載しており，第1次国会の状況と憲政思潮に関する重要な実録的史料である．これまでの学界における論述には，国民党とその反対党の政見の相違について，静態的に分析したものが多い．たとえば国民党は主権が人民にあるという思想に傾き，議会が国家主権を行使することを主張したが，進歩党は主権が国家にあるという思想に傾き，大総統が国家主権を代表することを主張した［張玉法 1984：126］．しかし，王登乂の論述から見ると，国民党と非国民党の間には政見の相違が存在したにもかかわらず，共通の認識も持っていた．国民党を支持した世論と非国民党を支持した世論は，いずれも大きく変動した過程がある．すなわち4月から5月の「国会神聖」の時期は，ともに国会集権に傾いていたが，6月から10月の「国会唾棄」の時期になると，大総統集権に傾いた．

　王登乂は，国民心理が急速に変化した要因について，1つは国会が正当な行為を行なわなかったことであり，もう1つは「日々混乱してひたすら利益を図るばかりで」あったというように，つまり国会議員の人格が低劣であったことだと分析している．当時は政治的な激動期で，宋教仁暗殺事件・大借款問題・

露蒙協約・議員逮捕問題・憲法起草問題・第二革命問題等について，国会では熾烈な論争が繰り広げられた．「日々混乱」というのは，おおむねこれらの論争を指している．本来，国会は政党が政治的対抗を展開する場であり，政党間の政見の論争や衝突は当然のことである．ただし国会が開かれていた7か月の間，大部分の時間が党派抗争によって消耗されたことは事実で，党派抗争が激しく各政党は過度に党派的利益を重視し，効果的な協調を欠いていたので，法案の制定は牛歩のように遅かった［張玉法 1984：167-168］．一方，世論は国会における議員の賛成と反対が，政見に基づくのではなく個人の私利に基づいていると考え，その矛先を議員の人格と品行に向けたのである．

3　代議制度よりも議員の品行を批判

　王登乂の叙述は，決して特別なものではない．この時期の世論を調べてみると，国会に関する消極的な言説の多くが，代議制度ではなく議員の品行に集中していたのがわかる．まず議員の選挙について，その内幕を暴いたものが少なくない．たとえば『独立週報』が掲載した「わが国会観」という文章は，議員の多くが選挙で贈賄によりその地位を得たことを暴露する．

　　私の聞くところによると，衆議院議員は1人当たり，少ない者で数千元，多い者は数万元を使っている．衆議院の本選挙における1票は，安いもので数百元で，高いものは1000元以上であった．……今回の選挙で党の勢力は完全に基盤を失い，甲党の票が乙党に買収された例はもとより多いが，1つの党の内部における相互推選も，やはり金銭の力で行なわれたのである．その結果，党の優秀な者は自信を持ちすぎて競争に奔走せずに落選し，あるいは廉潔で恥を知る心を少しは残している者も買収を考慮せずに落選し，幸いにも当選した者はといえば，みな党内でもダメな者ばかりだ［無悔 1913：12］．

国会が開幕して3か月の時に梁啓超は所感を表明し，議員たちは無為に日々を過ごし，さまざまな悪徳を示しており，すでに国民の国会に対する信頼は全く失われ，国会は自殺したのに等しいと述べた．

　　800人が蟻のようにうごめき，騒ぎ立てて，なすべきことを知らず，20日

第 2 章 「神聖」から「唾棄」へ

間を経ても 1 人の議長を選出できない．100 日を経ても 1 つの法律を制定できない．法定人数に足りないということが毎日のように聞かれ，休会や欠席が通例となった．幸いにも開会すると，まるで田舎の老婆が隣人を罵り，腕白小僧が学校で騒ぎ立てるようで，いらいらしてだらしなく，半日の時間を消耗した後，連れ立って散って行ってしまうだけである．国家の大計は 100 分の 1 も決められず，ただ歳費が 6000 元もかかる．これを聞いて特に明らかになった．……多くの悪徳は皆が目にしており，私が指摘するまでもないのだが，かといって私が言わずにおくことでもない．……世間における人々の批判や怒り，新聞社の報道による攻撃，それらの声が世に満ちている．それを禁じることはないし，また禁じようもない．したがって国民の国会に対する信頼は，もはや少しも残っていないだろう．……3 か月と経たないうちに今日のようになってしまったことから考えると，さらに 3 か月が経てば国民が国会を軽蔑し，国会を嫌悪し，国会を憎悪する程度は，どのようなものになるのだろうか．はたして国会は何をもって世に立脚することになるのであろうか [梁啓超 1913：5].

国会が開かれて 5 か月の時，呉貫因が文章を発表して，すでに国民が国会に絶望し，議員を禽獣と見なしていると述べた．

両院が開会してから 5 か月が過ぎた．その業績はといえば，ただズケズケ物を言ったり，なじり合って議場の秩序を破壊したり，記録を勝手に書き直したり，各省の電報を捏造して物事の是非を転倒させたりするばかりで，国家の根本的な計画についての建議があるとは聞かない．積極的に議論・決定できたのは 6000 元の歳費を獲得することで，人一倍よく工夫を凝らしたのは歳費以外に，各国には存在しない出席費なるものを発明して，人民の膏血を搾り取る口実にすることであった．国会が政治に与えた弊害はこれほど大きくなっているが，さらに投票に関しては金銭で賛否を決め，牛や羊を売る際のように自身を売る値段を交渉し，利益のためには手段を選ばず，天下の廉潔で恥を知る心を無くし，千金を一擲して賭博を行ない，1 万元を費やした食事でも美味しくないと嫌い，贅沢の限りを尽くして社会の風俗を損なってしまう．その悪徳を暴くには筆力が及ばず，ゆえに数か月にわたり各省の都督・民政長官・自治団体から，政党・学会・新聞雑

誌にいたるまで，議員を厳しい言葉で責めたり，あるいはその罪状を指摘・非難したり，みな彼等が徹底的に前非を改めることによって，立憲体制を維持できるよう切に願っている．しかし，いかんせん彼等は愚かにもいっこうに悟らない．すでに国民は国会に絶望し，ただ議員を禽獣だと見なして，自生自滅するにまかせるしかない．あらゆる国家の責任は，すべて政府に期待せざるをえない．これでは国会という機関は，あってもないのと同じである．

注意すべきなのは，呉貫因が特に強調したのは国会議員の腐敗であり，国民が「立憲の水準に達していない」ということではない点だ．彼は清末の資政院を反証として挙げ，「数年前の資政院はといえば，開会してわずか3か月で議決した議案は，みな秩序正しく整然としており，しかも数千年にわたり未経験であった予算を，当時において修正して議決し，収支を一致させて，財政上に1つの新紀元を切り開いた．つまり我々は立憲国民の資格を，すでに数年前から具えていたのである」と，彼は論じる．呉貫因にとっては民国初期の議員が「悪徳百出」で，かえって清末の資政院ほど「秩序正しく整然」としていなかったのは，革命により「大破壊の後で国民が，さまざまな悪影響をこうむったことによって道徳が墜落し，議員としてもその常軌を逸し，責任を果たせず，ついに国会の地位を暴落させてしまったのだ」という．梁啓超を支持した呉貫因は，革命に対して自分なりの立場を持っていた．彼は次のように言う．

　立憲国の国会が政府に対抗でき，いくらかは執政者を畏怖させることができるのは，すべて国民を後ろ盾としていることによる．だが今，国民の国会に対する心理がこのようになってしまい，政府にクロムウェルのやり方を真似て国会を鉄騎で蹂躙させ，このような懲罰に国民も快哉を叫び，議員は死んでも罪を償いきれないと言うのである．国会が国民の共感を完全に失ってしまった以上，何に頼って生き延びていくのか．またこれにより専制政治が出現するのを，どうして防ぐことができようか［呉貫因 1913b：6-7］．

李剣農によれば，袁世凱は10月25日各省の都督・民政長官に通電し，各省の都督・民政長官はみな袁世凱の録音機となったが，袁世凱は決して一般国民に訴えかけず，一般国民もこれらのことを気にもかけなかった［李剣農 2006：

311］．王登乂と呉貫因の叙述では，国会への批判や反対の声には，各省の都督・民政長官のみならず，「自治団体および政党・学会・新聞雑誌」も含まれており，「北京・上海・漢口・南洋・北洋では，世論によるすさまじい批判が生じて，その影響は全国にいきわたっている」．ゆえに２人が国会への唾棄と絶望を強調したのは孤立した事例ではなく，「国民多数の心理」「国民一般の心理」であった．彼等から見ると，まさに国民一般の国会に対する心理が，すでに「神聖」から「唾棄」へと転じていたので，袁世凱が国民党籍の国会議員の資格を取り消し，さらに国会の解散を宣告した時，世論には非難する者が少なく，むしろ共感する者が多かったのである．

　王登乂と呉貫因の叙述は，張東蓀の態度によっても証明しうる．袁世凱が国民党議員の資格を取り消した後に張東蓀は評論を発表し，袁世凱のやり方に共感と理解を示し，逆に国会の「腐敗」を責めた．

　　今日の国会事件について，多くの人はその手段が規則に合っていないと主張するが，その目的を検討してみると，やはり賞賛すべきところがある．ゆえに私は，これを理由として為政者を深く責めることはしない．為政者の目的は，立法府の一新にある．国会の腐敗は，衆目の一致するところだ．わが友の某君は，今日の議員には２種類あって，１つは強盗議員であり，いま１つは買官議員であると言う．私はそれだけでないと思う．表面上は清廉・高潔だが悪巧みを抱いている者がおり，これは腹黒議員である．もっぱら票を売ることで生活している者がおり，これは投機議員である．もっぱら出身省の声援者となる者や，女遊びばかりする者もいて，その品格が劣っているだけでなく，その学識は言うに足らない．国会の中にはさまざまな者がいて，みな国会を自殺の境地へと駆り立てるものである［張東蓀 1913b：1］．

　また張東蓀は制度面から，民国初期の内閣制の問題を分析している．彼は，「２年来，全国の政治論は内閣制に傾いていたが，私が政治現象によって検証してみると，十中八九は内閣制に合わない」と指摘する．彼は，民国初期の政治制度が実際には内閣制でもなければ大総統制でもないと考えた．

　　内閣制を実施するなら，大総統が権力を持ってはいけない，大総統制を実施するなら，国会が権力を持ってはいけない．現在，大総統が提議権を持

っているのは，脅迫の手段とするには十分であり，内閣制に反している．国会が同意権を持っているのは，脅迫の手段とするには十分であり，大総統制に反している．この権限を上手く行使できないために，非内閣制・非大総統制という中途半端な政治制度になってしまった．この臨時政府は，かつてない奇妙な政治現象を創り出したのである［張東蓀 1913a：1-10］．

張東蓀本人は，より内閣制に傾いていた．王登乂から見れば，「国民多数の心理」は国会を唾棄し，すでに大総統集権制に転じている．さらに呉貫因は，すでに国会は国民の共感を失っているので，専制政治が時流に乗って復活するのは必然的だと考えた．呉貫因は1913年に，「私が思うに，今後の中国には若干年を経て，必ず専制政治の中興時代が来る．その時代を過ぎると，初めて立憲政治を行なうことができる．これは実は天演〔進化〕の法則に支配されているのであり，聖人がいたとしてもこの趨勢を妨げることはできない」と断言している．なぜならば，「そもそも大破壊の後，満身創痍というありさまで，専制により執政しなければ，未解決の事態を収拾できず」，「ましてや民主の局面は中国において数千年来未曾有のことなので，大多数の人民はその意義を理解できず，難関に出会うと常に国体上の疑問を容易に生じてしまう」．一般の国民は，「ただ強力な政府が兵力で暴民を排除し，人民を苦境から解放できるよう渇望したので，極端に専制的な権力者を奉じることすら厭わなくなったのである」［呉貫因 1913b：1-5］．呉貫因の当時の国民心理に対する観察によれば，袁世凱の専制と帝制の復活は必然的なことであった[2]．

4 「救亡」と国会

王登乂によれば，民国初期の国会には短い「神聖」な時期もあった．だが，それはあまりにも短命・脆弱だったので，その「神聖」性は大いに割り引く必

---

[2] 袁世凱による帝制の復活が失敗した原因は複雑で，必ずしも「共和観念が人々の心に深く浸透していた」からではない．袁世凱に反対する者は必ずしも皆が専制に反対していたわけではなく，専制に反対する者も，必ずしも本当に民権を理解していたとは限らない．専制に反対する一部の者が本当に求めていたのは，「お前の専制より俺の専制の方がよい」ということにすぎないのである．

要があろう．「神聖」の構築には，信仰・迷信ないしは盲従が必要である．1913年に梁啓超は，次のように考えた．

　およそ集団の統治が維持されて破綻しないためには，必ずその集団に1つの中心的な信仰が存在せねばならない．集団の人々がそれを神聖だと見なし，それに対して必ず真心から敬わねばならないのだ．それを侵犯する勇気がないどころか，懐疑する勇気でさえも持たず，少しでも異議を申し立てる者がいれば，社会の人々がみな反逆者だと指弾して驚き怪しむので，その者はついに集団に受け入れられなくなる．

　また梁啓超は，以下のように特別に強調した．「神権政治に教会があり，君主政治に君主がおり，共和政治に議会があるのは，いずれも全国の信仰を集める中心となるためである」．イギリス議会の権力が強いのは，まさにそれが「全国民の信仰力によって形成されたからであり」，またこのような信仰力は，イギリス国会が数百年にわたり変遷してきた基礎の上に築かれている．一方，中国の国会は「数千年来，誰も見たり聞いたりしたことがなく，1か月の間に慌しく出来上がったもので，その選挙に関わった者は，10人中の9人までが新進の士であり，大きな才能や見識を持っておらず，要するに国民がともに認める顕著な業績を持っていなかった．国民は彼等を，たいした人物だと見なさなかったのである」．本来ならば帝制が打倒された後，「国家に固有の中心的な信仰が失われ，人心は拠り所がなくなり，皆がこぞって国会を拠り所として奉じたのだから，国会はこの信仰を受け継いで，そのまま奉戴を受け入れていれば，今日において類例がないほど順調に時勢に乗じ，容易に成功を収めていたはずだ」．ところがあにはからんや，国会が成立して「3か月と経たないうちに，人々の期待はほとんど潰えてしまった」．そして，「いったんこの信仰が破綻してしまうと，その政体は存続しえなくなってしまったのである」［梁啓超 1913：1-5］．

　帝制が打倒された後，梁啓超は国会が代替的に神聖な地位を打ち立てられるよう希望を寄せた．彼は袁世凱が国会を統御するために献策を行ない，「昔の大業を成した者は，天子を擁して諸侯に号令した．今は混乱を平らげ統治を図るには，ただ国会を擁して全国に号令するしかなく，そうすれば名分が正しく道理も通り，向かうところ敵なしとなります」と唱えた［丁文江・趙豊田 1983：

675］．しかし，この梁啓超の構想は明らかに当てが外れた．胡適の見るところでは，まさに辛亥革命は国民の「信仰」観念を覆し，それ以後はすべてが「脱神聖化」した．国会が君主の神聖な権威を継承しがたいのは必然的である．1939年に駐米大使となった胡適はニューヨークの万国博覧会で講演し，中国人の思想解放と社会解放に対する辛亥革命の意義を述べた．彼が特に指摘したのは，辛亥革命が帝制を打倒したのはきわめて革命的であり，「数千年の時間を経て検証されてきた帝制より，さらに強くさらに持久性を持つものがあろうか．もし皇帝でさえも時代の大きな流れにより取り除きうるのなら，その他の神聖そうなもので新思潮およびその実践の衝撃の下で，厳然と動かないものは絶対にありえない」．彼が言うには，辛亥革命の後では神聖で批判できないものは，何1つなくなってしまった．三皇五帝・孔子・儒教・仏教・道教・家庭・婚姻・孝道・神霊・長生不老等に，徹底的な根源の追究による批判と質疑を免れるものは1つもなかった［胡適1939］．数千年の君主という古い神聖が覆され，短期間に国会という新しい神聖を再建するのは，口で言うほど容易なことではなかった．同様に帝制がいったん打倒されると，必ずしも共和思想が人々の心に深く浸透していたわけではないが，その神聖性はもはや存在せず，帝制を復活させるのもほとんど不可能だったのである．

　従来の学界における研究は，袁世凱が国会を解散したことに注目するものが多く，当時の知識階級を主体とした社会世論の，国会に対する感想や心理についての分析は少なかった．国会が強権によって解散されると，回復の可能性はまだあったが，国民の国会に対する信仰は幻滅に変わっており，その影響はずっと深遠だった．事実から言うと，国民の国会に対する信仰が幻滅に変わったのが先であり，袁世凱が国会を解散したのが後であった．もし袁世凱が政治の次元で直接的に国会を解散したと言うなら，知識階級が国会を急速に「唾棄」するようになったことは，観念の次元で間接的に中国における代議政治の実践を挫折させた[3]．民国初期における国会の成立から幻滅まで数か月にすぎず，あまりにも速かった．その間，国会そのものが思う通りにはならなかったが，

---

[3] 張玉法によると，梁啓超および彼が編集した『庸言』雑誌は，しばしば国会を醜悪に描き出す言論を発表した，代表的な人物および雑誌である［張玉法 1985：450］．

国民が急いで成功を求めた心理状態は，後世の歴史家の注目に値する．

　清朝末期，特に日清戦争以後，中国の知識人は西洋の有形・無形の圧力の下で，持続的な「亡国」の焦慮と普遍的な「救亡」の願望を抱き，それらの感情は切迫し，苛立って一刻の猶予もできぬものとなり目前の効果を求めるに急であった．1つの救亡の方策がただちに効き目を生じなければ，すぐに別の活路を探し求めた．1つの新制度の試みが少しでも挫折すると，通用しないと思ってすぐに転換し，さらに新しい代替制度を探し求めた．それにより危機感がいや増し，救亡の情緒がますます高揚し，救亡の手段は日に日に急進化して，挫折すれば変化を求め，変化すればするほど激烈になった．医者が治療に薬を使うのと同じく，前の処方箋で効き目がなければ，後の処方箋は強さを増して，使う薬はますます強くなる．近代に入って以来，国民の心理状態はあまりにも落ち着かず，あまりにも功を焦り，あまりにも「追いつき追い越す」ことを望み，あまりにも辛抱強さに欠けていた．孫文が言ったように，「同盟会が成立した当初，革命方略は実行しにくいのではないかと疑う会員がいた．『清朝の偽立憲は，準備に9年かかると人民に約束した．今わが党の方略は軍政を3年，訓政を6年と定めている．これは清朝の9年と同じではないか．我々は1日も早い救国を望むからこそ革命に身を投じたのに，もし革命が成功してから憲政が始まるまで9年もかかるのなら，それはあまりにも長すぎるのではないか』……」［中国社会科学院近代史研究所等 1981-86（6）：210］．このような孫文の叙述は，当時の国民が功を焦っていた心境を十分適切に反映している．

　帝制を覆して共和を試みることは，中国人にとってどれほど巨大な制度変革であり，どうして一挙に成し遂げられよう．専制から共和立憲に到達するまで，その間にどれほど多くの曲折や困難の過程があるかと考えた者は，当時おそらく少なかっただろう．清朝末期に入り，「国会は救亡の良薬」「国会は救亡の無上の良策」「国会は救亡の最も迅速で最も重要な方策」「国会は救亡の唯一の良法」といった一連の声が，早くも朝野に行きわたっていた．期待が高過ぎれば，幻滅も早い．1913年に正式な国会が成立してわずか数か月の間に，国民の国会に対する態度が「神聖」から「唾棄」へと急速に転じてしまったことは，まさにこのような切迫した心理状態の表れだと言える．国民が国会に対して，あまりにも熱烈であまりにも功を焦る期待を寄せた．第1次国会の選挙に際して内

務総長は全国に,「わが大中華民国の第1次正式国会の成立は,ただ国内においてわが国の建設問題に関わるのみでなく,国外においては各国から承認される問題にも関わって」おり,それゆえに「わが国が将来1日も早く建議でき,列国が将来1日も早く承認できるかは,すべてわが国民の予備選挙・本選挙の投票・開票にかかっている」と唱えた[「内務総長通電」『申報』1912年9月5日第2版].国会が開幕した日に,アメリカはただちに中華民国を承認することを宣言した.こうして中国人は,国会が国家の存亡にかかわることの象徴的な意義を目にしたのである.しかし,このように即時的な実効が常に現れることは不可能であった.国民が国会と「救亡」とを関連づけていた以上,いったんその「救亡」の成果が顕著でなくなったら,必然的に国民は国会に失望してしまう.実際には強力な国家政権および有力者の主導が,「救亡」には必要である.西洋の憲政民主体制は主権在民を強調し,権力均衡に重点を置いている.「救亡」を切望していた中国にとっては,国会を代表として象徴されている憲政民主は必ずしも救亡の無上の良策ではない.また,それゆえにこそ民国初期の世論には,「袁世凱でなければダメだ」と「袁世凱を排除せねばダメだ」という異なる声があった.これはある意味で,まさに「救亡」と「憲政」という異なる方法がもたらしたものである.

おわりに

注目に値するのは,1913年前後の世論の国会に対する指弾は,主に「人」に対するものであり,「制度」に対するものではなかった点だ.彼等は西洋の代議制度自体には問題がないと考えた.朴庵が,「議会政治は最良の政治である.議会内閣はすでに世界の数多くの国で取り入れられており,この政治制度の良好さはすでに一般の政治家に公認されている」と指摘した[朴庵 1913：2].呉貫因も,「今日,政治を論じる者は多くが政党政治の美点を賞賛する」と語っている[呉貫因 1913a：1].

しかし第一次世界大戦以後,西洋の代議制度を批判する思潮が中国に紹介されるようになった.一時期,国を挙げて「西洋の代議制度は破綻した」という声が世論に満ち,ほとんど国民の常識・共通認識となった.財界や社会団体の

一般的な通電でさえも，みな「すでに代議制度は破綻し時代遅れとなった」といった言辞を加えて，流行に合致していることを示していた．もしも 1913 年に国民は国会の中国における実践に失望したと言うならば，五・四運動以後になってようやく国民は本格的に西洋の代議制度に懐疑を示し，また別の活路を探すようになったのである．するとソ連式の新しい政党制度と新しい政治制度が，ちょうどよく新たな代替案となった．五・四運動以後の制度の転換については，また別の機会に検討したい．

文献目録
中国語文献
丁文江・趙豊田編［1983］『梁啓超年譜長編』上海人民出版社．
傅斯年［1919］「白話文学与心理的改革」『新潮』第 1 巻，第 5 期．
高一涵［1918］「非「君師主義」」『新青年』第 5 巻，第 6 期．
胡適（崔隽訳）［1939］「双十節的意義（The Meaning of October Tenth）」（1939 年 10 月 10 日ニューヨーク万国博覧会にて，http://www.douban.com/note/175574677/）．
李大釗研究会編［1999］『李大釗文集』（一），北京：人民出版社．
李剣農［2006］『中国近百年政治史』武漢大学出版社．
梁啓超［1913］「国会之自殺」『庸言』1913 年，第 1 巻，第 15 期．
─────［1916］「鄙人対于言論界之過去及将来」『飲冰室自由書』商務印書館．
羅家倫［1920］「一年来我们学生運動底成功失敗和将来応取的方針」『新潮』第 2 巻，第 4 期．
羅志田［2014］「民国初年嘗試共和的反思」『南京大学学報』2014 年，第 3 期．
朴庵［1913］「議会政治論」『国民』（上海）1913 年，第 1 巻，第 1 期．
王登乂［1913］「八个月間国民対于憲法心理之回顧」『憲法新聞』1913 年，第 24 期．
呉貫因［1913a］「政党政治与不党政治」『庸言』1913 年，第 1 巻，第 11 期．
─────［1913b］「今後政治之趨勢」『庸言』1913 年，第 1 巻，第 17 期．
無悔［1913］「余之国会観」『独立週報』1913 年，第 2 巻，第 5 期．
徐天一［1928］『今日之革命与革命者』民智書局．
楊琥編［2004］『憲政救国之夢　張耀曾先生文存』法律出版社．
張東蓀［1913a］「内閣制之精神」『庸言』1913 年，第 1 巻，第 19 期．
─────［1913b］「論二院制与一院制」『庸言』1913 年，第 1 巻，第 24 期．
張耀曾［1933］「民国制憲史概観」『復興月刊』第 1 巻，第 6 期．
張玉法［1984］「民国初年的国会」『中央研究院近代史研究所集刊』第 13 期．
─────［1985］『民国初年的政党』中央研究院近代史研究所専刊．
中国社会科学院近代史研究所等編［1981-86］『孫中山全集』中華書局．

第3章　民意に服さぬ代表

——新国会の「議会専制」

金子　肇

はじめに

　先に筆者は，議会権力の強化を「民主」の制度的強化と同一視する立憲的志向が近現代中国にほぼ一貫して存在したことを指摘し，その観点から中華民国初年の臨時参議院から中華人民共和国の人民代表大会制に至る中国議会史の特徴を概観したことがある［金子 2012 ; 金子 2014］．本章では，その際明らかにした観点と成果を踏まえ，近現代中国における〈議会の正統性〉という問題にアプローチしてみたい．

　「民主」という語の含意するところは，突き詰めるなら国政が「国民」による「国民」のためのものであるという点に帰着する．そして，この政治的な原理が実現されるためには，国家意思の決定過程に「国民」の意思が確実に反映される制度的な保障が必要であり，そこに「議会制」が登場してくる歴史的な理由もある．このように「民主」の制度化にとって「議会」の存在は不可欠なわけだが，その制度化の核心は，議会権力が国家意思を決定する制度的メカニズム——司法・立法・行政三権の相互関係——のなかでいかなる位置を占めるのかという点にあるといえよう．

　したがって，〈議会の正統性〉を問題にする場合，その正統性の根拠は議会への国民の意思・利害の反映如何という視角から論じられるべきであり，その反映如何を測定するためには，恐らく①議員の選挙方法と②議会運営（とりわけ議会権限の運用）が重要な論点となってくるだろう．このうち，本章で取り上

げるのは，特に②の議会運営（議会権限の運用）についてであり，この点から近現代中国における〈議会の正統性〉という問題に接近していきたい[1]．議会権限の運用如何は，その議会が有する権力の強弱によって左右されるが，政府権力に対抗して議会権力の制度的強化がほぼ一貫してめざされた近現代中国においては，逆に議会の強大な権限の運用が国民の意思・利害から乖離する可能性が十分にあった．その意味で，議会権限が強化されればされるほど，国政に国民の意思・利害が反映され，〈議会の正統性〉も担保されると単純に考えるわけにはいかない．

さて，本章が分析の対象とする新国会（安福国会）は，旧国会が「中華民国臨時約法」（以下，臨時約法）以来の「法統」を継承した合法的存在と見なされたのに対して，安福倶楽部（以下，安福系）の不正選挙と圧倒的な議席の獲得とによって，「法統」から逸脱した違法性が強調されてきた．しかし，「法統」の継承如何は，本章にいう〈議会の正統性〉にとっては全く重要な意味を持たない．それは，1923年の曹錕賄選によって，「法統」を継承する旧国会が，西欧的議会制に対する国民の信頼を損ねてしまった事実１つをとっても明らかである．むしろ見逃すべきでないのは，1920年代に至るまで正式な憲法が制定されないまま，民国初年における臨時参議院の「議会専制」的な権力［金子 1997］が旧国会から新国会へと，そっくりそのまま継承されていた点であろう（この点は後に詳述する）．つまり，安福系による北京政府の操縦は，新国会が臨時約法に基づく強大な権限を臨時参議院と旧国会から受け継いでいたことと無関係ではなかった．皮肉なことに，「法統」からの逸脱を批判されてきた新国会もまた，「議会専制」的な権力を有した点において臨時約法以来の「法統」を継承していたのである．

ところで，近年の中国では，民国初年の国会を対象とした専著が多数出版されるようになっているが，そのなかでも本章との関係で特に注目されるのは厳泉氏の研究である．厳氏が，臨時約法と天壇憲法草案，とりわけ後者が構想した国会の性格を「超議会制」と規定した点は，筆者の「議会専制」という捉え

---

[1] ①の選挙方法の問題については，近年，中国・台湾の学界でも制度内容や選挙実態について詳細な研究が公表されるようになってきている［張朋園 2007；葉利軍 2007；薛恒 2008；熊秋良 2010］．

方とほぼ軌を一にしている［厳泉 2007：95-99］．また氏が，新国会についても，安福系による議会運営・立法権運用上の安定性を高く評価している点は，中国における議会史研究の新たな動向として注目される［厳泉 2012：152-154；厳泉 2014：102-105］．ただし，議会運営・立法権運用技術を再評価するだけでは不十分であり，本章が試みるように，社会（国民的世論）との関係から安福系の議会活動を再検証していく必要があるように思われる．

本章では，以上に述べた点を踏まえて，1919 年の「中国銀行則例」関連議案をめぐる安福系と全国各地の商会・中国銀行股東（株主）との対立を具体的な検討対象として取り上げる．中国銀行は，当時，形成途上にあった中国国民経済において金融的な役割を増大させつつあったが，安福系は議案提出を通じて同行の経営権を掌握しようとしたのである．この「中国銀行則例」問題は，安福系による議会権限の運用が，商会・同行股東を中心とする国民的な世論形成と真っ向から対立し，そのため〈議会の正統性〉が鋭く問われた興味深い事例であるといえよう[2]．また，それだけに，その後の議会権力の展開を考える上でも貴重な素材を提供してくれるように思われる．

1　近現代中国における議会権力

冒頭で述べたように，近現代中国には，議会権力の強化を「民主」の制度的強化と同一視するような立憲的志向がほぼ一貫して存在した．その系譜は，民国初年の西欧的議会制の始動から消滅，そして議会に「至高の権力」を与える孫文の国民大会構想，共産党の人民代表大会制度へと連なっていった．まず，この点を概観することによって，本章が取り上げる新国会（安福国会）の中国議会史における位置を確認しておきたい[3]．

辛亥革命から民国初年に至る時期は，議会権力の強化・集中が意識的に追求

---

[2]　従来，「中国銀行則例」問題については，姚崧齡［1976］；王強［2007］の両研究のように，専ら中国銀行史研究や金融・財政史研究の観点から論じられることが多かったように思われる．本章は，姚・王両氏の実証的成果を踏まえながら，議会史研究の見地から中行則例問題を取り上げることにしたい．
[3]　以下，本節の概観については，金子［2012］；金子［2014］の叙述を参照されたい．

されるようになる歴史的起点であった．臨時約法下の統治体制は，確かに三権分立に基づく西欧的議会制に立脚していたが，臨時参議院に一切の法律の議決権，大総統の閣僚人事に対する同意権，大総統及び閣僚に対する弾劾権等々を与えながら，大総統には臨時参議院の解散権を認めなかった点で，立法・行政両権の均衡を明らかに欠いていた．行政権を従属させる臨時参議院の権力は「議会専制」と呼ぶに相応しかったが，1913 年に正式国会（旧国会）が成立した後，その反動として立法権の独立を否定して大総統を極端に強化した袁世凱の「政府専制」を招いてしまった（「中華民国約法」下の大総統親裁体制）．「議会専制」的な権力は，後述するように旧国会から安福系が掌握した新国会に継承され，さらに 1923 年に公布された「曹錕憲法」においても，依然として議会権力は三権の均衡を損なうほどに強力であった［厳泉 2007：104-106］．

　西欧的議会制の下で議会権力を強化しようとする志向は，民国末年においても行政権の強化を求める勢力と激しく競合した．張君勱が起草した「中華民国憲法」草案（いわゆる「政協憲草」）に対して，共産党は総統に就任することが想定された蔣介石個人に権力を集中させないため，立憲的議会の地位が与えられた立法院の権限強化を望んだ．ところが，蔣介石の強い指導力に期待する国民党内勢力にとって，同憲法草案の立法院権限は「議会専制」の危険性を孕むものとして受け止められた．また国共内戦の最中に開会した立法院は，戦局の悪化にもかかわらず，一貫して政府の政策執行を同院の完全な統制下に置くことを追求して内閣に相当する行政院と激しく対立した．

　一方，民国初年以来の国会の混乱によって西欧的議会制に対する国民の不信感が高まるなか，西欧的議会制を是正し超克するものとして提起されたのが，孫文の国民大会やソビエト制度に起源を持つ共産党の人民代表大会であった．孫文や共産党にとって，これらの構想や制度は，議会に「至高の権力」を与えようとする点で「民主」の制度化を徹底するものとして観念された．その意味で，国民大会と人民代表大会の両制度は，議会権力の強化を「民主」の制度的強化と同一視する立憲的志向が，西欧的議会制を否定しつつ究極の形態をとって現われたものにほかならなかった．

　国民大会にせよ人民代表大会にせよ，両制度は三権分立を否定して，一元的・集権的に編成された国家機構の頂点に議会権力を据えようとした．したが

って，孫文が構想した五権政府と共産党の中央人民政府に，国民大会と全国人民代表大会に対する解散権が与えられていなかったのは当然であった．しかし，国民大会や人民代表大会が，国民党や共産党の統制を離れて「至高の権力」を制度通りに行使するようになれば，国民党と共産党による国家運営が大きく損なわれてしまうことは容易に想像できる．そのため，現実政治において，国民大会と人民代表大会が有すべき「至高の権力」は抑制されるか擬制化されるほかなかったのである．国民党が選択した処方は，「五五憲草」（1936 年）が示すように，国民大会の権力を骨抜きにして五権政府の専制的な自立性（安定性と効率性）を確保することだった．これに対して共産党は，党による社会掌握を基礎とした巧妙な選挙制度と選挙操作（多層間接選挙や等額選挙，候補者の事前調整）を通じて，人民代表大会を統制下に置き「至高の権力」を擬制化するという方法を採った．

　近現代中国において，西欧的議会制の下で「民主」の制度的強化を求める立憲的志向は，「議会専制」という深刻な問題を生み出しながら，行政権の強化をめざすいま 1 つの政治的志向と激しく対立した．一方，西欧的議会制を批判しつつ登場した孫文・国民党や共産党の制度設計は，確かに「民主」の制度的強化を究極まで推し進めようとするものだったが，議会を国家機構の頂点に据え「至高の権力」を与えようとする発想には，むしろ専制的権力に対する親和性が潜んでいた．

　新国会（安福国会）が成立し活動したのは，1918 年 8 月から 20 年 8 月に至る 2 年間であったが，それは以上のような中国議会史の展開のなかで，西欧的議会制に対する不信が高まり，議会権力の強化を求める志向が国民党・共産党の構想へと傾斜していく前夜の時期に当たった．

2　安福国会と「中国銀行則例」問題

1. 安福国会と議会専制

　1917 年 7 月の張勲復辟の失敗後，国務総理に就任した段祺瑞は研究系と連携して，大総統黎元洪により機能を停止された旧国会を復活させず，辛亥革命の先例にならって同年 11 月に臨時参議院を組織して国会の改造に着手した．各

省区より派遣された臨時参議院の議員は，皖系（安徽派）と研究系によって占められたが，その大部分は皖系が掌握していたという［谷麗娟・袁香甫 2012：中 1002-1003］．翌 18 年 2 月，臨時参議院が修正議決した「国会組織法」，「参議院議員選挙法」，「衆議院議員選挙法」が公布され，この新選挙法に基づく国会選挙によって同年 8 月に成立したのが新国会であった．この国会選挙は，広東・広西・雲南・貴州・四川各省が反対し，湖北・湖南・陝西省では実施されなかったため，新国会はその他 14 省で選出された議員と政府が派遣した蒙古・西蔵代表の議員によって構成された．段祺瑞と徐樹錚の影響下に結成された安福系は，買収等の不正選挙を通じて各省で圧勝し，張朋園氏の推計によれば参議院は議員総数 144 名のうち 99 名（68.8％）を，衆議院は同じく 328 名のうち 236 名（72％）を占めたという［張朋園 2007：145］．

　衆参両院選挙法の改定によって，両院の議員定数の削減，選挙権資格の引き上げ，省議会による参議院議員選出の廃止等が実施された．まず議員定数は，参議院が旧国会の 274 名から 168 名に，衆議院が同じく 596 名から 406 名へと大幅に減らされた．また，選挙権資格は，特に参議院の条件が厳しかった．各省区で実施される地方選挙会について紹介すれば，選挙権は満 30 歳以上の男子で，以下のいずれかの資格を有する者に与えられた．①直接税 100 元以上を納め，あるいは 5 万元以上の不動産を所有する者，②高等専門学校以上の卒業生，あるいはそれと同等の資格を有し任職して満 3 年以上，あるいは中学校以上の校長・教員に就いて満 3 年以上の者，学術上の著作・発明があって主管官庁の審定を経た者，③薦任職以上に任官して満 3 年以上，簡任職以上に任官して満 1 年以上，あるいは勲位を受けた者．さらに，旧国会では参議院議員は主に各省の省議会が選出することになっていたが，改定された選挙法では基本的に復選制による国民の直接選挙で選ばれることとなった．なお，衆議院も復選制の直接選挙であったが，その選挙権は，25 歳以上の男子で①直接税年納 4 元以上，② 1000 元以上の不動産所有（蒙古・西蔵・青海は動産所有），③小学校以上の教育歴，あるいはそれと同等の資格，のいずれかの資格を持つ者に与えられた．ちなみに，旧国会の衆議院の財産制限は，直接税年納 2 元以上，あるいは 500 元以上の不動産所有であり，学歴については新国会と同じであった．以上の改定には，国民党系勢力の進出を排除し国会を周到にコントロールしよ

うとする段祺瑞や，参議院を貴族院的な上院に改革しようとする梁啓超の意向が働いていたという［谷麗娟・袁香甫 2012：中 1145-1164；張朋園 2007：112］．

　しかしながら，ここで注目すべきなのは，以上のような旧国会から変化した側面ではなく，むしろ変化しなかった側面である．1912 年 8 月に公布された旧「国会組織法」は，正式憲法が制定されるまでは臨時約法が定めた臨時参議院の職権を「民国議会」（＝旧国会）の職権にすると規定していた（同法第 14 条）．また，臨時大総統と閣僚に対する弾劾，及び臨時大総統の再議に関する出席議員数・議決議員数の規定なども，変更されることなくそのまま旧国会に適用された（同法第 17 条）．旧国会は予算・決算案については衆議院に先議権があったものの，基本的にすべての議案は衆参両院の双方を通過して初めて国会の議決案となった（同法第 13・第 14 条）．このように，旧国会の衆議院と参議院は，ほぼ対等な形で臨時参議院の強大な権限を継承していたのだが，新国会が成立する根拠となった 1917 年の修正「国会組織法」においても，以上の規定には全く変更が加えられなかった［谷麗娟・袁香甫 2012：上 325-327；谷麗娟・袁香甫 2012：中 1144-1147］．

　つまり，民国初年の臨時約法が臨時参議院に与えた「議会専制」的な権力は，旧国会から新国会へそのまま継受されていたのである．新国会の衆参両院も臨時参議院と同じように一切の法律の議決権を掌握し，閣僚人事に対する同意権と大総統・閣僚に対する弾劾権を有していた．これに対して，政府（大総統・国務院）の側には議会解散権がなく，両院の議決案に不服の場合は再議を求めることができたが，それも再議を請求された議院が出席議員 3 分の 2 以上の多数で反対すれば拒否されてしまう．安福系が過半数を大幅に上回る議席数を獲得したことによって，新国会の「専制」的権力は臨時参議院や旧国会のとき以上に強固となり，制度上の対抗手段をほとんど持たない政府は，以下に述べるように安福系の党派的利害に強く拘束されることになった．

　まず，大総統の徐世昌は 1918 年 9 月に安福系の支持を得て新国会で選出されたため，その政治的判断は往々にして安福系の制約を受けなければならなかった．また，徐の大総統就任当初，彼の腹心として国務総理の地位に就いた銭能訓は，1919 年 6 月に南北和議をめぐって安福系と対立するなかで辞職に追いやられた．次いで，徐の期待を担った周樹模が正式内閣を組織しようとした

ときも，安福系が財政・交通・教育各総長，内務・財政各次長，国務院秘書長のポストを要求したり，薦任官50名を同派から採用するよう求めたりと無理難題を押し付けたため，周は6月下旬には組閣を断念しなければならなかった［谷麗娟・袁香甫 2012：中 1104-1105；「周樹模組閣之形勢」『申報』1919年6月17日；「内閣問題」『申報』1919年6月24日］．さらに，同年12月の靳雲鵬正式内閣成立時においても，安福系は衆参両院で農商・教育両総長人事の同意を拒否した．靳は段祺瑞が率いる皖系に属していたが，安福系の後ろ盾であった徐樹錚と対立したため，安福系は敢えて閣僚人事を難航させたのである［『申報』1919年12月1日「新衆院投閣員票情形」，12月6日「新参院通過閣員案情形」；平川 1920：747-751］．

これらはいずれも，新国会の「専制」的権力を頼みとした安福系の派閥的利害に政府が翻弄された結果だったといえるだろう．だが，ここで改めて注意を喚起しておくべきは，以上のような安福系の恣意的な政治操作は，同派が買収選挙によって衆参両院で圧倒的な議席を獲得したことだけによるのではなかったという点である．それは，買収選挙によって得た「数の力」に，臨時約法が保障した上述のような「専制」的議会権力が結びつくことによって，初めて可能になったのであった．

2. 安福系と「中国銀行則例」

1919年4月28日，新国会衆議院の常会において安福系議員李家浦が議事日程の変更動議を提出し，同系議員鄭万瞻等の「恢復民国二年中国銀行則例案」が急遽審議されることになった．同案は，定足数の不足等を理由に審議延期を求める己未倶楽部など対立会派の反対を押し切って可決され，「衆議院規則」によれば2日の間隔を置いて開くはずの三読会も数時間で完了し，同日中に政府と参議院に咨送された［暢盦 出版年不詳：14-15；「対於回復中行旧則例之輿論　新衆議院之違法通過」『銀行週報』第3巻15号，1919年5月6日］．一方，参議院でも衆議院の可決に先立つ4月19日に，安福系議員の胡鈞・呉宗濂らが「恢復四年修正中国銀行則例法律案」を提出し，26日にも胡・呉両議員が同議案の提案説明を行ったが，己未倶楽部を中心とした対立会派の強い反対と欠席戦術によって，定足数が不足しいずれも延会となっていた［李強 2011：385-386；「対於回

復中行旧則例之輿論　新参議院之宣告延会」『銀行週報』第3巻15号，1919年5月6日；「安福部必欲擾乱金融耶」『晨報』1919年6月17日］．

　安福系に反対する中心会派であった己未倶楽部は，靳雲鵬・銭能訓の影響下にあって新国会に100余議席を有し，大総統徐世昌がその後ろ楯だったという．既述のように，靳雲鵬は皖系の人物だったが安福系を操る徐樹錚と対立したため，靳に接近した議員たちが徐世昌の腹心銭能訓の影響下にあった議員らとともに結成したのが己未倶楽部であった．新国会で安福系と対立する会派には，このほかに梁士詒が率いる旧交通系（120余議席），梁啓超の研究系（30余議席）などがあったが，旧交通系の議員たちも上述の中国銀行則例議案に対しては断固反対の姿勢を示していたという［谷麗娟・袁香甫 2012：中 1026-1033；「修改中行則例形勢之別報」『申報』1919年5月4日］．

　ここで，安福系が議案に取り上げた「中国銀行則例」（以下，中行則例）について説明しておこう．中行則例は，中国銀行の資本金，商業銀行及び中央銀行としての業務内容，総裁・副総裁・董事・監事等の経営陣及び股東総会（株主総会）の権限などを定めた，いわば同行の定款に相当した．ただし，中国銀行は中央銀行としての役割を担うため，通常の商業銀行とは異なり定款は則例として政府が公布していたのである．最初の中行則例は，1913（民国2）年4月7日に臨時参議院の議決に基づいて公布され（以下，民二則例），1915（民国4）年9月30日に袁世凱政権下の参政院がそれを修正し（以下，民四則例），さらに1917（民国6）年11月21日に再度修正されたものが「教令」（大総統が発する命令の一種）として公布されている（以下，民六則例）[4]．以上3つの中行則例のうち，民二・民四則例と民六則例との間に，今回の安福系の議案提出と関わる重大な変更点があった．すなわち，民二・民四則例はいずれも中国銀行総裁・副総裁を政府が任命すると規定していたが，民六則例はこれを股東総会が選任する董事中より政府が総裁・副総裁を任命すると改めたのである［中国銀行総行・中国第二歴史檔案館 1991：110-122］．

---

4) なお中国銀行には，別に則例を根拠とする「中国銀行章程」があった．民六則例公布後の1918年1月25日に大総統が認可した同章程は，資本金・株式，銀行営業，行員組織，総裁・副総裁，董事会，監事会，行務総会，股東総会，決算及び純益の配分について詳細に規定していた［中国銀行総行・中国第二歴史檔案館 1991：140-149］．

1917年当時，北京政府の財政総長であった梁啓超と中国銀行副総裁の張公権が主導したこの改正は，それまで政治変動にともなって総裁・副総裁が頻繁に交代し，政府に従属する傾向が強かった中国銀行の経営を，商股股東（民間株主）の影響力を強化することによって，自立・安定させようとするところに主眼があった［中国銀行総行・中国第二歴史檔案館 1991：122-123］．この民六則例が公布された結果，中国銀行の商股（民間株主保有株）は同則例公布前の364万3300元から727万9800元へと倍増し，官股（政府保有株）500万元に対して商股が優位に立つようになっていた［「恢復中行旧則例風潮彙誌　上海中行股東緊急会議」『銀行週報』第3巻22号，1919年6月24日］．1918年2月には同則例に基づいて中国銀行初の正式な股東総会が成立し，官商両股東によって董事9名（張公権，施肇曾，王克敏，林葆恒，李士偉，周学熙，馮耿光，潘履園，熊希齢）と監事5名（盧学溥，李勁風，陳輝徳，李律閣，張燮元）が選出され，董事のなかから政府によって馮耿光と張公権がそれぞれ総裁と副総裁に任命された［姚崧齢 1982：39］．

ところで，民六則例の教令による公布を求めた財政総長梁啓超の大総統宛て呈文は，国会の成立後にその追認を受けることを明記していた［中国銀行総行・中国第二歴史檔案館 1991：122-123］．袁世凱によって解体された旧国会は，袁の死後1916年8月に復活したが，1917年6月には大総統黎元洪によって再び機能を停止されていた．既述のように，新国会が成立するのは1918年8月のことであったから，この1年余りの間，北京政府統治下には国会が存在していなかったのである．梁啓超が教令によって民六則例の公布を求めたのは，このためであった．

1919年4月28日に新国会衆議院に提出された安福系議員鄭万瞻等の議案が，「命令をもって法律を変更するは本来立憲国家の許さざるところ」と述べ，民六則例が国会の議決を経ないまま教令として公布された点を問題視し，臨時参議院が議決した民二則例の回復を要求したのは，以上のような経緯を踏まえたものだった［暢盦 出版年不詳：14-15］．他方，参議院に提出された同系議員胡鈞・呉宗濂等の議案は，政府が中央銀行たる中国銀行の総裁・副総裁任命権を完全に掌握すべきであると訴え，股東総会の影響力が強化された民六則例の不当性を攻撃しつつ，民二則例の回復を主張していた［李強 2011：385-386］．以上のように，安福系の目的は，一切の法律を議決するという臨時約法以来の議会

権限を盾にとって，国会の承認を得ず教令として公布された民六則例の法的不備を突き，民二則例の回復によって総裁・副総裁の任命権を掌握して，中国銀行を自派閥の潤沢な資金源にしようとするところにあった．

3. 中行股東・各地商会の反発

ところが，こうした安福系の策動に猛反発したのが全国各地の中国銀行商股股東と各省の商会であった．すでに1919年4月24日には，上海総商会が大総統，国務院，財政部，中国銀行董事・監事両会に対して，安福系の動きを批判する電文を送っていた．さらに，4月28日に衆議院で鄭万瞻らの議案が可決されると，5月2日に上海在住の股東が緊急会議を開き，大総統，国務総理，中国銀行董事・監事両会に可決案の否認を求める電文を発するとともに，当時開催中であった南北和議の朱啓鈐・唐紹儀両代表にも協力を要請した［「総商会反対修改中行則例」『申報』1919年4月28日；「旅滬中国銀行股東開会紀」『申報』1919年5月4日］．この上海の股東の動きを皮切りに，その後，鎮江・山東・浙江・漢口・河南・済南・福建・南昌等の股東が，相次いで安福系を糾弾し民六則例を擁護する電文を発し，さらにこれに南京・天津・杭州・河南・青島など各地の総商会も呼応していった（以上，「対於回復中行則例之函電彙誌」『銀行週報』第3巻16号，1919年5月13日；『申報』・『晨報』1919年5月の関連報道記事を参照）．既述のように，民六則例の公布後，中国銀行の商股は官股に対して優位に立つようになっており，それだけに各地の商股股東と商会は安福系の策動に敏感に反応したのである．

しかし，6月14日になると，参議院でも衆議院から咨送されていた民二則例回復議案が安福系議員の緊急動議によって審議に付され，己未倶楽部等の反対を押し切って採決が強行された．己未倶楽部の主張によれば，安福系の参議院議長李盛鐸は，出席議員93名のうち賛成者が44名であったにもかかわらず，54名と強弁して議案を通過させたという．その真偽のほどは定かではないが，今回も衆議院のときと同じく三読会を短時間で終了させているところから見て，安福系の議事運営は強引であった［「新参院急遽通過中行案」『申報』1919年6月17日；「中行則例案之反動　己未派之通電」『民国日報（上海）』1919年6月20日；「安福部必欲擾乱金融耶」『晨報』1919年6月17日］．

この参議院の強行採決に際し，中国銀行副総裁の張公権は，「これは実に中国銀行の存亡に関わるだけでなく，中国の近代的金融組織の成否にも関わるものであり，必ずや全力を挙げて争わなければならない．すなわち，一方において股東に要請して集会・抗議し政府に新則例を維持するよう求め，他方において全国の商会には通電・呼応し援助するよう要請する」べきであるという認識を示していた［姚崧齢 1982：44］．また，上海の股東も6月16日に再び緊急会議を開き，「参会した股東は皆，党派が機に乗じて中国銀行の実権を強奪しようとするのは，股東の資本に関わるだけでなく全国金融をただちに混乱させるものでもあるから一致して反対する．また，この衆参両院の議案を誓って承認しないことを宣言する」と主張して，大総統徐世昌に民二則例の回復を拒否するよう要請した［「恢復中行旧則例風潮彙誌　上海中行股東緊急会議」『銀行週報』第3巻22号，1919年6月24日］．この後，漢口・張家口・香港・江西・安徽・吉林・帰綏・湖南・天津・九江・寧波・開封・河南・福建など全国各地から，商股股東の反対電が政府と中国銀行董事・監事両会の下に殺到していく（『申報』・『晨報』1919年6月の関連報道記事を参照）．

　以上のような全国各地からの反発は，民六則例の公布によって，商股股東や各地商会の資本家・商工業者が，中国銀行の経営に対して利害関係を深めていたことに最大の理由があったといえよう．だが，それとともに，中国銀行が公債の引き受けや政府への貸付といった財政補完業務だけでなく，国民経済形成途上の中国社会において金融・経済上のプレゼンスを増しつつあったこととも無関係ではなかったと思われる．当時，中国銀行は全国22省区に136の分支行網を形成し，国内為替業務において絶対的な優位を占めるようになっていた．また，1920年前後には中国経済の大動脈である長江中下流域において，中国銀行券は開港場だけでなく地方の県・市レベルにまで浸透して広く信用を獲得するようになっていた［黒田 1986］．その結果，1920年代以降になると，中国銀行は長江流域を中心とした国内為替取扱高において，ほぼ国内銀行の首位を占め続けることになる［馬建華・王玉茹 2013］．

　当時の新聞各紙の論調，たとえば「中国銀行は国家銀行ではあるが，確かに商股が加わっているのだから，どうして彼ら〔安福系〕が勝手に奪い取るのに任せておれようか」という主張（『新聞報』），あるいは中国銀行を完全に民営化

し総裁・副総裁も純粋に股東が選挙することで,「中国銀行を政府から完全に独立させ,社会・金融が永久に政治潮流の影響を受けないようにする」べきだといった意見(『時事新報』)は,全国の金融・経済に占める中国銀行の地位を無視しては考えられないだろう [「対於回復中行旧則例之輿論　各報館之一致反対」『銀行週報』第3巻15号,1919年5月6日]．さらにまた,1919年5月4日付の『申報』は,中行則例問題の紛糾について「安福系の目的が達せられるか否かは,単に中国銀行自身の問題ではなく全国金融の問題であり,中国銀行商股の利害だけの問題でなく全国人民の生死に関わる問題である」と論評し,「国民はどうして速やかに立ち上がり立ち向かわないでおれようか」と訴えていた [「雑評二　中行則例之風波」]．以上の新聞各紙の論調から窺うことができるように,中国銀行の問題は国民(国民経済)全体の問題として認識されるようになっていた．安福系に反対する世論は,商股股東や各地商会を中心としながら,まさしく「国民的な利害」を代弁する形で,全国的な拡がりをもって形成されていったのである．

3　再議権行使をめぐる政府,安福系と中国銀行股東

1. 再議回避と国民世論

　参議院の安福系が,衆議院から咨送された中行則例案の可決を6月14日まで躊躇していたのは,何よりも中国銀行股東と各地商会の反発が激しかったからだった．しかし,同時に,国民的世論に後押しされた非安福系会派の反対を抑え,さらに政府の出方を見定める必要があったことも,衆議院咨送案をしばらく棚上げにする要因となっていた [「北京通信」『申報』1919年5月5日;「新参院急遽通過中行案」『申報』1919年6月17日]．一方,政府部内では,大総統徐世昌や国務総理銭能訓のほか,皖系に属する財政総長の龔心湛もまた今回の安福系の策動には否定的だった．彼は,衆議院で中行則例案が議決される以前から,仮に衆参両院で中行則例案が通過しても命令書には署名しないと語っていたし,参議院で同案が可決された後も「この件は全く賛成しがたい」と述べていた [祚1919;「安福部必欲擾乱金融耶」『晨報』1919年6月17日]．上述のように,龔心湛は皖系の人物であったが,民国成立以来,広東財政庁長,財政次長,塩務署

署長等の要職を歴任しており［張樸民 1984：192］，財政官僚の専門的見地から安福系の動きに同調しなかったのかもしれない．また，徐世昌も中行則例案が衆議院を通過すると，安福系に慎重な行動を求めるとともに，同派の衆議院議長王揖唐と参議院議長李盛鐸を招き，金融界を混乱させぬよう審議の延期を要請していた［「恢復中行旧則例案近事」『銀行週報』第3巻16号，1919年5月13日］．政府は全国的な世論の圧力を敏感に受け止めていたのである．

　安福系が参議院で6月14日に採決を強行したのは，その前日，徐世昌の腹心である銭能訓が国務総理を辞し，龔心湛が代理総理を兼務したのを好機と見たからだった［「新参院急遽通過中行案」『申報』1919年6月17日］．しかし，その結果，参議院から両院一致の議決案が政府に咨送されることになり，政局の焦点は政府が参議院に対して再議権を発動するか否かに移った．臨時約法の規定では，大総統は議決案が咨達されてから10日以内に再議しなければならなかった．だが，政府としては国民的世論に配慮して民二則例の回復を避けたいものの，代理総理の龔心湛は皖系であり，何よりも閣僚同意権を武器に今後の組閣人事を左右する安福系と全面対決に踏み切ることは躊躇された．

　一方，参議院の安福系としても，政府から再議の請求があった場合，反対会派の己未倶楽部・旧交通系等の議員は依然として対決姿勢を堅持しており，また既述のように6月14日の強行採決は出席議員93名のうち賛成54票（己未倶楽部によれば実は44票に過ぎなかったともいわれる）で実現したものだっただけに，果たして出席議員3分の2以上の多数で再議請求を否決できるかどうか不安であった［「中行案通過後之風潮」『申報』1919年6月19日；「修改中行則例形勢之別報」『申報』1919年5月4日；「雑評二　安福与中行」『申報』1919年6月18日］．

　再議の期限となる6月24日が近づくと，中国銀行董事会をはじめ，上海・江西・帰綏・福建・天津等各地の同行股東から政府に再議を求める声が強まっていった．中国銀行董事会の政府宛電文によれば，同会の政府に対する再議の要請は，「十余省の商会並びに数十万股の股東の来電」を背景として出されたものだった．また，これとは別に，各開港都市からは政府に向けて再議を求める電報が殺到したといわれる．再議権の行使をめぐる政府の一挙一動は，まさに国民注視の下に置かれていたのである［「中行則例風潮彙誌」『銀行週報』第3巻23号，1919年7月1日；「中行股東否認修改則例電」「専電 北京電」『申報』1919年6月

20 日；『晨報』6月24日・25日・26日の「反対恢復中行則例電」］．ところが，政府が選択した方法は，参議院の議決案に対して敢然と再議を突きつける替わりに，現行民六則例の改正を参議院に提案するというものだった．その点について，再議期限の6月24日に国務院が参議院に咨送した回答は，民二則例を回復するのは適切な措置であると認めつつ，「6年則例にはもとより問題のところがあるが，2年則例もまた実施するには十分でないところがある」という理由から，民六則例の改正を提出するのだと説明していた［中国銀行総行・中国第二歴史檔案館 1991：345］．

実は財政総長の龔心湛は，すでに5月15日には民六則例の改正案を作成して国務院に提出し，その改正案は17日になって大総統から参議院に慌ただしく上程されていた［中国銀行総行・中国第二歴史檔案館 1991：362-366；李強 2011：487］．恐らく，この時点では，改正議案の上程によって民二則例回復議案を審議する参議院安福系の動きを牽制する狙いがあったものと推測される．再議を回避するという政府の方針は，この民六則例改正案を踏まえて捻出されたわけだが，それは6月14日に参議院で民二則例回復案が可決された直後には，すでに既定の方針になりつつあったように思われる．

参議院による可決後，代理総理を兼務する龔心湛は中国銀行の総裁馮耿光と副総裁張公権を財政部に呼び出し，民二則例の回復を政府として実施する意思はないこと，それとは別に民六則例の改正を検討していることを告げていた．また，財政部が上海の中国銀行股東に宛てた6月17日と18日の電報も，衆参両院の議決案は公布せず，現行の民六則例を修正して両院に承認を求めていくと述べ，その上で「股東の権利を損なうことのないよう期す」と言明していた［「中行股東所接之京電」『民国日報（上海）』1919年6月19日］．龔の発言にせよ財政部の両電報にせよ，一方で民二則例の回復を否定しながら，民六則例の改正を強調するばかりで再議権の行使については明言を避けていたのである．

再議を回避した後，龔心湛は中国銀行董事・監事会の代表と会見して，「参議院は民二則例回復案を国務院に咨送して了解を求めただけで，大総統に咨送して公布を請うていないから同院の手続きは合法とはいえない」と述べた．また，さらに続けて「いわんや財政部が提出した改正案を参議院はすでに議事日程に加えているのだから，民二則例回復案は当然無効である」と主張し，再議

を回避して現行則例の改正案を提出した制度運用を正当化していた［「中行股東臨時会展期」『申報』1919 年 6 月 27 日］．

　臨時約法では，臨時参議院が議決した案件は咨達を受けた臨時大総統が公布し，したがって再議を発動する主体も臨時大総統であった（第 22, 23 条）．ところが，正式国会成立後の 1913 年 9 月に公布された「議院法」第 56 条によると，衆参両院で可決された議案の咨達先は「政府」と記されており，「大総統」とは記されていなかった［谷麗娟・袁香甫 2012：中 708］．そのため，参議院が民二則例回復議決案の実施を要請したのは国務院に対してであり，6 月 14 日付の国務院宛の咨文には，この要請が「議院法」第 56 条の規定に基づくものであると明記されていた［李強 2011：571］．

　ただし，同時期の参議院文書を見渡すと，大総統が提出した法律案や議員発議の法律案が議決された場合などは，参議院も大総統に直接咨達しており，すべての議決案が国務院に咨送されていたわけではない[5]．したがって，「議院法」がいう「政府」には，大総統と国務院の両方が含まれていたと見るべきであろう．また，国務院宛の咨文と同じ日に参議院が衆議院に送った通知には，民二則例回復議決案を「大総統に咨達する」と書かれていたから［李強 2011：573］，参議院（安福系）は国務院を経由して議決案が大総統に咨達されると考えていたのかもしれない．いずれにせよ，「議院法」から判断する限り，大総統に決議案を咨送しなかった参議院の手続きが不当であるとする龔心湛の制度解釈は，かなり苦しいものであったといわねばならない．

　ところで，以上のような政府の方針は，明らかに世論の期待に背いていた．1919 年 6 月 19 日付の『申報』は，先に触れた財政部の 6 月 17 日と 18 日の電報について，以下のように辛辣な論評を加えていた［「雑評二　財政部之篠巧両電」］．

　　国会が議決した案――新国会が合法か否かは別問題であるが――を大総統
　　が否認するときは，議決案の咨達後 10 日以内に再議をすることができる．
　　これは，臨時約法第 23 条に明記されている．したがって，政府当局が国
　　会議決案を法定期限内に再議しなければ公布執行の義務を負うのであって，

---

[5]　たとえば，大総統が提出した「国会組織法」・「衆議院選挙法」修正案の議決（1919 年 4 月 12 日），あるいは議員発議の「県自治法」案の議決（8 月 29 日）については，参議院は大総統に議決案を咨達している［李強 2011：539, 637］．

再議はしないで公布もしないという余地は絶対にない．決議案を棚上げにして，別に改正案を提出するなどという方法は尚更ないのである．財政部は，法律とは何であるかを知らないのだ．前の案件を一括して〔参議院議決案と民六則例改正案を一括することを指すか？〕呆然とすべてを忘れ去ろうとしているが，これがどうして国民を欺くことにならないだろうか．

さらに，この論評は続けて，参議院の形勢が衆議院ほど安福系の絶対優位となっていないことを指摘し，それだけに「どうして政府のなすに任せて再議もせず公布もしないということを認める道理があろうか」と政府の弱腰を批判していた．

2.「中国銀行則例」問題の収束

ところで，政府が安福系に提示した民六則例改正の眼目は，中国銀行の資本を現有の1200余万元から3000万元に増額し，董事を現有の11名から13名に増員することにあったようである．当時，この改正案は，中国銀行経営権の掌握を目論む安福系の要求に政府側が妥協したものであると取り沙汰された．なぜなら，資本金増額のために発行した大量の株を安福系が購入すれば，増員される董事2名の枠を同派が獲得することは容易に予想できたからである[6]〔桂生 1919〕．しかし，3000万元への資本金増額は，実は龔心湛の斡旋によって，6月中に中国銀行副総裁の張公権と安福系を背後で操る皖系の実力者徐樹錚とが協議し内々に合意したものだった．また，その協議の場で，徐が安福系を説得する十分な時間を確保できるよう，政府が民二則例回復議決案を暫く公布しないことも確認されたようである［姚崧齢 1982：45］．龔は皖系のなかでも徐樹錚を後盾としており，徐とは絶対服従を誓う間柄だったという［張樸民 1984：192］．その関係が，今回の密約を実現させたのである．

民二則例回復案が4月28日に衆議院を通過した後，すでに安福系の衆議院議長王揖唐と中国銀行総裁馮耿光が密会し，その際に同行資本金の増額と董事の増員が話題に上ったことが，新聞紙上でも囁かれていた［「中行則例案之内幕」

---

6) 民六則例第15条は董事の数を9名と定めているが［中国銀行総行・中国第二歴史檔案館 1991：120］，ここでは依拠した史料［桂生 1919］にしたがい現有董事の数を11名のままにしておく．

『民国日報（上海）』1919年5月5日；「修改中行則例形勢之別報」『申報』1919年5月4日］．龔心湛が仲介に立った徐樹錚と張公権の合意も，恐らくは王・馮密会の延長上に位置づけられるものだった．ともあれ，安福系を牛耳る徐樹錚が張公権と合意したことで，安福系は民二則例の回復によって中国銀行の経営権を掌握しようという計画を断念し，財政部が提出した現行則例改正案の審議に応ぜざるを得なかった．問題の解決は，臨時約法が定めた再議権の行使という立憲的＝制度的な手続きの埒外で，政府要人（龔心湛），議会閥の領袖（徐樹錚），銀行界要人（張公権）による密室の取引によって実現したのである．

ただし，中国銀行股東の間では，民六則例の改正と増資の両問題について根強い不信感があった．そのため，上海の股東を中心として結成された中国銀行商股股東聯合総会は，1919年6月には各省の股東と連携しつつ，上記両問題を協議するため北京で予定されていた股東総会の開催を延期に追いやり，さらに7月に発した宣言では両問題について明確に反対を表明した［「中行股東之緊急会議」『民国日報（上海）』1919年6月22日；「中行商股股東聯合会続紀」『申報』1919年7月22日］．他方，中行則例問題で失敗した安福系は，その後，衆議院において中国銀行の総裁と副総裁の査辦（罪状の調査と処分）を求める議案を提出し，さらに中国銀行股東総会を攪乱するなど，執拗に同行に対する攻撃を続けた．だが，1920年7月の直皖戦争に皖系が惨敗したことによって新国会は解体し，結局，民六則例も修正されることなく安福系の中国銀行に対する干渉は終わりを告げた［姚崧齢 1982：46-48；王強 2007：204］．

おわりに

臨時約法に由来する「議会専制」的な権力は，1923年に公布された「曹錕憲法」に至るまで民国期の国会に継承されていった．しかし，「議会専制」の危険性が最も顕在化したのは，安福系が衆参両院において圧倒的多数を占めた新国会においてであった．安福系の中行則例をめぐる議会権限の放縦な運用は，中国銀行股東と各地商会の反発に象徴される全国的な批判にさらされ，国民的世論の形成と大きく乖離することになった．臨時約法に根拠を置いた西欧的議会制に対する信頼は，1923年の曹錕賄選によって完全に揺らいでしまったが，

「民意」を代表し表出することによって担保される〈議会の正統性〉は，新国会においてすでに大きく損なわれていたのである．そして，新国会において〈議会の正統性〉を劣化させたものは，安福系の「数の力」と臨時約法によって保障された「専制」的議会権力との結合であった．

新国会に限らず，臨時約法下の「議会専制」に政府が対抗する手段は，大きく2つに分けることができた．1つは，各省政府当局（督軍・省長）との提携，ないし軍事・官僚閥との合従連衡を通じて国会に圧力をかける方法であり，第一次大戦参戦をめぐる国務総理段祺瑞と旧国会との対立のなかで，段が督軍団会議を組織して圧力を加えたことが典型的な事例といえるだろう．いま1つは，政府が国民的世論と連携することによって国会に圧力をかける方法であり，中行則例問題をめぐる中国銀行股東と各地商会による国民的世論の形成は，その方法が現実のものとなる可能性を孕んでいた．議会解散権を欠く政府にとって，安福国会に対抗する残された制度上の手段は，国民的な世論を背景とした再議権の行使であった．だが，再議権を行使して安福系との亀裂を深め，今後の組閣人事に影響が及ぶことを恐れた政府は，国民と連携して安福系と全面対決に踏み切ることができなかった．結局，政府は再議権行使の制度手続きを逸脱しつつ，軍事・官僚閥間の合従連衡（龔心湛・徐樹錚・張公権の密約）という前者の方法を選択せざるを得なかったのである．

本章冒頭でも指摘したように，近現代中国において，議会権力の強化は必ずしも〈議会の正統性〉を担保する条件とはなり得なかった．本章が明らかにした新国会（安福国会）の事例は，その点を遺憾なく示していたといえよう．ところが，皮肉なことに，新国会解体後に出現した孫文の国民大会構想や共産党の人民代表大会制度も，議会権力をより徹底して強化することで西欧的議会制を超克しようとした．だが，第1節で述べたように，国民大会と人民代表大会による議会権力の強化も，決して〈議会の正統性〉を担保するものとはなり得なかったのである．

文献目録
中国語文献
暢盫編［出版年不詳］『民六後之財政与軍閥』文林書局.
谷麗娟・袁香甫［2012］『中華民国国会史』上・中・下, 中華書局.
桂生［1919］「政府所提中行則例修正案之疑点」『銀行週報』第 3 巻 23 号, 7 月 1 日.
李強［2011］『北洋時期国会会議記録彙編』第 11 冊, 国家図書館出版社.
馬建華・王玉茹［2013］「近代中国国内匯兌市場初探」『近代史研究』第 6 期.
王強［2007］「商権, 財政与党争 中国銀行"民六則例風波"述論」『江蘇社会科学』第 2 期.
熊秋良［2010］『移植与嬗変 民国北京政府時期国会選挙制度研究』江蘇人民出版社.
薛恒［2008］『民国議会制度研究』中国社会科学出版社.
姚崧齡［1976］『中国銀行二十四年発展史』伝記文学出版社.
─── ［1982］『張公権先生年譜初稿』上冊, 伝記文学出版社.
葉利軍［2007］『民国北京政府時期選挙制度研究』湖南人民出版社.
厳泉［2007］『失敗的遺産 中華首届国会制憲 1913-1923』広西師範大学出版社.
─── ［2012］『民国製造 国会政治制度的運作 1912-1924』江蘇文芸出版社.
─── ［2014］『民国初年的国会政治』新星出版社.
張朋園［2007］『中国民主政治的困境 1909-1949：晩清以来歴届議会選挙述論』聯経出版.
張樸民［1984］『北洋政府国務総理列伝』台湾商務印書館.
中国銀行総行・中国第二歴史檔案館［1991］『中国銀行行史資料匯編』上編一, 檔案出版社.
祚［1919］「維持中国銀行現行則例之必要」『銀行週報』第 3 巻 14 号, 4 月 29 日.

日本語文献
金子肇［1997］「袁世凱政権における国家統一の模索と諮詢機関の役割」『東洋学報』第 79 巻 2 号.
─── ［2012］「近代中国における民主の制度化と憲政」『現代中国研究』第 31 号.
─── ［2014］「近現代中国の立憲制と議会専制の系譜」『新しい歴史学のために』第 285 号.
黒田明伸［1986］「20 世紀初期揚子江中下流域の貨幣流通」角山栄編『日本領事館報告の研究』同文館出版.
平川清風［1920］『支那共和史』春申社.

第Ⅱ部　中華民国後期

西暦	中国政治	中国と世界
1926	国民革命（北伐　～1928）	
1927	四・一二クーデター	
1928	訓政開始	
1930	中原大戦	
1931	「中華民国訓政時期約法」公布	満洲事変
1932		五・一五事件
1933		ナチス政権成立 ニューディール開始
1936	「中華民国憲法草案（五五憲草）」公布	二・二六事件
1937	国共合作成立	
1937		日中戦争（～1945）
1938	国民参政会成立	
1939		第二次世界大戦（～1945）
1940		日独伊三国同盟
1941		太平洋戦争（～1945）
1944	中国民主政団同盟が中国民主同盟と改称	
1945	中国民主建国会成立	ドイツ・日本が連合国に降伏 国際連合成立
1946	政治協商会議 国共内戦（～1950） 憲法制定国民大会	
1947	「中華民国憲法」公布 二・二八事件（台湾）	「日本国憲法」施行
1948	憲法施行国民大会 「動員戡乱時期臨時条款」公布	
1948		大韓民国・朝鮮民主主義人民共和国成立

第4章 地域代表か？ 職能代表か？

――国民党の選挙制度

孫　宏雲

（衛藤安奈訳）

はじめに

　孫文は人生の最後の段階において，職能団体に基礎を置く国民会議を開催し，「これによって政府をつくり，根本の大法を定める」ことを主張した．ではこのことは，孫文が一貫して堅持していた3段階建国（軍政・訓政・憲政）論を，放棄したことを意味するのであろうか？　この問題は「訓政」の存続と廃止に関わるばかりでなく，国民会議と憲政段階の国民大会の，創出方式と組織の原則に関わる問題でもあった．孫文亡き後の国民党の政治過程から見るならば，国民会議と三段階建国論はどちらも孫文の遺教であると見なされて実行されたが，それらに対してはそれぞれ，異なる機能が定められた．1931年に召集された国民会議と1933年に通過した「国民参政会組織条例」は，ともに職能代表制を基本的な選挙原則としていた[1]．1936年に公布された「五五憲草」および1947年に公布された「中華民国憲法」も職能代表制を部分的に採用していた．ここから，職能代表制は中国国民党の政治理論と実践において持続性をもつ課題であったことがわかる．このほかにも，中国共産党などその他の党派

---

[1]　職能代表制は「職業代表制」ともいう．「この概念は次のような観念から生まれたものである．すなわち社会はいくつかの異なる集団と階層に分かれており，各集団あるいは各階層は国家の管理のもとで代表をもつべきである．これは，純粋な理性を境界線として代表をもつ社会区分を定めるような，あの地域代表制とは区別される……現代社会においては，労働における分業は，代表制の基盤としての職能集団あるいは階級を識別する出発点だとしばしば見なされる」[鄧正来 1992：281-282]．

と，いくつかの職能団体や知識界にも，職能代表制は宣伝・利用されたことがあった．それゆえ，職能代表制と民国政治史の関係を全面的・体系的に整理する必要があるのである．

これ以前にも，学界においては，すでにこのテーマと関連するいくらかの研究成果がある[2]．しかし，具体的に，そして継続的に検討する必要がある問題はまだまだ多い．たとえば，職能代表制の理論は種々の複雑な思想的背景を備えている．イギリスのギルド社会主義，フランスのサンディカリズム，イタリアのファッショ的なコーポラティズム，およびソ連のソビエトなど，そのいずれとも関係がある．では中国の職能代表制の思想には，どのような思想的系譜と，他と異なるどのような行動方針が存在したのであろうか？　さらにいえば，孫文は職能団体によって構成された国民会議の代表を基礎とすることを主張したが，国民大会の代表については，県を単位とすることを主張した．このように異なった2種類の構想をいかに理解すべきであろうか？　孫文亡き後，国民党の各派は国民会議の職能代表制の旗を奪い合ったが，それぞれどのような動機があり，どのような目的を遂げようとしていたのだろうか？　また，近代中国の社会分化と職業構成は，職能代表制に対してどのような意義をもったのであろうか？　このほか，過去の研究の視点と出発点も検討に値する．たとえば韓国の楊鋪泰教授である．彼の職能代表制研究の原点とは国民会議であった．しかし，かりに近代中国の職能団体という観点から出発すれば，また違った解釈もありうるであろう[3]．

本章は，筆者のこれまでの関連研究を基礎としつつ，他の研究成果を総合し，職能代表制に関する中国国民党の理論と実践を時系列的に整理し，職能代表制と民国政治史に関する大まかな輪郭を描き出し，後続の研究のために，1つの可能な枠組みを提供するものである．

---

2) 学界は国民会議運動に対してすでに広範な研究を蓄積しているが，国民会議と職能代表制の関係にはあまり注目していない．筆者の知るところでは，韓国の学者楊鋪泰がこのテーマについて一連の専門的研究を行ない，楊鋪泰［2002］や楊鋪泰［2006］などの論著に発表している．筆者も孫宏雲［2007］；孫宏雲［2008］の2本の論文を発表している．このほか，魏文享［2011］や森川［2011］もある．

3) 金子［1997：95-122］が，このような可能性を示している．

1 職能団体の台頭と代議制改革要求

　章清［2003］は，近代中国の社会動員方式としての集団の力が，地域観念から「業界」観念と階級観念へ変化していくという歴史現象を示した．その後また章清［2011］において，「〇〇界」といった新しい中国語の語彙が，清朝末期にそのニュアンスを変化させ流行した現象に対する考察を通じ，「〇〇界」という言葉の流行が，実際に社会階層分化を示す重要な指標となっており，「中国社会の再編に伴い，中国は徐々に『業界』と相呼応する社会を形成していった」，「国家の政治生活において，とくに，近代的な政治体制への移行を試みる際において，『業界』もまた主要な力の１つとなった」と指摘した．この２篇の論文は，どちらも業界の力の具体的状況について議論してはいない．しかし，商会，商団，農会，教育会および新聞界の団体，弁護士，会計士などの新興の職能団体に関する実証研究は，決して少ないというわけではない．

　それでは，これらの新興の職能団体は民国初期の政治舞台において，結局のところどのような地位を占め，議会機構において相当数の議院代表を有していたのだろうか？　張朋園氏の研究によれば，1913 年の第１次国会議員の構成は，496 名分の資料に基づくと，その経歴は以下のようなものである．清朝の時代に議員を経験した者が 170 名（34.27%），官吏が 150 名（30.25%），教育界が 106 名（21.37%），革命家が 56 名（11.29%），その他メディア，商工業者，弁護士が計 14 名（2.82%）であった［張朋園 2007：94-105, 158-161］．民国初期の第１次国会議員において，商工業者，新聞業，弁護士などの新興職業への従事者はとても少ないことがわかる．1918 年の第２期国会（安福国会）議員の個人的経歴についてはデータ不足であるものの，この回の国会選挙の過程において，安福系が陰でコントロールし，選挙買収が深刻であったことから，議員当選者中，新興職業関係者はかなり少ないと推測される．

　張朋園は第１期国会議員の職業経歴を分析して次のように述べている．弁護士，報道関係者，商工実業界の出身者は少なく，このことは専門家精神がなお現れていなかったことと直接の関係がある．議会の人士としては弁護士や報道関係者が最もふさわしいが，中国は当時これを実現すべくもないと言う者もいた．しかし事実は必ずしもそうではなかった．まず，国会組織法と議員選挙法

は，商人に対してきわめて不利なものであった．この両期国会が採用したのは，基本的に地域選挙制であり，学会などの少数の民間社団に少数の議員枠を配分するのみであった．次に，商会やその他の商工団体は，商工業界の選挙権の拡大と議席の増加という問題について，かつて国務院と参政院に請願書を提出したことがあったが，拒絶されてしまったのである．1914年に袁世凱政権下の約法会議が「臨時約法」を改定した際，商会は再び商界の議席を増やすよう意見を提出し，全国商会連合会に4議席の議員枠を獲得させたが，なおその数は少ないものだった［朱英 1997：520］．

　第1次と第2次の国会では，新しい職能集団はまだずいぶん弱小であり，専門家精神と集団的政治参加の意識も十分強いものではなかったと言える．しかし第一次世界大戦の終結後，国内外の情勢に大きな変化が生じた．中国の民族資本主義は大いに発展し，五四新文化運動は欧米の新しい知識と思想を広範に伝えた．このような状況の下で，官僚と武人に掌握されていた民国初期の政局や，主として伝統的な科挙エリートや日本留学経験者に牛耳られていた国会は，自然と知識人の批判の対象となったのである．そして新興の社会集団と職能集団は，そのことをもって自身の利益追求を表明し，ひいては社会と国家のために意見を代弁すべく，正当な制度的チャンネルを求め，人々の注目をとくに集めたのである［金子 1985：129-170］．

　ある研究者は次のように指摘する．五四運動前の国内世論による国会への非難は，やはり主に議員個人の品行に対するもので，代議制度そのものに対するものではなかった．しかし1923年の曹錕の賄選事件後，西欧議会制度への信頼は完全に動揺した，と[4]．西欧議会制度への信頼が当時完全に動揺したかどうかはしばらくさておき，たしかに代議制度への批判と国会を改造しようという思潮が生ずることにはなった[5]．当時，西欧議会制度の超克を目的として登場した民主制度計画としては，孫文の国会大会ならびに中国共産党の人民代表会議のほかに，主に文化教育界と商業界によって提起された職能代表制も無視

---

4) 本書第2章（王）・第3章（金子）を参照．
5) この思潮が誕生した思想的背景は，「第一次世界大戦」前後のヨーロッパにおける社会主義運動のもとで代議制改造の思潮が盛り上がったこと，およびアメリカにおいて進歩主義運動が出現したことと関係がある．

第 4 章　地域代表か？　職能代表か？

できない．

　第一次世界大戦後，職能代表主義はヨーロッパで流行した．職能代表制を採用することで地域代表制の欺瞞を減じ，議会における専門的な知識と経験とを増加させ，少数の小集団が立法機関を事実上壟断することを防ぐことができると考えられたのである．ソ連，ドイツ，ポーランド，チェコなど，少なくない国々が新憲法を起草したとき，程度の差はあれ職能代表制が採用された〔王世傑 1930；白鵬飛 1930〕．その影響を受け，中国でも当時多くの政治派閥や個人が，職能代表制を採用して国会を改造することを主張した．研究系〔梁啓超らの憲法研究会〕をバックにもつ『解放与改造』（のち『改造』と改称して出版）という雑誌は，ロシア，ドイツ，チェコなどの国の，職能代表制の精神を備えた新憲法を翻訳・掲載した．梁啓超みずから起草し，これを同志が改訂した『改造』創刊の辞は，一定程度，職能代表主義の観点を受け入れている〔「〈改造〉発刊詞」『改造』1920 年 9 月 15 日，第 1 巻，第 1 期〕．章士釗は「業治論」を執筆・主張した〔森川 2011〕．イギリスに留学した楊端六らも，中国が職能代表制を採用して国会を改造することを主張した〔楊端六 1920；堅瓠 1920〕．

　蔣夢麟も，羅家倫が翻訳したポール・サミュエル・ラインシュ（P. S. Reinsch）の『平民政治的基本原理』のための序文において，ラインシュの職能代表制の主張に賛成し，次のように考えた．中国では，「実力が比較的あるのは職能団体——たとえば教育会，商会など——である．それらはただ知識があるというだけではなく，国家のことに対して切実な関係をもつのだ」．また，職能代表制のさまざまな利点をあげ，「それは主権在民の本旨と，もとより完全に適合する」と考えた者もいた〔遺生「職業代表制之利益」『申報』1924 年 2 月 26 日〕．1922 年 8 月に全国商会連合会および全国教育会連合会の連席会議が発起した上海国是会議が起草した，2 つの中華民国憲法草案（張君励と章太炎がそれぞれ主宰・起草）と，1923 年 10 月に公布された「中華民国憲法」は，どれも職能代表制の規定を参照し，取り入れたものである〔夏新華等 2004：749-768〕．1923 年 6 月 23 日，曹錕の引き起こした「北京政変」に対応するため，上海総商会は霍守華の提案に基づき，総商会と各職能団体が共同で「民治委員会」を組織して民意機関とし，中央の正式政府が成立するまでは，国会に代わってさまざまな国家建設に関わる問題を議論することを決定した〔「昨日総商会会員大会紀」

『申報』1923年6月24日〕．ここから，政府が南北に分裂し，軍閥が割拠している状況において，新興の職能集団・団体の力が擁していた，社会的・経済的地位とその政治的影響力を見ることができる．

2　国民党の職能代表制構想と孫文の国民会議論

　国民党においては，早くも1911年末には，広東省都督の胡漢民，副都督の陳炯明，都督府枢密処参議の朱執信と鄒魯らの起草した広東省の「臨時省議会草案」が，地域選挙と職能選挙の2つのチャンネルを通じて議員を選出する形式を規定していた．「各州，県を1選挙区とする．ただし省城〔省都〕と河南は1区とする」．「州県ごとにおのおの代議士1人を選出し，当該州県と省城に在留している士商各界が共同で選挙する」，「省地（城）および河南の区は代議士20名を選出しうるが，左記（の各団体）が代表を選出して，複選を行なう」，「一，各行商〔商人団体〕は，1行商ごとに1名を挙げる．二，九善堂は9名．三，自治研究社は5名．四，工団は5名」〔深町2003：105〕．しかし当該規定はおそらくは当時の広東の社会情勢に照らして作られただけのものであろう[6]．

　1913年2月，各政党は憲法討論会を設立し，憲法制定問題を討論した．国民党はその「憲法主張全案」に職能代表制の構想を取り入れ，国会は衆参両院によって構成することを主張した．「衆議院は全国人民が公選した議員によってこれを組織する」．参議院は，下記の各議員がこれを組織するとされた．すなわち（一）最上級の各地方自治団体の立法部あるいは選挙会が選出した者，（二）商業総会が選出した者，（三）農業総会が選出した者，（四）工業総会が選出した者，（五）中央学会が選出した者，である．しかしその後の修正案においては，これらの項目中，（二），（三），（四）の各項目が削除され，あわせて次のように説明された．「農業，工業，商業は，その範囲をことに定めにくく，結局どのような人々によってこの種の団体を組織するのか，またなんとも言いにくい．たとえば農業には地主と小作人の区分がある．工業には資本家と労働者の区別

---

[6]　胡漢民は『自伝』において当時の広州商会，善堂勢力が相当盛んであること言及し，通電して革命を称揚した〔存萃学社1980：120-121〕．

がある．商業には商人と使用人の違いがある．この2者の利害は相反するものであり，1つの団体にまとめることは断じて容易ではない．それゆえ，適当な職能団体となるとなかなか見あたらない．かつ，国民がいやしくも法定の資格を持っている以上，職業の如何を問わず，誰でもすでに衆議員に関して選挙権を持っているのだから，参議院に関してさらに〔選挙権を〕重複して賦与する必要はないように思われる．ゆえに削除すべきなのである」［夏新華等 2004：233, 246］．これは，国民党内で当時すでに職能代表制の運用問題が議論されていたことを示している．

　1920年10月に陳炯明が粤軍を率いて広東に戻り，総司令兼省長として地方自治を提唱した．広州市を全省の行政の中枢とし，ついに市政計画と改組の動議を，法制編纂会に提出した．このとき孫文の息子，孫科は推薦されて市政条例の起草者となり，ほどなくまた省長陳炯明から広州市長を委任された．孫科が起草し，通過した「広州市暫行条例」によると，「市政に関しては，もっぱら市行政委員会を議決執行機関とし，参事会は行政を補助するにすぎない．参事員の選出方法は，選挙制と委任制を併用し，その選挙は職能代表制と普通選挙制を併用する」．「市参事会以下の3種の会員がこれを組織する．すなわち，一，省長が指名・派遣した市民10名，二，全市市民が直接選挙した代表10名，三，商・工の両界がそれぞれ選出した代表3名と，教育・医師・弁護士・技師の各界が選出した代表各1名」．この制度の公布後，広東省議会は反対を表明した．民治の潮流に合致していないと考え，省長に実行を暫時延期するよう，文書で請願したのである．3月14日，省長は省議会に次のように文書で回答した．人々の民度が不十分なため，しばらくは育成主義に基づかざるをえないが，参事員の一部はそれでも各界と市民によって選挙し，一方で職能代表制を実行し，他方で全市民に選挙の習慣を身につけさせていく．5年後は市長民選を実行することを期しており，実に民治を促進するという深い意味があるのだ，と．これこそまさに，委員制を取るにあたって，市会制と経理制の2つを折衷した理由の存在する点なのである［黄炎培 1922：11-12, 87-88］．この後，参事会選挙は1度実施しただけで継続しては行なわれていない．あきらかに当時は，まだ市政の議決執行の権利を職能団体に開放することが予定されていなかったのである．

1924年9月，孫文は北伐出陣の際に「広東民衆に告げる書」を公布し，「広東を広東人民に委ねて，自治を実行させ，広州市政庁はすみやかに改組し，市長を民選に委ねて，全省の自治の先導とする」と宣言した［中国社会科学院近代史研究所等 1986：36］．すぐさま「広州市長選挙暫行条例」が起草され，市長選挙は複選制を実行すると定められた．すなわち，初選で市長候補者と市長選挙委員候補者をそれぞれ選出し，さらに市長選挙委員会が市長を選出する．初選では広州の士・工・商の3界が団体を単位としてそれぞれ市長選挙会を召集し，選挙を組織する．選挙人の資格は次のように定められた．一，（士界）中等以上の学校の中途退学者あるいは小学校以上の学校の卒業者，二，（工界）政府の認可を経た各工会（労働組合）の労働者，三，（商界）同業組合に加入した商人．各界の市長選挙会はそれぞれ市長候補者3名と市選挙委員候補者12名を選出し，省政府は各界の選挙会が選挙した市長候補者から各1名を指定して最終候補者とし，各界の選挙委員候補者から各4名を指定して選挙委員とする．最後に，12名で構成される市長選挙委員会が複選を行ない，3名の候補者から1名を選挙し市長とする［「広州市長選挙暫行条例」『広州民国日報』1924年10月2日・3日］．

　初選の方法は職能代表制を参照していることがわかるが，職能代表制の形式を踏まえているだけとしか言えない．なぜなら選挙は最終的に1名の市長を選出することができるだけであり，これでは職能代表制の本来の意義とはるかに隔たっているからである．選挙条例に農界の選挙権が規定されていないことについて，政府当局の出した理由は，「広州市に農界団体がないので，しばらく農界を除く」というものであった［「選挙市長団体之規定」『広州民国日報』1924年9月22日］．しかし広州市近郊の農民協会は孫文と各法団に通電し，「すぐに条文を改め，農民団体の項目を加え，同時に広州市市長選挙事務委員会に命じて，しばらく条文改正を待ってから選挙を行なう」ことを要求した［「市選見聞種種」『広州民国日報』1924年11月18日］．

　選挙条例の公布からほどなく，商団武装勢力と，「双十節」行進に参加した労働者・農民の群衆が流血の衝突事件を引き起こし，10月15日，政府軍は出兵して商団を平定し，政府と商界の関係が極限まで悪化したため，選挙はしばらく棚上げされた．30日，孫文は韶関から広州に引き返し，「すみやかに（市長選挙）を実施せよ，早ければ早いほどよい」，「10日以内に選出せよ」，「広州

市政を整頓せしめよ」と命令を下した．選挙に関する各事項の準備がすぐさま行なわれた［「択定市長選挙事務所」『広州民国日報』1924 年 11 月 6 日；「民選市長開始調査」『広州民国日報』1924 年 11 月 7 日］．11 月 14 日，孫文は香港から上海に出航した当日，すみやかに広州市長選挙を行なうよう，省長胡漢民に指示した［『大本営公報』第 32 号］．しかし選挙が始まってからも，商界の態度は冷淡であった．工界と士界は熱心に盛り上がっていたものの，選挙の不正に関する醜聞が絶えず伝えられた．広州市市長選挙反対大会は，代表を天津に派遣して，孫文に対して選挙の内情や労働界・市民が反対している状況を説明した．12 月 16 日，孫文は複選の実行を 2 週間延期するよう省政府に電令し，廖仲愷，許崇智，鄧沢如に市選の不正問題を調査させ，「併せて真剣にことを処理し，必ず徹底的に調査し，厳しく究明し，以て市長民選の本来の意義に合致し，民情にかなうようにせよ」と命じた［「広州市長複選展期」上海『民国日報』1924 年 12 月 30 日；「粵市選問題新趨勢」上海『民国日報』1925 年 1 月 5 日］．そして，ほどなくさらに孫科を派遣して広東に戻らせ，市長複選を止めさせたのである［陳錫祺 1991：2095］．

　今回の市長選挙は孫文の命令によって行なわれた．その全過程において，孫文はいくども指示を出した．そのうえ市長民選は，「広州市暫行条例」にある 5 年後の市長民選の規定にまったく合わないものだった．孫文の子・孫科は，当時まだ市長在任中であった．孫文が今回の選挙をたいへん重視していたことはわかるが，その意図はどこにあったのだろうか．研究によれば，目的は商界との関係を修復するためであった．北伐のために後顧の憂いを取り除かなくてはならなかったし，同時に広東の地方勢力も気がかりであった．そのため職能代表制と複選制を参照し，一連の複雑な選挙制度を設計し，これによって選挙結果が地方の伝統的な勢力に操作されないようにしようとしたのである［劉斌 2010］．

　孫文が広州市長民選の実施を指示してすぐ，馮玉祥が北京で政変を起こした．孫文はすぐに北上宣言を出し，国民会議の召集による中国の統一と建設を主張した．国民会議の召集前に，まず予備会議を開き，近代的な実業団体，商会，教育会，大学，各省学生連合会，工会，農会，共同で曹錕・呉佩孚に反対する各軍，政党などの団体の代表によってこれを組織しようというのである．「国

民会議の組織には，その〔参加する〕団体の代表は予備会議と同じだが，代表は各団体の団員により直接に選挙されねばならず，人数は予備会議より多くすべきだ」［中国社会科学院近代史研究所等 1986：294-298］．その後，ある談話においても再び，孫文は次のように述べた．「国民に――即ち全国の確実なる各部門の職業団体を基礎としての国民会議を召集し，該会議を中心として政権を行ふことを主張する」．「同会議に依って政府が出来，根本的大法も定めらる、暁は，全国も凡て統一される」［渋沢青淵記念財団竜門社 1961：586］．

　孫文のこの主張はすぐに各界の反響を得た．虞洽卿は孫文の主張に完全に賛同することを表明し，かつ上海総商会はすでに通電して，職能団体の代表によって国民会議を組織することを主張していると述べた［「各方面対時局之表示」『時報』1924年11月30日；「国民党員招待商教界」『中華新報』1924年11月30日］．しかし，広州・香港の商界は孫文が国民に対して「前倨後恭（傲慢から謙虚に転じる）」誠意があるとは信じなかった［「善後会議与職業団体」『香港華字日報』1925年2月3日］．

3　1931年の国民会議における職能代表制の運用

　孫文はその遺嘱において，みずからが著した『建国方略』，『建国大綱』などに照らして「努力を続け，以て貫徹を求める」ことを，とりわけ国民会議の開催を最短期間で実現しなくてはならないということを要求した．では国民会議と3段階建国論の関係はどう理解すればよいのか．この点が孫文亡き後の各政治勢力の争点の1つとなった．

　1930年，国民党の改組派と西山会議派ならびに馮玉祥・閻錫山ら地方の実力派は連合して蔣介石に反対し，国民会議の開催を政治スローガンとした．青年党と鄧演達の指導する第三勢力も国民会議の開催を提案した．しかも彼らは一般的にはみな，職能選挙制方式を採用して民意機構を組織するよう主張したのである[7]．蔣介石も，党内外の各種反対勢力を無視することはできなかったので，全国に通電して国民会議の開催を主張した．1930年11月に開催された国民党の第3期四中全会において「召開国民会議案」が通過し，翌年5月5日に国民会議を召集することを決定した．

国民党の中央常務委員会はその後「国民会議代表選挙法」を通過させ，次のように規定した．「国民会議は，各省・市の職能団体，中国国民党，およびモンゴル，チベット，海外華僑が選出した代表がこれを組織する」．「国民会議代表は各地方の定員に基づき，左記団体より選出する．すなわち，農会，工会，商会および職業団体，教育会，国立大学，教育部に登録された大学および自由職業団体，中国国民党である．農会，工会，商会，教育会の各団体は法に基づき設立したものに限り，実業団体と自由職業団体の資格は別にこれを定める」．「自由職業団体とは，かつて主管機関に登録されたことがある新聞記者，弁護士，医師，技師，会計士の組織する職業団体である」［「選挙総事務所報告」『国民会議実録』: 169, 172］．職能代表制は，正式に国民会議代表選挙の基本原則として確立したのである．選挙の準備と正式な選挙はその後に行なわれた．

　この選挙の制度設計，プロセス，結果について，関連研究は次のように指摘している．職能団体の資格の取得あるいは承認，選挙権と被選挙権の制限，代表枠の配分，投票方法などに対して，選挙法の規定は，どれも民主精神とは少なからぬ乖離があった．たとえば選挙人と被選挙人に対する資格制限があまりに偏っていること，職能団体の代表枠の配分が不均等であること，記名投票制を採用していることは，選挙を操作されやすいものにしてしまう．特に深刻であったのは，選挙の運営機関の性質からみて，中央政府が実に絶大な操作能力を備えていたことであった．国民党員は選挙においてさらに特殊な地位をもち，その選挙は完全に党部によって直接運営され，そのうえ職能団体の選挙枠をも占めることができた．要するに，国民党中央政府は多くの面において選挙を左右することができたのである［陳之邁 1936］．

　国民会議に対するコントロールを，国民党は当然のものと考えていた．なぜなら，「本党の意思は国民の意思を代表するものであり，ゆえにこれを組織・召集する権利も，本党次第だ」からである．職能代表制を採用したいくつかの理由に関する国民党の言明は，訓政者としての口調で述べられているかのよう

---

7)　中国青年党の政策大綱と，汪精衛・馮玉祥・閻錫山らが北平の拡大会議で起草した中華民国約法の草案は，どちらも職能選挙制の規定を採用している［筆農 1932］．鄧演達が代表する第三勢力が提起した職能代表制に関連する主張については，孫宏雲［2008］を参照．

である．たとえば「本党の民生主義は実業の建設を重視する．……国内の職業団体は，将来，実業を発展させる主要な担い手である．かつ本党は，特に農工の利益に注意することを主張する」．共産党と腐敗分子が活動しているため，「少しでも気を抜けば，反動者に機に乗じて侵入させてしまい，必ずや革命の基礎を脅かし，訓政の進行を妨害することとなる．もし普通選挙制を採用すれば，土豪劣紳の活動，悪人の陰謀は必ず免れることができない」[唐三 1931：9-12]．実際，国民会議の開催前に，国民党はすでに社団立法を採択し，各種職能団体と社会団体に対して整理整頓を行ない，職能団体の政治的自主性を大幅に低下させていた[宮炳成 2012；魏文享 2011]．

　ここから，孫文の遺嘱を実行するために召集された国民会議は，自主的な民意機構とはなりえなかったことがわかる．しかし別の角度からみれば，国民会議はまた孫文の国民会議論の精神に必ずしも違反してはいなかったし，孫文の遺嘱が残した理論的問題を解決するため，すなわちどのように党治と民意の関係を処理するのかという問題をめぐる，南京の国民党中央による試みであったと理解することすらできる．当時国民党側は，国民会議と党治訓政は衝突しないばかりか，互いを高め合うものだと言い切った．一方においては，もし訓政綱領が国民会議の表決を経なければ，「たとえ人民の要求に適合していたとしても，反対者は暴民政治あるいは出すぎた行為と言うだろう．もし国民会議の決定を経た政治制度であれば，今後の訓政は本党の訓政ではなく，本党が国民に代わり実行する訓政となるのだ．ゆえに，国民会議はただ訓政開始に必要な鍵であるだけではなく，訓政を実行する上での保証でもあるのだ」．他方においては，「国民会議において本党の主張と政治綱領を採択し，本党の主張を『民衆を通じて』全国に行なわしめるには，事前に本党の一切の主張と政治綱領を，党部が各地の民衆職業団体において着実に広く宣伝し，本党の主張と政治綱領を国民会議において採択するための，土台としなくてはならない」[士衡 1931；化仁 1931；靄然 1931]．

　上述の論調は容易にイタリアのファッショ的コーポラティズムを連想させる[陳祥超 2004：168-194]．このとき，イタリアのファシズムはすでに中国に伝わり，一定の影響を及ぼしていた．蔣介石が国民会議の開幕式で述べたあいさつにおける，ファシズム，共産主義，自由民主主義に対する評価からみると，彼

はファシズムにはかなりの好感をもっていた［新学会社 1931：234-237］．彼が見るところでは，孫文学説の「訓政」制度はファシズムの長所を備え，短所を持たないというのであった．実はまさに，ファシズム政治制度のいわゆる長所が蔣介石に大いに興味を抱かせ，蔣介石は部下を何度もはるばるイタリア・ドイツなどのファシズム国家へ派遣して，党務，統治技術，社会経済などの制度を研究させたのである［馮啓宏 1998：95］．

したがってある者は，1931年の国民会議を「国家コーポラティズムの視野の下の制度選択」と見なしている．国民党が訓政時期に高度に組織化・理想化された国家コーポラティズム社会をつくり，国民国家の建設を探求しようとしたことが，この国民会議に体現されているという［張志東 2002］．しかしこの国民会議と，職能団体の自覚的な要求に由来する職能代表制とは，本質的に異なるものである．まさにそうであったがゆえに次のようなことが起きたのである．以前から上海総商会内の「急進派」であった馮少山は，職能団体の代表を中心として「経済会議」を組織し，政府の経済政策に対して審議や監督を行ない，また商人代表を選出して立法院の立法活動に参与させるなどの要求を提出した．そしてこれに対して国民党側は，すぐさま批判運動を行ない，ひいては商会を解散しようとしたのである［金子 1997：100-105］．

4　国民参政会・国民大会における職能代表制の運用

1931年の国民会議の最も重要な成果は，「中華民国訓政時期約法」を採択し，法理の上で蔣介石の個人独裁の願望を満足させたことである．しかしそのために党内外の反蔣介石各派の大連合を引き起こした．九・一八事変と一・二八事変後，民意を集め抗日を行なうことを求める声は大きくなった．当時，民意機関の設立に対する要求はほぼ2種類に分かれた．1つ目は，訓政を終結させ，憲政を実行し，国民大会を開催することを要求するものである．2つ目は，訓政を期日通りに実施することを要求するが，訓政時期の民意機関を設立すべきであるとするものである．

九・一八事変後，蔡元培らが国難会議の開催を提案したことをきっかけに，汪精衛は「国民救国会議」の組織を主張する通電を発し，孫科も「国民代表

会」を召集する必要があると提案し，閻錫山，李宗仁，馮玉祥ら地方の実力派と，江蘇・浙江両省などの商会や同業工会の賛同を得た．彼らの要求は，さらに国民党第4期一中全会において正式の提案として提出され，1つにまとめられて採択された．提案は主に，国民党内部で南京方面と対立していた広東方面の中央委員が主導したものであり，彼らは，訓政時期には民主勢力を十分に反映しうる民意機関をもつべきであり，職能代表制をその組織方法とすべきだと盛んに主張した〔「各方重要提案」『申報』1931年12月25日，第7版〕．続けて，1932年4月に開催された国難会議においては，国民代表会の設立が決定された．国民代表会は，予算の決算，国債の発行，重要な条約の調印などを決議する権限をもち，各大都市の職能団体，海外華僑および各省区の地方人民が選挙する代表300名余りから構成され，1932年10月10日以前に設立するべきだとされた〔「国難会議議決設立民意機関」『申報』1932年4月13日，第7版〕．しかし国民党中央政治会議の多数の意見は，国民大会との混同を避けるため，国民参政会の名義を用いることに賛成し，国民代表会の名義を用いることには不賛成であった〔「汪精衛提出両項重要報告」『申報』1932年5月10日，第7版〕．その後開催された国民党中常会において，国民代表会は正式に国民参政会と命名された．

　1932年12月，国民党第4期三中全会は，1933年内に国民参政会を召集し，訓政を完成させ，1935年3月に国民大会を開催し，憲政を実施すると決定した．その後，国民党中常会と立法院は国民参政会組織法の制定を始めたが，当時の争点は主に代表選挙の方法と職権問題に集中していた．中常会が最後に採択した「国民参政会組織法」と「選挙法」によれば，会員の選挙原則は地域選挙と職能選挙を併用するものであり，まず区を分け，次に各区が職能団体選挙の方法を用いるとされた．国民参政会会員の総数は160名であり，このうち各省・市の職能団体から計130名を選出するとされた．

　しかし第4期三中全会は，1935年になれば憲政を実施するとすでに決定していた．そのうえ3月30日に，行政院長の汪精衛は突然，早期に訓政を終了させ，国民大会を前倒しして開催するよう要求したのであった．これでは，過渡期の諮問機関としての性質をもつ国民参政会は，開催の必要がなくなってしまったかのようである．そのため重点は憲政と憲法草案の作成に向くようになった．立法院長孫科の指導の下，立法院はすぐに憲法の起草を始めた．2年あま

りの審査・修正などの過程を経て，1936 年 5 月 1 日，立法院は中華民国憲法草案公布案を 3 度審査して採択し，5 月 5 日，南京国民政府が正式に公布した．これが「五五憲草」となった．

　憲法草案の制定をめぐっては，各方面の意見が紛糾した．なかでも職能代表制に関する意見において，大きな意見の食い違いがみられた［廷 1934；涂允檀 1934；陳受康 1934］．最終的には，「国民大会代表選挙法」が，地域選挙，職能選挙，特殊選挙を併用する方法の実行を規定した．具体的な議席配分は，地域選挙が 650 名，職能選挙が 380 名，特殊選挙が 150 名である［夏新華等 2004：1001-1015］．3 種類の選挙の併用は孫文の『建国大綱』における国民大会代表の選出方法に関する構想とは異なっており，重大な変化であったと考えざるをえない．

　国民大会代表選挙が完成に近づいたとき，日本の中国侵略は，すでにじりじりと迫りつつあった．1937 年 2 月，蒋介石のドイツ人政治顧問であったクラインは，蒋介石に議会制度を取り消すようアドバイスした．さもなくば，「計り知れない災いを後に残すことになる」，と［中国第二歴史檔案館 1994：181-182］．七・七事変勃発後，国民大会は果たして延期され，国民参政会がこれに取って代わった．しかし後者は民意を象徴する機構として存在しているだけであった．1938 年 4 月 12 日に国民政府が公布した「国民参政会組織条例」の規定に基づけば，参政員の総数は 240 名であり，省・市の公的・私的な各機関あるいは各団体，各重要文化団体および各経済団体に 3 年以上在籍したことがあり，顕著な信望のある者から，それぞれ 90 名と 138 名を選出し，モンゴル，チベット，華僑からは 12 名を選出して構成するとされた．その後の条例は，修正はあったものの，なお職能代表制に基づいて代表を選出するやり方を残していた［夏新華等 2004：1025-1029］．

　抗日戦争が終結して，国共双方は和平建国の会談を開いた．国民大会問題については，中共側は，国民大会代表を新たに選ぶこと，国民大会の開催期日を延期すること，国民大会組織法・選挙法・五五憲草を修正することの 3 つの主張を表明した．政府側は，すでに選出された国民大会代表は有効であるという認識を表明していた．双方は協議を妥結させることができず，政治協商会議（旧政協）に提出して解決することを決めた．1946 年 1 月，政治協商会議が開催

され，未解決の五五憲草問題を引き続き議論した．31 日，政治協商会議の第 10 回大会は「憲法草案案」を採択した．「憲法草案案」はイギリスのブルジョア民主制度に比較的傾斜したものであり，「まず，形のあった国民大会の組織を形のない組織へと変え」，五院体制についても，すっかり面目を改め，「立法院は国家の最高立法機関であり，選挙民が直接これを選挙し，その職権は各民主国家の議会に相当する」とした［羅志淵 1947：264-265］．国民党第 6 期二中全会はこの案に対して反対を表明した．1946 年 11 月 15 日，中共と中国民主同盟側が参加を拒絶している状況で，国民党は不法に国民大会を開催した．今回の大会の責務は憲法の制定で，国民党中常会が通過させた「中華民国憲法草案修正案」を議論した．会議期間中，国民党中央農工部長馬超俊，社会部長谷正綱および商界の王暁籟らといった，一部の国民大会代表の職能代表はみな，憲法草案修正案に職能代表制の規定がないことに深い遺憾の意を示し，普通選挙の規定のほかに，職能代表制をも併用するべきだと主張した[8]．多数の代表が職能代表制に賛成したため，1947 年 1 月 1 日，国民政府は正式に「中華民国憲法」を公布し，原案に修正を施した．そこでは，国民大会代表と立法委員の定員数は事情を酌量し，職能団体，婦女団体，辺境民族に配分すると規定された．

おわりに

以上，民国時期の国民党が，理論と実践において職能代表制と関係を取り結んでいった歴史的流れを，大まかに整理した．この歴史的流れをめぐる政治史は，さらに豊かな内容をもち，かつ複雑であるが，紙幅に限りがあるため，本章でさらに多くを詳述することはできない．本章冒頭に挙げた問題に対しても，ここで詳細な解答を出すことはできない．これらの問題については，今後の検討に待つことにしたい．最後に，本質的で現実的意義をもつ 2 つの問題を提示し，関心と議論を呼び起こすきっかけになればと希望する．

1 つ目は，民国時期の職能団体の発展水準は，職能代表制の運用にふさわし

[8) 『申報』1946 年 11 月 30 日，12 月 2 日，12 月 9 日掲載の国民大会代表が職能代表を主張する関連記事を参照．]

いものであったのかどうか，という点である．当時，人々はこの点に関して少なからず疑問を持った．陳之邁は，職能代表制は「いわゆる『産業民主政治（industrial democracy）』の一種であり，工業と工業化後に必然的に生まれる職業が最大限発達した国家に適合するものである」ので，この種の制度はまったく中国の国情に合わないと考えていた［陳之邁 1936］．しかし職能代表制が工業化・民主化を必ず基盤とするのかどうか，決して定説があるわけではない．一説によると，職能代表制はかつて中世のヨーロッパ都市において盛んに行なわれていたという（Paul H. Douglas 1924）．この問題に対しては，多元主義とコーポラティズムの理論を結合し，より深く検討することも可能であろう．

　2つ目は，職能代表制が真に民意を表現することができるのかどうか，あるいは民意を表現するのに，必ず職能代表制を部分的に運用しなければならないのかどうか，という問題である．政治学者の銭端昇が 1946 年に観察したところによれば，「職能代表は民主国家においていまだ実験されたことがなく，反民主的国家，たとえばイタリアや戦前のブラジルにおいて，むしろ独裁者の道具となっていた」［銭端昇 1947］．政治学者の邱昌渭もまた，少々揶揄するようにこう述べている．「一党独裁の国の中で，ロシアの制度は採用するには不十分で，イタリアの制度がもっとも巧みであった．議員候補は雇い主，労働者，その他の法定団体に選出された．職能選挙の原則である．議員候補はファシスト中央委員会がマルを付けて決めた．一党政治の実行である．マルを付けたあと，人民の『選挙』に託した．人民参政の形式である．この制度のもとで，職能代表，民権主義，一党独裁は三位一体となった．イタリア人の賢さには実に心服する」［邱昌渭 1930］．こうした点と，現在一部の学者たちが「代表型民主（representational democracy）」と「代議型民主（representative democracy）」を区別することを提案したという話題とは，あるいは関連づけて議論する価値があるかもしれない．

文献目録
中国語文献

Douglas, Paul H.（劉昌緒訳）［1924］「職業代表制与比例代表制之比較論」『東方雑誌』第 21 巻，第 24 号．

靄然［1931］「"国民会議"与"以党治国"」『政治月刊』第 2 巻, 第 7・8 期合刊.
白鵬飛［1930］「職能代表制之趨勢」『国立北京大学社会科学季刊』第 5 巻, 第 1・2 期合刊.
筆農［1932］「代議制底新趨勢　職業代表」（続）『励進』第 2 期.
陳受康［1934］「憲法草稿的国民大会」『独立評論』第 99 期.
陳錫祺編［1991］『孫中山年譜長編』下巻, 中華書局.
陳祥超［2004］『墨索里尼与意大利法西斯』中国華僑出版社.
陳之邁［1936］「民国二十年国民会議的選挙」『清華学報』第 11 巻, 第 2 期.
存萃学社編［1980］『胡漢民事跡資料彙輯』大東図書公司印行, 第 1 冊.
『大本営公報』.
『大公報』.
鄧正来編［1992］『布莱克維爾政治学百科全書』中国政法大学出版社.
『東方公論』.
『東方雑誌』.
『独立評論』.
馮啓宏［1998］『法西斯主義与三十年代中国政治』政治大学歴史学系.
宮炳成［2012］「南京国民政府社団政策与民衆運動控制（1927-1937）」吉林大学博士論文.
『広州民国日報』.
『国民会議実録』「選挙総事務所報告」出版者不明, 出版年不明.
化仁［1931］「国民会議之理論与実践」『政治月刊』第 2 巻, 第 7・8 期合刊.
黄炎培編［1922］『一歳之広州市』商務印書館.
堅瓠［1920］「職業団体与選挙」『東方雑誌』第 17 巻, 第 24 号.
劉斌［2010］「1924 年広州市長選挙術論」『広東省社会主義学院学報』第 3 期.
羅志淵［1947］『中国憲政発展史』大東書局.
銭端昇［1947］「今後世界民権建設之展望」中山文化教育館民権組編『民権建設中的世界与中国』中華書局.
邱昌渭［1930］「職業代表制的主張与実行」『東方公論』第 34 期.
深町英夫［2003］『近代広東的政党・社会・国家　中国国民党及其党国体制的形成過程』社会科学文献出版社.
『時報』.
士衡［1931］「論国民会議」『政治月刊』第 2 巻, 第 7・8 期合刊.
孫宏雲［2007］「孫中山的民権思想与職業代表制」『広東社会科学』第 5 期.
――――［2008］「平民政権与職業代表制　鄧演達関於中国革命与政権的構想」『中国政法大学学報』第 2 期.
唐三編［1931］『国民会議述要』青白報社.
廷［1934］「憲草初稿之商榷」『申報』3 月 19 日.
涂允檀［1934］「対於憲法草案国民大会之批評」『大公報』3 月 13 日.
王世傑［1930］「職業代表主義」『国立北京大学社会科学季刊』第 5 巻, 第 1・2 期合刊.
魏文享［2011］「職業団体与職業代表制下的"民意"建構　以 1931 年国民会議為中心」『近代史研究』第 3 期.

夏新華等整理［2004］『近代中国憲政歴程　史料薈萃』中国政法大学出版社.
『香港華字日報』.
新学会社編［1931］『国民会議議案彙編』.
楊端六［1920］「国民大会平議」『東方雑誌』第17巻，第17号.
楊鏞泰［2006］「従国民会議到国民参政会　職業代表制的持続与変化」『南京大学学報』第3期.
張朋園［2007］『中国民主政治的困境　1909〜1949晩清以来歴届議会選挙述論』吉林出版集団有限公司.
章清［2003］「省界，業界与階級　近代中国集団力量的興起及其難局」『中国社会科学』第2期.
───［2011］「"界"的虚与実　略論漢語新詞与晩清社会的演進」『東アジア文化交渉研究』別冊7号.
張志東［2002］「国家社団主義視野下的制度選択　1928-1931年的国民党政府，商会与商民協会　天津的個案研究」2002年8月上海「国家，地方，民衆的互動与社会変遷国際学術研討会」提出論文.
『政治月刊』.
中国第二歴史檔案館編［1994］『中徳外交密檔　一九二一－一九四七』広西師範大学出版社.
中国社会科学院近代史研究所等編［1986］『孫中山全集』第11巻，中華書局.
『中華新報』.
朱英［1997］『転型時期的社会与国家　以近代中国商会為主体的歴史透視』華中師範大学出版社.

日本語文献
金子肇［1985］「一九二〇年代前半における各省「法団」勢力と北京政府」横山英編『中国の近代化と地方政治』勁草書房.
───［1997］「馮少山の「訓政」批判と「国民」形成」曽田三郎編『中国近代化過程の指導者たち』東方書店.
渋沢青淵記念財団竜門社［1961］『渋沢栄一伝記資料』渋沢栄一伝記資料刊行会，第38巻.
森川裕貫［2011］「議会主義への失望から職能代表制への希望へ──章士釗の『聯業救国論』（1921年）」『中国研究月報』第65巻，第4号.
楊鏞泰［2002］「国民会議招集論の形成と展開──職業代表制の模索」『近きに在りて』第41号.

第5章　一党支配を掘り崩す民意
——立法院と国民参政会

中 村 元 哉

はじめに

　国民政府の政治体制[1])をめぐり，これまで様々な見解が提示されてきた．それらを簡潔に要約すれば，次のようになるだろう．国民政府史研究が進展した1970年代から1980年代にかけては，軍部主導型の独裁論ないしは権威主義的な独裁論が主流的見解であったが，近年においては，中国国民党（国民党）の政治理念であった「訓政」（国民党が国民に代わって政権を行使し，国家を統治する）に着目して，政党主導型の独裁論が主流となっている．そして，この政党主導型の独裁論を牽引してきたのが西村成雄である．西村は，国民政府の政治体制を政党国家の一類型として位置づけ，党と政府との結びつきを強調してきた［西村 1994；西村 2004］．制度史の観点に立った場合，この見解は十分に説得的である．

　ただし，注意しなければならないことは，制度と実態にはしばしば乖離がみられるということである．たとえ訓政期の党政関係がソ連の政体を模倣したものであったにせよ，国民政府の政治体制が弱い一党独裁体制であったことが，久保亨や松田康博らによって示されている［久保 1999；松田 2006］．

　筆者の理解によれば，この研究潮流は，蔣介石および国民政府の権力基盤の

---

1) 厳密にいえば，訓政期（1928-47年）の国民政府の政治体制と憲政期（1948年以降）の中華民国の政治体制は区別されなければならない．

不安定性を指摘した家近亮子［2002：152-156］，末端行政機関が地方の民意をくみ取ろうとした結果，かえって国家権力の社会への浸透が妨げられたとする笹川裕史［2002：第9章；2011：127-130］，権力を集中させていた国防最高委員会が政策を実質的に判断していたわけではなく，党政軍の単なる連絡機関の役割しか果たせなかったことを解明した劉維開［2004］らによって，ますます強化されている．つまり，国民党組織の質的な低下を論証した土田哲夫［2001；2005；2006］，国民党と三民主義青年団の内部矛盾を実証した王良卿［1998］らが示唆するように，国民党自身の権威が大いに揺らぎ，王奇生［2003：359］が体系的に解明したように，本来あるべき「党→政→軍」という関係性が「軍→政→党」という逆転した関係性へと変質していたのである．

　もっとも，このような評価は，軍部主導型の独裁論への回帰を促すものではない．なぜなら，軍部が台頭してきたというよりはむしろ，党が機能不全状態に陥り，蔣介石をはじめとする党中央の有力な政治家たちがその力関係や人的関係を拠り所として軍機関や政府機関と調整し，1つ1つの政策を個別に判断するような体制だったからである．こうした弱い一党独裁体制論は，張瑞徳の「手令」（軍権を掌握していた蔣介石による直接指令）研究からもわかる［張瑞徳 2006］．

　まとめると，国民政府の政治体制は，制度的には政党国家の範疇に類別されるにせよ，中国共産党（共産党）を頂点とする中華人民共和国のような一党独裁体制とは異なっていた，ということである［西村・国分 2009］．この事実は1947年12月の中華民国憲法施行後の，いわゆる憲政史の視角からも読み取れ［中村 2011］，非民選の訓政期の立法院と国民参政会，および民選となった憲政期（1948年以降）の立法院のあり方からも実証できるものである［金子 2001；2006；2011］．

　本章は，近年の研究動向を以上のように整理した上で，憲政準備期[2]の政策決定過程を重点的に分析する．その理由は，憲政の準備段階において，党機関，政府機関および軍機関が少なからず改編され，制度史のレベルにおいてすら党

---

[2]　戦後の憲政実施を公約した国民党5期11中全会（1943年9月）から中華民国憲法の施行（1947年12月）までの時期を指す．

政分離の動きが表面化し，それと同時に立法院の役割にも見落としがたい変化が生じていたからである．また，本章が具体的な事例として取り上げる政策は，言論政策である．その理由は，同政策をめぐる職権が党機関の宣伝部と政府機関の内政部とで重複していたために，党政関係の調整が政治的課題とならざるを得なかったからであり，同政策の推移に高い関心を示していた世論の動向が立法院や国民参政会の議論に一定の影響を与えていたからである［中村 2004b］．

1　党政分離と立法院・国民参政会

　政治制度を文字通りに解釈するならば，訓政期の政策は党主導の下で決定されていき，政府機関としての非民選の立法院は諮問機関のような役割しか担ってこなかった，と総括できる．しかしながら，個々の政策決定過程を詳細に分析してみると，専門家や中間団体の代表（職能代表など）に準じた委員を介して世論をくみとっていた訓政期の立法院の主張が政策に部分的に反映された場合や，たとえ反映されなかったにしても法案の最終段階まで一定程度の影響力を持ち続けていた場合があった．たとえば，関税政策や土地政策などの社会経済政策がそうである［久保 2003］．訓政期の立法院が政策決定過程に果たしていた役割は，もう少し積極的に評価されるべきであろう．

　さらに，日中戦争開始後の 1937 年 9 月，戦時の民意機関である国民参政会が新設された．従来の評価に従えば，国民参政会は諮問機関でしかないが，同組織条例第 5 条および第 7 条からすれば，民意を一定程度反映する準政策決定機関とも評価し得る組織であった．事実，国民党の汪精衛や王世杰らはこうした政策決定機関化に対して異議を唱えなかったと言われ［雷震 2009：102］，国民参政会の意向が戦時期の政策決定過程に一定の影響を及ぼすことがあった（ただし実行されたか否かは別の問題である）．少なくとも，国民参政会は訓政期に公共空間を創出する機能を有していた，と言える［周勇 2004；中村 2004b；西村 2011］．

　こうした訓政期の立法院，国民参政会の活動も背景にしながら，国民党 6 全大会が 1945 年 5 月に重慶で開催された．

　国民党 6 全大会は，抗日戦争の完遂，戦後の憲政実施，労働者・農民・民衆

からの支持の獲得にむけて協議を重ねた．通説によれば，同大会は，これらの議題を設定したとはいえ，党内権力の分配に奔走しただけの利害調整の会議であったとされている．さらに，同大会で打ち出された国民党の戦後構想は，共産党7全大会（1945年4-6月）で提起された連合政府論に対抗するための，いわば政治的パフォーマンスでしかなかったとされている［山田 1982；姜平 1998：228-290］．つまり，国民党6全大会は，政策を深く検討した会議ではなかった，というわけである．

確かに，こうした評価は事実に基づくものであり，今後も否定されることはないだろう．しかしながら，留意されるべきは，このような評価のみが唯一の歴史事実ではないということである．より具体的にいえば，国民党6全大会の戦後構想は，国民党内の権力分配の論理や共産党との対抗関係からのみでは到底説明しきれない，ということである．

近年の国民党史研究によれば，同時期の党内部の派閥闘争が党内民主のスローガンの下で深刻化し，戦時期に国民党組織が弱体化したこともあいまって，蔣介石の党内基盤が相当に揺らいでいたことがわかっている［王良卿 1998；林能士・王良卿 2000］．また，当時の国際政治に目を転じてみると，政治的民主主義と経済的自由主義の世界潮流を背景にしてサンフランシスコ会議が開催され（1945年4-6月），アメリカを中心とする戦後世界構想が具体化されつつあった．国民党6全大会は，蔣介石の権力基盤が不安定になりつつあった党内情勢の下，1940年代の自由主義と民主主義を柱とする世界潮流に合致した戦後構想を提示しようとする政治的目標ないしは意図から，憲政実施を決断したのであった［胡秋原 1945；中村 2011］．

以上のような党内情勢，国内情勢，国際情勢を背景とする6全大会は，党政関係について2つの方向性を打ち出した．すなわち，戦時という特殊な情勢と戦後に予想される国共内戦を考慮に入れて党の政府に対する指導を徹底しようとする動きと，憲政実施の決定をうけて党政関係を分離しようとする動きである．この相反する2つの方向性が同時に表面化してきたこと自体が国民党の統治能力の低下を物語っているわけだが，ここで重要なことは，国民党が憲政実施を見据えて党政分離を模索していたという従来軽視されてきた事実である．その具体的事例が，党機関の宣伝部を政府機関の行政院へ改組することを目的

とした制度改革案と，その成果としての行政院新聞局の新設（1947年6月）であった．行政院新聞局は宣伝部と内政部の職権を調整する過程で新設された政府機関であり，この党政分離作業を通じて，党の文化政策と政府の文化政策は二分された．憲政時代に相応しい体制作りが，まず制度面において，国民党内部から進められたのである［中村 2004a：第2章］．

　この党政分離の制度改革を本章とのかかわりから詳細に整理すると，戦時の言論統制機関であった軍事委員会戦時新聞検査局と中央図書雑誌審査委員会が1945年10月に撤廃されたことが，何よりも重要である．さらに，肥大化した戦時体制のスリム化および行政効率の向上化という政治的意図も加わって，軍事委員会委員長侍従室第2処が国民政府文官処政務局に改編されたこと（1945年11月），軍事委員会が行政院国防部へ改編されたこと（1946年5月），国防最高委員会が廃止され国民党中央政治委員会が復活したこと（1947年4月）にも注意しておく必要がある．そして，忘れてはならないことは，国民参政会が戦後にその役割を終えたとはいえ，1947年12月から施行された中華民国憲法の下，憲政期の立法院が民選の立法機関へと変質し，政策決定過程に大きな影響力を持ち始めたことである．

　もちろん，こうした党政軍関係の制度的な変質は，真の党政分離を定着させたわけではなかった．換言すれば，これらの制度調整は，憲政実施に対する消極的な対応と積極的な対応とを混在させていた，ということである．

　そこで，この混在の実態と党政分離の程度について，次節で具体的に検討していくことにしたい．

2　事例研究

1. 抗戦前期の戦時言論統制政策

　憲政準備期の前史である抗戦期，とりわけ第1次憲政運動が高揚した抗戦前期の政策決定過程を簡単に振り返っておく．

　抗戦前期の「戦時図書雑誌原稿審査辦法」および「抗戦期間図書雑誌審査標準」は，国民参政会の影響力を把握する上で，格好の事例である．

　「戦時図書雑誌原稿審査辦法」と「抗戦期間図書雑誌審査標準」は，党機関

の宣伝部，政府機関の内政部，教育部，軍事委員会政治部の連携の下で立案された．「辦法」であったため立法院で審議されることはなかったが[3]，国民参政会は，同会会長の蔣介石を介して「戦時図書雑誌原稿審査辦法」と「抗戦期間図書雑誌審査標準」を受け取り，この2つをめぐって活発な議論を展開した．当時の国民参政会は，出版界の代表者——国民党中央機関紙『中央日報』社長も含む——を中心にして，戦時の特殊性に配慮して事後検閲には理解を示したものの，事前検閲の制度化には強く反対した．この事前検閲に反対する国民参政会の主張は最終的には党総裁の蔣介石によって無視されてしまったが，特筆すべきは，国民参政会が国民党系列の出版社の賛同も得ながら政策に異論を唱えていたことである［中村 2004b］．

ただし，訓政期の国民参政会が政策決定過程に一定の影響力を及ぼし始めた一方で，抗戦期の党政軍関係からすれば，軍機関が決定的な影響力を有していたことも確認しておかなければならない．

1939年5月，軍事委員会委員長の蔣介石は，新聞に対する検閲を集中管理するために軍事委員会戦時新聞検査局の設置と「戦時新聞検査辦法」の制定を決定し，国防最高委員会第8回常務会議に事後報告をおこなった［資料1］．確認されるべきは，軍事委員会が言論政策の主管機関である宣伝部や内政部と調整さえしないまま，一方的に党政機関に対して施行を命令していることである［資料2・3］．つまり，世論の反発が十分に予想される新聞検閲の強化が，党政機関の内部でさえ審議されないまま，わずか1か月足らずのうちに制度化されたのである．「辦法」であったために，前出の事例と同じく，訓政期の立法院は政策決定過程の対象外であったが，今回は国民参政会でも十分な議論はなされなかった．しかも，抗戦期の最高意思決定機関であった国防最高委員会も，事後に追認しただけであった．

---

3) 「辦法」は立法手続きを必要としないことから，この事例では訓政期の立法院は対象外となる．それならば，訓政期の立法院を含められる「〇〇法」を事例として扱えばよいわけだが，法規名——法・条例・規程・辦法・規則・原則など——が戦時期に混乱を極め，訓政期の立法院を的確に分析し難い状況にあることは，ここで指摘しておきたい．当時，国民党と国民政府もこの点を自覚しており，1943年6月に法規名の原則を整理することになった（「現行法規整理原則8点」）．

2. 抗戦後期の言論統制緩和政策

　国民党は，コミンテルンの解散（1943年6月）を1つの契機に，共産党と頻繁に武力衝突を繰り返すようになった．この反共政策を受けて，アメリカは内戦回避と憲政実施を国民党に促すようになり，国内世論も第2次憲政運動を後押しし始めた．他方で，国際情勢に目を転じてみると，中国の国際的地位は徐々に上昇し始め，1943年10月の「モスクワ4カ国宣言」の署名により，戦後の国際連合安全保障理事会常任理事国入りへの道が開かれることになった．翌月には米英中3カ国首脳によるカイロ会談が開催され，戦後5大国としての中国の地位が国際社会に示されることになった．このような国内情勢とその後の国際情勢を見据えて開幕した国民党5期11中全会（1943年9月）は，抗戦終了後1年以内の憲政実施を公約に掲げた．

　同大会が閉幕して3日後の9月16日，国家社会党の張君勱と青年党の左舜生は，憲政実施のための準備機関を組織して，言論・結社の自由と民選機関の改革などについて協議すべきだ，と主張した［王世杰 1990：1943年9月17日条］．その2日後に開幕した国民参政会第3期第2回会議でも同様の主張が繰り返され，10月2日には，張君勱，左舜生に加えて青年党の李璜や国民参政会参政員の褚輔成らが，国民参政会主席団主席の王世杰，国民参政会秘書長の邵力子，国民参政会副秘書長の雷震らの招聘に応じて，言論の自由化を要求した［王世杰 1990：1943年10月2日条］．そうして，11月12日，国防最高委員会直属の憲政実施協進会第1回会議において，李璜および国民参政会参政員の銭端升，雑誌『憲政』主編の張志譲，商務印書館社長の王雲五らが事前検閲制度の改善を求めた［資料4］．「関於改善新聞検査及書籍審査辦法」と題されたこの提案は，1944年1月，憲政実施協進会秘書長の邵力子から同会会長兼軍事委員会委員長の蔣介石を経て，軍事委員会委員長侍従室第2処主任の陳布雷へとわたり，さらに宣伝部および行政院へ送付された［資料5］．

　しかし，宣伝部の梁寒操部長と行政院の張厲生秘書長は，事前検閲制度廃止の代案として提起された新たな事後検閲制度を認めず，事前検閲を柱としてきた従来の統制政策を堅持しようとした［資料6・7］．この宣伝部と行政院の回答は，最終的に軍事委員会委員長侍従室第2処主任の陳布雷によって取りまとめられ，憲政実施協進会の統制緩和の要求は実現されなかった［資料8］．

ところが，陳布雷の最終判断によって決着したかにみえた上述の結論は，1944年4月に再び審議されることになった．

1944年4月，訪英団の一員としてイギリスから帰国した憲政実施協進会召集者の王世杰は，立法院長の孫科とともに検閲制度の改善に向けて，中国民主政団同盟の黄炎培，共産党の董必武らと協議を重ねた［王世杰 1990：1944年4月6日条］．4月19日，王世杰と邵力子は，事後検閲制度の導入による統制緩和政策の実現を，再び蔣介石に要求した［資料9］．その2日後の4月21日，重慶『中央日報』は，「中央宣伝部は，検閲基準の問題を最も開明的な立場から再検討する段階に入っている．我々は今後検閲制度に大きな変更が加えられるだろうと確信する」との社論を発表し，宣伝部による緩和容認を示唆した［社論「論言論自由」重慶『中央日報』1944年4月21日］．事実，宣伝部は主要法規の整理に着手し，国民党5期12中全会（1944年5月）に向けて詳細な報告書を作成した［資料10］．「出版検査工作報告及検討」と題されたこの報告書は，戦時言論統制政策の全廃こそ主張してはいないが，他方で統制緩和策にも具体的に言及し，その一環として事後検閲制度の部分的な導入を建議していた［資料10・11］．

ここで注意しなければならないのは，新聞を除外した新たな事後検閲制度の導入と「自願事先送審」制度（事前検閲を願う者についてはそれを認める制度）の容認が，実は陳布雷の判断に基づいていたことである［資料9・12］．その後，蔣介石は孫科の言論自由化論を批判して統制緩和の動きを牽制する［公安部檔案館編注1991：1944年5月18日条］が，国民党5期12中全会は「改進出版検査制度決議案」を決議して，戦時言論統制を部分的に緩和していった［資料13］．以後，この基本方針に沿って，法制化が進められ，国民党中央執行委員会（中常会）第5期第258回会議は「戦時出版品審査辦法及禁載標準」および「戦時書刊審査規則」を通過させ，国防最高委員会の裁可を仰ぐことになった．両法規は，国防最高委員会第138回常務会議で修正ののち承認され，政府による公布を経て，1945年10月まで施行された［資料14］．

この事例研究から読み取れることは，憲政準備期に入った抗戦後期の政策決定過程においても，抗戦前期と同様に，軍機関としての軍事委員会委員長侍従室第2処が国防最高委員会以上に決定的な役割を果たしていたことである．た

だし，国民参政会が政策決定過程の初動において一定の役目を果たしていたことも確認でき，やはり抗戦前期と同じように，政策決定過程において国民参政会の活動は注視されなければならない．

3. 戦後の言論政策

終戦直後の言論界は検閲を拒否する運動を展開し，検閲制度の全廃を求めた．また，戦後の言論界は，戦争の脅威から解放され，娯楽性の高い情報を求めるようになった読者のニーズに応えるために「小報」（タブロイド判新聞）や「副刊」（新聞の特集欄）を充実させ，市場原理の下で新聞と雑誌を次々に創刊，復刊していった．

このような戦後の国内情勢を背景にして，国民政府は戦時言論統制政策を 1945 年 10 月から 1946 年 3 月にかけて段階的に修正もしくは廃止し，軍事戒厳区以外の検閲制度を全廃した［中村 2004a：第 2-4 章］．むろん戦後の党と政府の内部には統制の継続を求める声——宣伝部や戦時新聞検査局など——もあったが，他方で軍事委員会が提出した「軍事戒厳区新聞検査暫行辦法」案は，「報道検閲に対する外部の反対は甚だしく，同法案を制定すれば外部の誤解を招く恐れがある」との行政院法規委員会の判断の下，廃案に追い込まれた［資料 15・16・17・18］．このように，少なくとも 1945 年秋から 1947 年春までの戦後前期においては，政府機関の行政院内政部が軍事委員会（国防部）を牽制するなどして，戦後の社会情勢に配慮しながら統制緩和政策を打ち出していたことがわかる［中村 2004a：第 3 章］．

だが，戦後に統制緩和政策が打ち出された背景には，別の事情も存在した．とりわけ重要なのが，戦後の憲政実施であった．「出版法」修正審議も，「検閲制度の廃止後，出版法の修正は不可欠である．目下，憲法の制定が間近に迫っているので，同法を修正する際には憲政実施に注意する必要がある」との国防最高委員会秘書長王寵惠の認識の下，本格的に始まった[4]［資料 19］．

1945 年 10 月，王寵惠と内政部長の張厲生，宣伝部長の呉国楨（馬星野が代

---

[4] なお，修正「出版法」を即座に施行するのか，もしくは制憲後に施行するのかという問題（王寵惠）について，国民政府文政処（呉鼎昌）は，国民政府主席（蔣介石）の指示の下，中常会で審議するよう伝達している［資料 20］．

行）らは,「出版法」修正5原則を打ち出した［資料20］. この5原則は, 統制緩和と統制強化の相反する原則を含んでいた. 相反する二面性をもつ5原則に対して, 訓政期の立法院は, 統制緩和をいっそう促す修正原則を打ち出した. 当時の立法院は, 言論の完全な自由化を求める世論に同調するかのように,「出版法」および「出版法施行細則」の大胆な簡素化を要求したのであった. とりわけ, 軍機関の恣意的かつ暴走的な言論統制につながりかねない「出版法」第24条の全面削除を要求したことは, 注目に値しよう［資料21］.

その後, 国民党中常会での「出版法」修正審議は, 1947年春まで中断されることになった. 1946年に制憲国民大会の開催を控えた国民政府が憲政実施のための法整備に忙殺されていたことが一因として考えられるが, 実はより重要なことは, 党と政府の社会認識が1946年全般を通じて変化していたことであった. すなわち, 1945年10月の段階で, 言論統制の継続は「外部の誤解を招く恐れがある」として世論に配慮していた政策担当者（行政院）が, 戦後前期の言論界の発展ぶりを目の当たりにして,「〔政府を〕誹謗中傷するデマは止まるところを知らない. ……この種の国家と社会の安全を顧みない報道は日増しに混乱の度を深め, 直接的には政令と公務の遂行を妨害し, 間接的には政府の信用を失墜させている」（蔣介石, 陳布雷, 呉鼎昌）,「各新聞社, 雑誌社は自由を濫用し, その範囲を逸脱してしまっている」（宣伝部）として警戒感を募らせ, 国共内戦と米ソ冷戦の深刻化にともなって, 共産主義者や反政府主義者への取締りを強化し始めたのである［資料22・23］. 戦後の言論界が復興し発展した結果, その反作用として党と政府の社会認識が悪化してしまったために,「出版法」の修正審議は中断されたと推測される.

しかし, 1947年3月, ついに「出版法」の修正審議は再開されることになった. この審議過程において, かつての修正5原則の緩和的側面や立法院の緩和要求は, ことごとく斥けられることになった. それどころか, 検挙と取締りの強化を狙う蔣介石の指示の下, 宣伝部が作成した修正草案は, 現行の「出版法」以上に統制色を強めた［資料22・23・24］. 4月から5月にかけての政府内部の調整過程では, 世論の反発を恐れる内政部と司法行政部が刑法および修正草案内の条文を援用することを主張したことから, かろうじて検挙と取締りの明文化が回避されたという状況であった［資料25・26］.

以上のような過程を経て，1947年10月24日，「出版法」修正草案は行政院第12回臨時会議で可決され，憲政期の立法院へ送付されることになった．ちなみに憲政期の立法院は，直接選挙によって選出された委員によって構成され，中華民国憲法の下で権限も強化された．そのため，ここで新たな事態が発生することになった．

憲政期の立法院は，自由と民主主義に関わる「出版法」の修正審議を，対内的にも対外的にもきわめて重要な審議事項であると判断して，国共内戦下の多種多様な国内世論や米ソ冷戦下の国際連合報道自由会議（1948年3-4月）の動向などにも配慮しながら，即座に結論を下さなかった［資料27；中村 2004a：第3章］．当時の立法院が継続審議とした別の理由は，党政軍の対立関係とは次元を異にする派閥闘争の激化にもあったが，いずれにせよ，立法院の判断如何によって政策の運命が決まるという事態は，中華民国憲法の下で新たに発生した政治現象であった．

この一連の「出版法」の修正過程から読み取れることは，訓政期の立法院が党や軍の判断を必ずしも追認していたわけではなく，ときに政府内部の他機関とも異なる判断を下していたことである．こうして党政軍から自立しつつあった立法院は，憲政期に入ると，その自立の度合いをさらに増していった．確かに憲政実施直後の「臨時条款」（1948年5月）は総統の権限を強化して憲政を凍結させる作用をもったが，最後に確認したように，憲政期の立法院は政策決定過程において決定的な影響力を有していた．それゆえに，国民党が立法院をどのように掌握するのかという新たな政治課題が生まれた［松田 2006：129-150］．

ちなみに，修正「出版法」が制定されたのは，国民党が台湾へと逃れた1950年代に入ってからであった［中村 2005］．

おわりに

訓政期の立法院と国民参政会は，政策決定過程において，決定的な作用を及ぼしたとは言い難い．しかし，世論をくみ上げる回路となっていたこれら2つの機関が政策決定過程において一定の圧力をかけ，憲政準備期の立法院のように，各種の党機関，政府機関，軍機関と対峙するような意思を示すことがあっ

た．特に，憲政期の立法院は，政策決定過程において決定的な作用を持つようになり，党機関，政府機関，軍機関のコントロール外に置かれ始めた．

　1940年代後半の中国政治は，国共内戦と米ソ冷戦に彩られ，国民党からみれば「戡乱」（共産党の反乱を鎮圧する）と総動員体制の継続という困難な政治状況を生み出し，共産党からみれば辛亥革命と国民革命に続く新たな革命を必要とする混沌とした政治状況を生み出したが，清末民初に期待されていた議会政治の方向性がこの時期に復活し，実践されつつもあった．

文献目録
檔案
資料1：軍事委員会（蔣介石）→国防最高委員会（国最委），呈第5269号，1939年5月7日（中国国民党党史館，国最委檔案「戦時新聞検査辦法及戦時新聞検査局組織大綱案」002／003）．

資料2：軍事委員会→国最委，公函第5573号，1939年6月4日（前掲「戦時新聞検査辦法及戦時新聞検査局組織大綱案」）．

資料3：国最委→中央執行委員会（中常会）・国民政府文官処・軍事委員会，公函2204号，1939年6月13日（前掲「戦時新聞検査辦法及戦時新聞検査局組織大綱案」）．

資料4：憲政実施協進会（邵力子）→蔣介石，簽呈第5号，1944年1月4日（国史館所蔵国民政府檔案「図書雑誌審査」0501／6050.01-01）．

資料5：蔣介石→宣伝部・行政院，代電第21067号，1944年1月14日（前掲「図書雑誌審査」）．

資料6：宣伝部（梁寒操）→蔣介石，簽呈第1497号，1944年2月3日（前掲「図書雑誌審査」）．

資料7：行政院（張厲生）→蔣介石，簽呈第557号，1944年2月17日（前掲「図書雑誌審査」）．

資料8：軍事委員会委員長侍従室第2処（陳布雷）→憲政実施協進会（邵力子），報告第8764号，1944年2月20日（前掲「図書雑誌審査」）．

資料9：憲政実施協進会（王世杰・邵力子）→蔣介石，簽呈番号不明，1944年4月19日（前掲「図書雑誌審査」）．

資料10：「中宣部主管法規整理単」（中国国民党党史館F2・7／5・3／236・8）．

資料11：「出版検査工作報告及検討」（中国国民党党史館F1・9／5・2／153・33）．

資料12：軍事委員会委員長侍従室第2処（陳布雷）→宣伝部（梁寒操），代電第22448号，1944年5月2日（前掲「図書雑誌審査」）．

資料13：中常会→国最委，公函第1329号，1944年6月15日（中国国民党党史館，国最委檔案「十二中全会改進出版検査制度案」003／2877）．

資料 14：国最委→国民政府文官処，公函第 46462 号，1944 年 6 月 19 日（前掲「十二中全会改進出版検査制度案」）．
資料 15：宣伝部（呉国楨）→蔣介石，呈番号不明，1945 年 10 月 1 日（国史館，国民政府檔案「廃止出版検査制度修正出版法案」0121.62／2221.02）．
資料 16：軍事委員会→行政院，代電第 63656 号，1945 年 10 月 16 日（国史館，行政檔案「戰時新聞官制法規案」1400.02／6364）．
資料 17：内政部→行政院，呈第 2347 号，1945 年 10 月 23 日（前掲「戰時新聞官制法規案」）．
資料 18：行政院→軍事委員会，公函第 24244 号，1945 年 11 月 2 日（前掲「戰時新聞官制法規案」）．
資料 19：国最委（王寵恵）→蔣介石，報告第 808 号，1945 年 9 月〔日付不明〕（前掲「廃止出版検査制度修正出版案」）．
資料 20：国最委（王寵恵）→蔣介石，報告第 827 号，1945 年 10 月 23 日（前掲「廃止出版検査制度修正出版法案」）．
資料 21：立法案→蔣介石，箋函番号不明，1945 年 10 月〔日付不明〕（前掲「十二中全会改進出版検査制度案」）．
資料 22：宣伝部（彭学沛）→蔣介石，籤呈第 615 号，1947 年 4 月 8 日（前掲「廃止出版検査制度修正出版法案」）．
資料 23：宣伝部（彭学沛）→蔣介石，籤呈第 616 号，1947 年 4 月 16 日（前掲「廃止出版検査制度修正出版法案」）．
資料 24：宣伝部（彭学沛）→蔣介石，籤呈第 633 号，1947 年 4 月 19 日（前掲「廃止出版検査制度修正出版法案」）．
資料 25：内政部→国民政府文官処（呉鼎昌），代電第 0077 号，1947 年 5 月 8 日（前掲「廃止出版検査制度修正出版法案」）．
資料 26：国民政府文官処（呉鼎昌）→蔣介石，呈核番号不明，1947 年 5 月 13 日（前掲「廃止出版検査制度修正出版法案」）．
資料 27：「審査出版法」（中国第二歴史檔案館，立法院檔案 12／2494）．

中国語文献

公安部檔案館編注［1991］『在介石身辺八年　侍従室高級幕僚唐縱日記』群衆出版社．
姜平［1988］『中国百年民主憲政運動』甘粛人民出版社．
雷震（薛化元主編）［2009］『中華民国制憲史　制憲的歴史軌跡（1912-1945）』稲郷出版社．
林能士・王良卿［2000］「戦後国民党人争取党内民主化的背景考察」（『1949　中国的関鍵年代学術討論会論文集』国史館．
胡秋原［1945］「政治民主与経済自由」『中央日報』6 月 3 日．
土田哲夫［2001］「抗戦時期中国国民党党員成分的特徴和演変」『民国研究』第 6 輯．
─────［2006］「抗戦時期中国国民党中央的人事結構与派系変動」『民国研究』第 10 輯．
王良卿［1998］『三民主義青年団与中国国民党関係研究』近代中国出版社．
王奇生［2003］『党員，党権与党争　1924〜1949 年中国国民党的組織形態』上海書店出版社．
王世杰［1990］『王世杰日記』中央研究院近代史研究所．

日本語文献

家近亮子［2002］『蔣介石と南京国民政府』慶應義塾大学出版会.
金子肇［2001］「戦後の憲政実施と立法院改革」姫田光義編『戦後中国国民政府史の研究』中央大学出版部.
―――［2006］「国民党による憲法施行体制の統治形態」久保亨編『1949年前後の中国』汲古書院.
―――［2011］「知識人と政治体制の民主的変革――「憲政」への移行をめぐって」村田雄二郎編『リベラリズムの中国』有志舎.
久保亨［1999］『戦間期中国〈自立への模索〉――関税通貨政策と経済発展』東京大学出版会.
―――編［2003］『1930-1940年代中国の政策過程』科研成果報告書未公刊.
笹川裕史［2002］『中華民国期農村土地行政史の研究――国家―農村社会間関係の構造と変容』汲古書院.
―――［2011］『中華人民共和国誕生の社会史』講談社.
周勇［2004］「抗戦時期国民参政会の研究」石島紀之他編『重慶国民政府史の研究』東京大学出版会.
張瑞徳（鬼頭今日子訳）［2006］「遠隔操縦 蔣介石の『手令（直接指令）』研究」山田辰雄他編『中国の地域政権と日本の統治』慶應義塾大学出版会.
土田哲夫［2005］「抗戦期の国民党中央党部」中央大学人文科学研究所編『民国後期中国国民党政権の研究』中央大学出版部.
中村元哉［2004a］『戦後中国の憲政実施と言論の自由 1945-49年』東京大学出版会.
―――［2004b］「戦時言論政策と内外情勢」石島紀之他編『重慶国民政府史の研究』東京大学出版会.
―――［2005］「1940年代政治史からみた『自由中国』創刊の背景――「出版法」改正議論をめぐって」『現代台湾研究』第29号.
―――［2011］「国共内戦と中国革命」木畑洋一他編『東アジア近現代通史――アジア諸戦争の時代 1945-1960年』第7巻, 岩波書店.
西村成雄［1994］「中国政治体制史論――二つの『政党国家』と『党政関係』」土屋健治編『講座現代アジア』第1巻, 東京大学出版会.
―――［2004］『20世紀中国の政治空間――「中華民族的国民国家」の凝集力』青木書店.
―――［2011］「憲政をめぐる公共空間と訓政体制――1944年重慶の政治過程」久保亨他編『中華民国の憲政と独裁1912-1949』慶應義塾大学出版会.
西村成雄・国分良成［2009］『党と国家――政治体制の軌跡』岩波書店.
松田康博［2006］『台湾における一党独裁体制の成立』慶應義塾大学出版会.
劉維開（加島潤訳）［2004］「国防最高委員会の組織と活動」石島紀之他編『重慶国民政府史の研究』東京大学出版会.
山田辰雄［1982］「平和と民主主義の段階における中国国民党の戦後構想」『現代中国と世界 その政治的展開――石川忠雄教授還暦記念論集』慶應通信.

第6章　権威主義的指導者と議会

――蔣介石の自由民主観

汪　朝　光

（張　玉萍訳）

はじめに

　19世紀中期のアヘン戦争敗北によって開国を迫られた後，古い君主制帝国から新しい民族／民主国家への転換過程において，中国は経済，政治，文化，教育，思想，社会，体制など多方面の問題に直面した．その中でも「自由」と「民主」の問題は，「自由」「民主」という思想的観念とその運用方式を含めて，常に中国につきまとい，一代また一代と中国人を揺り動かし，また悩ませてきており，今日に至ってもその余波が止まることはなく，決着はついていない．中国国民党が大陸で政権を掌握していた時期は，近代中国政治の転換過程として軽視できない重要な時期であり，また蔣介石は国民党の権威主義的な指導者として，この過程に彼個人の鮮明な影響を及ぼしている．

　本章は主に蔣介石日記の記録に依拠し，蔣介石の大陸統治時代，特に抗日戦争の勝利前後における自由民主観，およびその実践の過程を検討したい[1]．

---

1) 「自由」「民主」の観念およびその運用に関する研究は数多くある．その近代中国における状況についても，近年における学界の研究成果は非常に豊富で，参照に値する．ただし蔣介石の自由民主観およびその実際の運用については，学界で今日まで専門的な研究が欠如している．本研究はその出発点となるだろう．

1　蔣介石の自由民主観

　国民党内で最高の権威を持つ独裁型の権威主義的指導者であった蔣介石にとって，「自由」「民主」の理念に対する認識およびその実践は，国民党が大陸を統治した時期の中国政治制度の転換や構築の過程に強く影響した．蔣介石の「自由」「民主」理念およびその政治的実践についての認識を検討することにより，蔣介石が治めた中国はなぜ西洋的民主政治を行なえなかったかを検討できるだけでなく，また近代中国政治の転換において多方面の道があったことについて，学理的な解釈を提供することもできる．

　蔣介石自身が書いた日記を検討すると，「自由」「民主」の文字が頻繁に現れるのは，抗日戦争中期以後のことであり，国民党が抗日戦争に対応するための多様な必要性を反映している．1つは国民を動員し全力で抗日戦争を支持するために，政権を握る国民党は政治的コントロールをある程度緩和し，その他の政治派閥の政治発言と一定の政治参加を，許容せねばならなくなったのである．いま1つは抗日戦争が勃発し国共合作という背景の下で，共産党は戦前の階級革命という表現を全民族の抗日戦争という表現に転換し，「自由」「民主」の主張によって国民党の独裁支配を批判し，国民党と民心を奪い合い，非常に成果を収めた．これが国民党側にもそれなりの対応を迫ることになった．もう1つは太平洋戦争が勃発した後，アメリカが中国の同盟国となって全面的に中国の抗日戦争を支持し，同時にそれによって国民党の専制，独裁，低効率に対して不満を表し，国民党の改革を迫って，また彼らの「自由」「民主」の観念を押しつけた．上述のさまざまな要素が交互に作用する下で，蔣介石は「自由」「民主」観が中国の現実に与える影響に注意しなければならなかった．それゆえ日記において，自分の考え方を比較的多く述べるようになったのである．

　一般的に言うと，蔣介石は「自由」「民主」の主張に反対していない．彼は，中国が「統一，独立，自由，民主」の国家になるべきだと述べている［『蔣介石日記』1945年4月25日，以下『日記』と表記する］．革命の目的は平等，独立，自由な中華民国を樹立することであり，民有，民治，民享の三民主義を実行し［『日記』1946年9月19日］，「人民が安穏に暮らし楽しく働くようにして，生命財産を保障し，憲政を実施して，民主政治を創出する」［『日記』1947年1月19

日］．しかし，蔣介石の本心について言うと，彼の「自由」「民主」についての認識は非常に複雑で，はっきりとは断定できず，しかも往々にして否定的な認識が肯定的な認識より多く，彼が公に表したように，正当な道理を踏まえて言葉遣いが厳格であるのには，はるかに及ばない．

　「自由」あるいは自由主義について，蔣介石は民族独立の自由を獲得することを絶えず堅持し，「わが民族は自尊心があり，独立，自由，平等を愛する民族である．もし国家が屈辱を受ければ，必ず奮起して戦う」と言った［『日記』1947 年 7 月 27 日］．蔣介石が対日抵抗を堅持したことから，この発言が嘘ではないことがわかる．経済の自由と個人生活の自由についても，蔣介石には何らの反対も見られない．しかし，政治の自由およびそれと関連する思想と言論の自由について，蔣介石は明らかに否定的であった．特にこのような「自由」が国民党の競争相手である共産党と関連して，共産党の民主を宣伝し，独裁に反対する有力な武器になると，さらに蔣介石はこれをひどく憎んだ．ゆえに蔣介石の日記における「自由」についての表現はかなり否定的で，肯定的な言葉はほとんどない．しかも彼は絶えず教育界，知識界による「自由」の濫用に対して怒りを表している．たとえば「武漢大学は自由思想があまりにも強い」［『日記』1942 年 9 月 14 日］．「教育界の自由主義をある程度規制すべきだと思ったが，時間がないのが遺憾だ」［『日記』1945 年 9 月 26 日］．「自由主義が国を誤り学を害する罪は共匪よりも甚だしく，許してはいけない」と激しく批判した［『日記』1945 年 12 月 7 日］．

　実際には日記において個人的に表現するほか，また全面的な抗日戦争が勃発してまもなく，蔣介石は西洋の「自由」観が国民党の「党治」に影響と打撃を与える可能性があると意識したので，公の場面である程度これに解答を与えた．1938 年 7 月 6 日，蔣介石は国民参政会の開会式典で講演した時，以下のようにはっきりと語った．「民主とは何か．民主とはすなわち自由である．いわゆる自由とは，他人の自由と権限を侵害せず，さらに規律を厳守し，法律で自由を保障することで自由を実行する根拠となる．この種の自由こそ本当の自由だと言え，本当の民主だと言える」．「我々の本当の民主的自由は，決して個人あるいは少数者の自由を語るのではなく，我々個人と少数者の自由を犠牲にして，それと引き換えに国家民族全体の自由を獲得するのである」［秦孝儀 1978：149,

153］．このような表現は，実は皆に「個人の自由と小我の先入観を捨て，本当の民主の基礎を定める」ことを要求しているのである．これらの表現の重点は「犠牲」であり，「個人の自由」を保護，発揚することではなく，したがって一般的な意味で理解される「自由」との間には，大きな距離があったのだ．それゆえ，蔣介石が日記で「個人の自由を切に戒めるべきだ」［『日記』1939年3月11日］，「個人の自由を制限してすべての人の自由を守る」と記したのが［『日記』1944年10月12日］，実は彼のいわゆる「個人の自由」についての本来の考え方なのである．

　1943年3月，陶希聖が代筆し蔣介石の名義で発表された『中国之命運』は，「自由」と「民主」について蔣介石の態度を表明し，とくに自由主義をよりいっそう厳しく批判しており，蔣介石が公に自由主義に反対した「宣誓書」のようなものである．同書には，次のように記されている．「わが中国の民主制度は，決して19世紀欧米の個人主義と階級観念の民主制度を模範とはしない」．「国家と個人の関係については戦時か戦後かを問わず，砂上の楼閣のような『個人的自由』は存在してはならない」．「五・四運動以後，自由主義と共産主義の思想が国内で流行した．彼らは中国の文化について，みな変化を求めてその本質を知らない．彼らは西洋の文化について，みなただその形を真似するばかりであり，その精髄を求めて中国の経済と人民の生活に利益を与えることはないので，一般の文人学者に自尊と自信を失わせた．その流行により，一般の人々は西洋のすべてがよく，中国のすべてがよくないと思った．……これらの学説と政論は，中国の経済や国民の生活に適合しないのみならず，中国の固有の文化精神に反し，さらに彼は1人の中国人だということを根本的に忘れ，中国のために学びまた中国のために使うという立場を失ってしまった」［蔣介石1944：73-74］．『中国之命運』の「自由」「自由主義」の批判は当時の蔣介石と国民党の主流の認識を代表しているため，出版された後に国民党が全力で宣伝を行なったが，「世間の批判がすこぶる多い」「共産党はさらにこれによって遠慮なく宣伝する」ということになり［公安部檔案館1991：355］，アメリカ人も共感しなかったため，実際には蔣介石と国民党には相当に悪影響を与えたのである．

　「自由」と自由主義に対する強い反感と比べると，蔣介石の「民主」や西洋

第 6 章　権威主義的指導者と議会

的民主制度についての認識は少し異なる．彼の「民主」についての認識は，レベルを分けたものであった．彼は日記の中で，「わが国の政治は民主立憲政治であり」［『日記』1943 年 3 月 17 日］，「地方自治の組織と各県の参議会の成立……を中心にし，民主政治の基礎を定め」るべきで［『日記』1944 年 1 月 1 日］，「民主政治の基礎は地方自治と四権の行使にある」と記している［『日記』1943 年 3 月 11 日］．国民党内で一定の党内民主を実行することについても，やはり蔣介石は提唱していないわけではない．彼は戦時に「党員は必ず党内で自由に発言し反省しなければならない」［『日記』1944 年 4 月 29 日］，「議事を自由に討論し，公に批評し，多数に服従し，秩序を守る」と指摘した［『日記』1944 年 7 月 21 日］．また戦後には，「本党の革新の要旨は，民主の精神を信じて」［『日記』1946 年 3 月 15 日］，「民主の法則を提唱して樹立し，群衆の監督の力を強め，官僚の悪習を一掃する」［『日記』1947 年 8 月 31 日］．そのために，蔣介石は「各レベルの党組織は特別な状況以外に，みな選挙制を回復すべきであり，中央常務委員会も必ず選挙すべきで」［『日記』1942 年 11 月 21 日］，「党内では徹底的に改革し，民主を実行する．……公に選挙する」とよく語った［『日記』1947 年 8 月 17 日］．

　このように見ると，蔣は地方レベルでの地方自治的な「民主」政治，および総裁独裁の下である程度の党内「民主」には，特に反対していない．その理由の 1 つは，孫文の軍政，訓政，憲政という 3 段階政治論に対する蔣介石の尊重であろう．蔣介石は，北伐前の国民党の失敗は，「軍政時期に訓政と憲政を兼ねて行なったので，失敗した」のだが，北伐が成功し訓政が始まった後，「根本的な建設を図るため，早急に自治人員養成所の設立を計画すべきであった」と考えた［『日記』1928 年 6 月 13 日］．そのために，彼は「訓政時期約法」を推進，制定し，また一定の時期に憲法を制定し，憲政を実行することを検討したのである．蔣介石は「世界に憲法なしで成り立ちうる国があるだろうか」と問いかけ，「今日において全国の心と力を集め，全国の人材をまとめて，政治を国民に公開し，全国の国民に共同で責任を負わせ，国難に赴くようにさせる．ゆえに早めに憲法を公布し，国民大会を召集し，国事を解決すべきである」［『日記』1933 年 3 月 20 日］．しかし蔣介石にとって，いわゆる憲政は政治的民主の面よりも社会的発展の面，さらには国民党の執政権を維持できることに関わっていた．彼は日記で以下のように記している．「革命的な憲法は経済，教育，

外交という3大要素を基礎にする．国を統一しやすくするためには，その土地の事情に適した措置を取らなければならず，地方分権で経済と教育の発展を図る．政権を集中しやすくして，外患に対抗する」[『日記』1932年8月5日]．

抗日戦争が始まった後，蔣介石は「抗戦建国」方略を提起し，国民参政会を設立して，「抗日戦争の力を充実させ，民権の基礎もここに築く」ことを期待した [『中国国民党臨時全国代表大会宣言』『中央日報』1938年4月2日]．同時に蔣介石は，「共産党の態勢は，憲政の面で活動を求めるもののようで」[『日記』1939年11月9日]，「その実力が充実した後でないと表向きは反抗しないのは，憲法と国民大会の問題を借りて，彼らの活動を隠すために過ぎない」と注目した [『日記』1939年11月14日]．そのため抗日戦争時期に，蔣介石は絶えずさまざまな場面で民主憲政を語り，「憲政は早めに実施すべきだが，わが党の新旧党員は時代遅れで，古い党員がとくに堕落している．もし政権を人民に還さないと，実に国を誤らせ党を誤らせることになるのだ」[『日記』1939年9月12日]．「憲政の問題と地方自治の問題は，訓政の主要な科目である」[『日記』1939年11月22日]．蔣介石のこのような認識は，国民党が一党の「党治」を実施するという構造が実際には変わらない状況の下で，抗日戦争の必要と共産党との競争に対応するために，民主的憲政に対してある程度の受容と促進を含意していた．

しかし，国家政治の次元で政党間競争の選挙を実施するという西洋的民主制度に対して，蔣介石は断固として反対した．とくに共産党がその選挙の競争相手になる可能性があった場合，彼はよりいっそう警戒した．蔣介石の日記では，民主あるいは民主制度に対する批判は最も多くの場合，往々にして共産党と関わっていた．たとえば共産党は「世界を騙し，民主を偽る」[『日記』1944年1月21日]，「民主というスローガンで民主国家を中傷する」と批判し [『日記』1945年9月27日]，「選挙の機会を利用して，参政の地位を獲得する」と述べた [『日記』1946年大事年表]．それゆえ，政治的民主を主張する者は，みな蔣介石によって共産党の手先であり国民党に反対する者だと見なされた．蔣介石はとくに米英などの国々が，いつも「民主」を唱えて傲慢な態度で「独裁」だの「専制」だのと非難し，改革を抑圧することに反感を示した．彼は日記で，「民主国家が必ず失敗する理由は，それらはもっぱら他人に損害を与えて自分の利

益を図り，公道の心が全く無いからである．それゆえ私はイギリスがすぐ失敗し，アメリカもきっと長くは安定的でいられないと断言できる」[『日記』1940年8月19日］．また蔣介石はアメリカの世論が「共産党を庇う」「共産党員に騙されて，しかも我らが民主的ではないと貶す」と非難した［『日記』1945年12月8日］．アメリカの調停特使であるマーシャルが蔣介石に，共産党との間で「妥協的な政治で解決を図る」よう勧めた時，蔣介石は「そうすると中国で共産党が参加しない政府は，即ち民主政府ではないということになるではないか」と率直に反発した［『日記』1946年8月16日］．

　蔣介石は「自由」「民主」に対して否定的な認識を持っていたため，「自由」「民主」を提唱した代表的知識人，とくに著名な自由主義知識人に対する彼の見方は，おおむね否定的であり，ほとんど好感を持たなかった．彼は「少数の自由分子の中でも，いわゆる民主同盟のような連中は，礼義廉恥という民族の徳性を失墜させた．特に西南聯合大学にいる清華大学教授の聞一多などの5，6人は最も悪い」と考えている［『日記』1946年12月31日］．「文化人は民主の名を借りて民主を破壊し，自由の名によって自由を中傷した」．「このような行為は陰険悪辣であり，国家と民族を害する罪悪は売国奴よりも悪辣である」と指弾した［『日記』1943年1月16日］．自由主義知識人の代表的人物である胡適を蔣介石は，「損得に苦慮し」「平気で外国の勢力を借りて自己の地位を固め，しかも国家の威信を損なっても顧みない」と見なした［『日記』1942年10月17日］．1946年に通過した『中華民国憲法』の主要な起草者の1人である張君勱を蔣介石は，「一般の投機的な政客はただ個人を知るのみで，国家の禍福を知らない．いわゆる自由知識人で張君勱のような者は，外力を借りて国事を馬鹿にし，そのため今は解決できないほどの苦境に陥ってしまった．悲しいかな」と批判した［『日記』1948年3月20日］．一貫して自由主義言論を発表していた『大公報』のことは，「投機」「悪辣」だと批判し，「民主同盟と共産党の追随者より酷い」と指摘した［『日記』1946年7月26日］．

　アメリカが中国に「自由」「民主」を売り込む態度は非常に積極的で，しかも蔣介石が「民主」を実行するよう絶えず圧力を加えた．そのため蔣介石もアメリカ人に対してかなりの不満を持ち，「アメリカの民主の水準は本来なら世界の模範であるが，今は同盟国に対して是非を転倒させ，大切な道理を顧みず，

かの政府がわが国の内政に干渉しようとする態度はかくのごとくであり，ことのほか民主自由政治は危険なのだ」と記している［『日記』1944年11月2日］．とくに彼を直接に抑圧したアメリカ高官たち，たとえば戦後中国に来たアメリカの調停特使マーシャルを，蒋介石は極度に憎み嫌った．蒋介石は次のように厳しく指弾している．「アメリカのマーシャルの冷酷さ・残忍さは，ソ連のスターリンの陰険さ・悪辣さよりもはなはだしい．……また自由民主派を援助し第三勢力を育成すると唱え，一般の知識階級や反共・擁蒋の投機分子をみな反共・反蒋者に変え，わが国に残ったわずかな反共勢力を完全に崩壊・根絶させ，共匪がわが軍を支配するように仕向け，その私的な利害関心を満たしている．不幸な時代には，ソ連のスターリンも現れればアメリカのマーシャルも現れるのだ．人類を害したのはソ連のスターリンであり，世界を乱したのはアメリカのマーシャルである．わが中華民国が彼に陥れられただけでなく，彼の自国であるアメリカもまた必ず彼によって葬り去られる．もし天の助けを得てアメリカのマーシャルを悔い改めさせられるなら幸いだ」と厳しく指弾している［『日記』1949年11月19日］．蒋介石はまた，自由主義知識人に対する批判をアメリカと関連づけ，中国の学風と知識人の質の悪さは，その大半がアメリカの政策や学者が唆したためだと考えた［『日記』1946年12月31日］．南京の教授たちが時局に関する声明を発表したのは「自由主義者の名義や中立的な第三者の立場で，アメリカのマーシャルらの主張を後ろ盾として，彼等の投機的欲望を実現することを望んでいる．読んで憤激した」と記している［『日記』1948年3月26日］．

　蒋介石の「自由」「民主」に対する否定的な見方は，彼の思想的認識に由来するもので，また当時の実際の政治状況から来たものでもある．彼は往々にして自由な言論と社会の混乱とを関連づけ，民主的な選挙と共産党が政権を握る可能性や国民党内外の派閥間利益競争とを関連づけていた．そのため彼は，「共産党が思想の自由を持ち出すなら，私は国家の自由信仰の集中によって対抗する．共産党が民主政治の擁護を持ち出すなら，私は国家統一と民族生存の擁護によって対抗する」と提起した［『日記』1943年6月4日］．

　また，蒋介石は国民党が政権を独占する排他的な「党治」を堅持しており，内心では中国で国民党以外に他の反対党や反対派が合法的に存在することを，

根本的に認めようとも受け入れようともしなかった．彼が顧維鈞に言ったように，「中国は国民党以外に共産党を除けば，それ以外に何の党派もない．その他の党派は実際には数の内に入らないのだ」[顧維鈞 1987 (5)：475]．アメリカの圧力を受けて蔣介石は政府を改組せざるをえず，青年党と民社党の党員を引き入れて政府に参加させた．これに対して蔣介石は，「これはみなアメリカの民主に煩わされたのだ」と言っている [『日記』1948 年 5 月 29 日]．国民党内においてすら，蔣介石は「民主」がもたらす派閥紛争を大いに憂慮し，国民党員の「今日の民主憲政のスローガンの下で」の，立法院における「理性を失い酔って狂ったような行動や態度」に，きわめて不満を示した [『日記』1948 年 5 月 19 日]．彼は，一部の国民党員が「人民代表の名義で責任を果たすことを知らず，無法・無秩序に政府を中傷し，軍隊を侮辱して，共匪のお先棒を担いでいるのは，本党のクズだ．立法院で提案・審議している様子は，まるで狂犬が人を噛むようである．民主政治もここまで来たら，国家の前途を悲しみ憂えずにいられない」と厳しく指弾した [『日記』1948 年 6 月 26 日]．「民主の水準に到達していないのに無理に民主を行ない，しかも党員はこの民主の呼びかけに呼応して自身を大切にすることを知らず，まるで暴れ馬のようで，ますます収拾がつかない」と憂えている [『日記』1948 年 9 月 17 日]．まさにこのような見方をしていたからこそ，蔣介石の「自由」「民主」に対する拒絶は，その思想的・実践的論理を持っていたのである．

2　蔣介石の「自由」「民主」に対する現実主義的な運用

　指導者として蔣介石は理論に長けていたわけではなく，国家の最高権力を握る権威主義的な指導者として，蔣介石は現実主義的な特徴をより多く示した．彼は理論よりも彼個人および国民党が，実際に掌握した政治権力を重視したのである．それゆえ蔣介石の「自由」「民主」に対する態度も一定不変ではなく，情勢の変化によりある程度の調整と変化を見せた．すなわち，時勢に従って変化したのである．

　抗日戦争において蔣介石はアメリカの支持を渇望したので，日記に「アメリカの民主的水準の高さを，しきりに羨望してやまない」と記している [『日記』

1940年11月6日］．また彼は，「各級の民意機関の権限を強め，次第に憲政の道に入る」という言い方で，アメリカ人の好みに迎合した［『日記』1944年6月11日］．抗日戦争に勝利した直後，政治面における国共両党および国内各派閥勢力の間の争いがすぐには決着がつかず，また戦争が終了してすぐ再び軽率に内戦を起こすこともできず，同時にアメリカの支持を獲得し，また国内の民主的な憲政を求める声に迎合するために，蔣介石は幾度も延期されてきた国民大会を開き，憲法の制定を決定して，これを「憲政」への過渡と呼んだ．国民大会が憲法草案の原則を制定した時，彼が「アメリカ式を模倣すべきだ」と主張したのは，明らかにアメリカ人の機嫌を取るためである［『日記』1946年2月4日］．そこで，1946年12月に憲法制定国民大会が『中華民国憲法』を可決した後，蔣介石が注目したのはまずその対外宣伝の効果であり，この憲法を宣伝するポイントを「憲政を実施し，民主的な政治を作り上げる」ことに置くよう求めた［『日記』1947年1月19日］．しかし，この憲法の実質的な意義について，蔣介石は三民主義の「党治」の枠組みのもとで，国民党の独裁的な執政の地位を維持することを主張し，それは「やはり革命を援護し，全力で共産党を消滅するのが第一の目的である」と考えた．また，「憲法は革命の武器であり，……決して憲法にこだわって国家と革命を害してはいけない」と明言した［『日記』1946年11月28日］．したがって蔣介石は内心で，西洋の民主政治はやはり間違っていると考えたのである．

　対外的な宣伝の必要を除けば，憲法制定国民大会の開催と『中華民国憲法』の可決は，蔣介石の心中では国民党の統治力と感化力を表して，共産党の「本党を孤立して政府を包囲攻撃する陰謀」を打ち破るため他の政治力と結合し，また共産党に対して「孤立的な環境」を作り出すためであった［『日記』1946年11月16日］．一方，憲法が可決された後いかに実施するか，とくにいかに民主的な選挙を行ない，民意を尊重し，他の党派と人民の自由で民主的な権利を守り，議会制度を作り上げるかといった民主の内容が，蔣介石にとって「最大の難題」であった［『日記』1946年11月16日］．1947年12月25日に『中華民国憲法』が施行され，国民党の対外宣伝は「憲政」の時代に入った．憲政の表面を飾るために，国民党はまた全国で第1回国民大会代表の選挙を行ない，さらに1948年3月29日から5月1日まで第1回国民大会（憲法施行国民大会ともい

第6章　権威主義的指導者と議会

う）を開催して，蔣介石総統と李宗仁副総統を選出した．

　しかし，この国民大会代表選挙の過程は複雑で，国民党のコントロールの下で不正行為が続出しており，西洋的民主の基準に適合した「自由」な選挙だとは言いがたい．しかも，国民党と友党の間および国民党内の派閥闘争を引き起こし，国民党が執政的な地位を固める上であまり積極的な役割を果たさなかっただけでなく，かえって大きな負の効果をもたらした．蔣介石はこの国民大会が「失敗」し，「金を浪費して，政治的な雰囲気と革命的な道徳は地に落ち，救いようもないほどだ」と評価している［『日記』1948年4月30日］．蔣介石は1949年に下野し，再起しようとした際に，国民党と彼個人の失敗を反省したとき，「反省・改革するためには，今回の失敗の重要な原因を徹底的に検討し，箇条書きにすべきだ」と彼は考えた．その中でもとくに，「民主的な憲政を行なう時期と制度および国民大会代表等の選挙は，剿匪の基本を揺るがした．これは実に剿匪，対共産党政策に反していた」［『日記』1949年3月31日］，「民意機関および現行の法令は剿匪という国策を妨害して，いたるところで束縛したので，軍政面で剿匪ができず，考えると心が痛い．いわゆる民主と憲政が国に与えた害は，これほど大きかったのだ．まことに悔やんでも悔やみきれない」と触れた［『日記』1949年9月8日］．

　しかし，形勢は人為でいかんともしがたく，激烈な内戦の時期に国民大会を開催し，憲法を可決して憲政を実施したことを，蔣介石は後に悔やんだのだが，情勢の急激な変化によって，むしろ彼は「自由」「民主」に対して，「新しい」認識と解釈を行なうようになった．1948年末から1949年初めに国民党と蔣介石の大陸における支配は，政治・軍事・経済の全面的な危機によりきわめて大きな打撃を受け，失敗の寸前にあった．1949年1月21日，総統に就任してわずか8か月の蔣介石は，内外とも困難な状況の下で辞任を余儀なくされ，故郷の奉化県溪口鎮に退いて形勢の変化を観察し，再起の機会を待っていた．

　3月23日，奉化に隠棲していた蔣介石が沙学浚と会見した際，沙は「文化運動における『祖国』と『自由』は重要な反共スローガンだと述べ，長時間にわたり話し合った」[2]［『日記』1949年3月23日］．この記載は，政治・軍事の双

　2）　沙学浚は当時，中央大学の訓導長と地理学部教授を務めていた．

方で全面的に大敗していた時，蔣介石が共産党と対決する中で「自由」「民主」のスローガンを利用して，思想と人心を勝ち取ることの意義に着目するようになったのを意味している．「自由」の主張に関して蔣介石は「自由中国運動と宣伝計画」を立案し［『日記』1949 年 4 月 4 日］，「道徳を再び整えて自由と生存を獲得するスローガン」を工作予定に組み入れた［『日記』1949 年 4 月 30 日］．軍と教育を整頓する重要な項目の 1 つが，「民主を奨励し，民心は自由である」で，戦争の目的は誰のために戦うかにあり，「民衆の自由を救い守るために」戦うのだと強調した［『日記』1949 年 10 月 19 日］．「民主」の建設において，蔣介石は「民主救国運動を計画し」始め［『日記』1949 年 3 月 31 日］，谷正綱・鄭彦棻らを招いて「民主救国運動の実施方法」を検討し［『日記』1949 年 4 月 1 日］，世界政治の現状を「民主主義と共産主義という二大陣営の戦い」に帰した［『日記』1949 年 8 月 3 日］．

　言うまでもなく，蔣介石が「自由」「民主」論において態度を変えた重要な原因は，アメリカの支持を獲得するためである．アメリカは一貫して国民党と蔣介石政権を支持したが，しかし蔣の独裁専断に対しては以前から不満を持っていた．「国民党の『一党独裁』制度に疑念を持ち，国民党が政権の独占を放棄してアメリカのような二大政党制の民主政治になるよう圧力をかけた」［『日記』1946 年 12 月 31 日］．アメリカ大使であったストレイトンは，また「とくに言論の自由の重要性を重視した」［『日記』1947 年 8 月 6 日］．かつて蔣介石はアメリカの圧力に一定の抵抗を示し，はなはだしい場合には脅しをかけることすらできたが，この時には生存の必要のために蔣も適切な調整をしなければならなかった．アメリカから引き続き援助を得るために，彼はアメリカに好意を示したのである．1949 年 1 月，蔣介石は下野する直前に以下のように日記に記している．

　　対外政策は目下，反共のためにアメリカの援助を獲得しなければならない．しかし，それを得るにはアメリカの圧迫を受けざるをえない．特に内政に関しては，民主的形式でないとアメリカの理解を得られない．そうすると行動と主権は，決して独立・自主を保つことができない．したがって，私が独立の基礎を打ち立てる前に出馬することさえなければ，外国勢力はただ政府を抑圧しうるのみで，私個人を抑圧することはできない．私は在野

の革命指導者の身分で，アメリカのみならずソ連に対しても一定の主張を行ない，彼らのさまざまな挑発的な言行に反対することができる．これが救国の唯一の重要な道である．アメリカやソ連は，私をどうすることもできないのだ［『日記』1949 年 1 月 12 日］．

　この言葉は，当時の蔣介石の本当の心理状態を意味している．アメリカの「理解」を得るために，ある程度「民主」の面で譲歩しなければならない．

　しかし，蔣介石の「自由」「民主」に関する態度の変化は策略的なものにすぎず，施政の主旨に関わっていなかった．それにもかかわらず，1949 年という国民党と蔣介石の支配が危機に瀕していた時，蔣介石は「憲政を実施して以来，制度的な矛盾により新しいものが破れて古いものが崩壊し，紀律が退廃して綱常は壊滅し，人々の心が弛み精神は虚無になった．これこそが今日の革命状勢の致命傷だ」と考えた［『日記』1949 年 1 月 12 日］．国民党内部で党の改組問題を討論した時に蔣介石は，「本党の性質は革命政党であり，純粋な民主政党になってはいけないと強く主張した」［『日記』1949 年 7 月 8 日］．また蔣介石は，相変わらず以下のように批判している．「一般的ないわゆる自由知識人」は，「政府を圧迫し，指導者を脅迫し，権力と地位を奪取する好機だと考えた．政府を誹謗し指導者を中傷して，アメリカの歓心を買い反蔣侮華の心理に迎合した．アメリカや第三勢力の主張を頼りとして，平気で国民党を破壊して共産党と連合し，その投機目的を達成しようとしたのだ」［『日記』1949 年 12 月 12 日］．

　その他，アメリカの圧迫に対しても蔣介石は憤激し，アメリカが「西では共産党に反対しながら，東では共産党を助けている．民主を助けながら，民主を滅ぼしたのだ．これは道義に反しているのみならず，自ら法律も紀律も滅ぼした」と考えた［『日記』1949 年 7 月 1 日］．とくにアメリカが台湾で親米派を支援して蔣介石に取って代わらせようとした活動に対して，蔣介石は高度な警戒を保っていた．彼は日記に以下のように記した．

　　台湾に駐在するアメリカの外交人員は，台湾省の民衆が政府を反対するように必死に唆し，また武器を用いて彼らがアメリカ側につくよう誘っている．一方では表向き陳誠が台湾省主席であることに反対し，各種の方法で間接的に彼を更迭するよう求め，そうすればアメリカの援助が得られるという．他方では私を恫喝して，従来の人員を交代させねば決してアメリカ

の援助は得られないという．そして各所で逆宣伝を用いて，アメリカは決して蔣を助けないと高言し，わが幹部と人民を私に背かせるという陰謀があり，どんな極端な手段でも用いるのだ．これは決してアメリカの国務省にできることではなく，実はみなアメリカ共産党に操縦・指図されているのである．わが国の大陸はすでにアメリカが要求した民主と聯共によって崩壊しており，今日では残された台湾というわずかな狭小だが清浄な土地で，彼らの無知蒙昧な要求と幻想のアメリカ援助によって再び騙されてはいけない［『日記』1949 年 11 月 16 日］．

蔣介石の「自由」「民主」に対する否定的な認識は終始一貫しており，自由主義知識人とアメリカ人がこの面で彼を圧迫したことに対する憤りや恨みも，終始一貫したものであることがわかる．

おわりに

蔣介石のような権威主義的指導者の「自由」「民主」観や，その近代中国政治の転換過程との関係の分析を通して，権威政治はおのずから民主政治と大きく異なり，権威主義的指導者の多くは「天下を取った」経歴を持ち，「天下を取った」という政治的実践にこそ権力の正統性を求め，民主的枠組みにおける民意の支持には必ずしも頼らなかったことがわかる．蔣介石の家庭背景，成長の経歴，経験や見識，執政の実践，そして中国の歴史・伝統や当時の現実的環境などによって，蔣介石は権威主義的指導者にしかなりえず民主的・進歩的人物にはなりえなかった．しかも蔣介石の思想的傾向から言うと，彼はほとんど「自由」「民主」的な思想資源と接触せず，中国の古典と内外革命史の著作を多く読むことを重んじ，その中から戦略・政略・術数を自身のために用いた［王奇生 2012］．それゆえ，蔣介石のような権威主義的指導者の支配下では，政治が権威主義から民主主義に転換する過程は緩慢かつ困難だったのである．

しかし，蔣介石の地方レベルでの地方自治的な「民主」に対する容認，およびその後の台湾における実践は，台湾の民主実践の蓄積と民衆の民主訓練に対して，依然として一定の意義を持っており，また蔣介石以後における台湾の民主化に有利であったかもしれない．時間の流れに伴い，社会環境は絶えず変化

し，指導者の権威は世代とともに弱まっていく．新しい権威主義的指導者は「法治」の枠組み内で，「民主」的な方式により「自由」な言論競争の下で，より多くの民意の支持を求める．そうすることで，その合法的な基礎と統治の権威を再建かつ拡大し，政治参加と統制を延長・継続させるのである．国民党が台湾に退いた後，蔣介石から蔣経国へという親子の権力交代と政治変革から見て，権威主義的指導者と政治転換との関係は一定不変ではないことがわかる．これを今後の研究者が深く細かく検討し，分析することが必要である．それによってこそ現実に合致した結論を見出すことができるだろう．

文献目録

中国語文献
顧維鈞［1987］『顧維鈞回憶録』中華書局．
公安部檔案館編注［1991］『在蔣介石身辺八年 侍从室高級幕僚唐縦日記』群衆出版社．
蔣介石［1944］『中国之命運』正中書局．
『蔣介石日記』Hoover Institution Archives, Stanford University．
秦孝儀主編［1978］『実施憲政』中国国民党中央委員会党史委員会．
王奇生［2012］「蔣介石的閲読史」汪朝光・王奇生・金以林『天下得失 蔣介石的人生』山西人民出版社．

第Ⅲ部　中華人民共和国初期

西暦	中国政治	中国と世界
1949	中国人民政治協商会議 「人民政治協商会議共同綱領」採択 中華人民共和国成立 中華民国政府が台湾へ移転	北大西洋条約機構成立
1950	土地改革（〜1952）	朝鮮戦争（〜1953）
1951		サンフランシスコ講和会議 「日米安全保障条約」締結
1952		「日華平和条約」締結
1953	第1次5か年計画（〜1957） 「過渡期の総路線」提唱	
1954	第1回全国人民代表大会 「中華人民共和国憲法」公布	
1955		アジア・アフリカ会議 ワルシャワ条約機構成立
1956	「百花斉放・百家争鳴」政策（〜1957）	
1957	反右派闘争（〜1958）	
1958	大躍進運動（〜1960）	ヨーロッパ経済共同体成立
1959	チベット動乱	
1960	中ソ論争 自由中国事件（台湾）	
1961		非同盟諸国会議
1962		中印国境紛争
1966	文化大革命（〜1976）	
1967		東南アジア諸国連合成立
1971		国連代表権が中華人民共和国へ ヨーロッパ共同体成立
1972		日中国交正常化・日華断交

第7章　前衛党と党外勢力

——建国期の「人民代表会議」

杜　崎　群　傑

はじめに

　本研究は，筆者のこれまでの成果に基づき，中国共産党（以下，共産党）が中華人民共和国（以下，中国）成立期において，「人民代表会議」（以下，括弧略）を通してどのようにその統治の「正統性」を調達しようとしたのか，これによってどのような政治体制を構築していったのかについて検討を加えるものである．

　あらゆる統治者はその権威や権力を確立するために，「暴力」のみならず［アーレント 2000］，何らかの「正統性」の調達手段の必要性に迫られている．丸山眞男が指摘するように，特に「旧支配階級の打倒に成功した瞬間の革命政権」は，「暴力ないし暴力の威嚇を以て被治者を支配してもそこからは被治者の自発的な服従」を生むことができない［丸山 1995：153］．内戦の勝利を目前にした共産党も，「旧支配階級」すなわち国民政府あるいは国民党を打倒した「革命政権」であり，その意味で「自発的な服従」を得るための，「正統性的根拠」を必要としていたと考えられる[1]．

---

1)　本研究では正統性の調達を，「共産党によって人民政協，人民代表会議，人民代表大会を通して『合法性』を獲得した上で，さらに共産党の革命理論に対する同意，民意をも法的，制度的に獲得すること」を指すこととする．当時の毛沢東の言説を見ると，共産党の正統性の論理には以下の3点が含まれていた．（1）中華民族の「帝国主義」,「反動政府」からの「解放」,（2）孫文の時代から通じる「正統」なる革命の継承,（3）社会主義という名目の下での平等の実現，資源の配分．共産党はこれらを正統性論理に付加さ

では，共産党はどのようにして当時の代議機関たる，中国人民政治協商会議（以下，人民政協），人民代表会議，人民代表大会を開催した上で，国内の統治の「正統性」を強化し，大衆の支持，同意を獲得したという名目の下，各級人民政府における支配を確立しようとしたのか[2]，またその時の政治構造はいかなるものであったのか．本研究は主にこれらの点について検討を加えると同時に，当時の共産党の権力の「脆弱性」と「強靭性」をも検証していくものである．

1　中国共産党の「立法機関」構想

主に中華民国期の政治体制を分析している金子肇は，「一国の統治形態を論ずる場合」，「その分析の核心は，何よりも三権分立の態様，とりわけ立法権と執行権の関係如何という点にある」とした［金子 2001］．共産党にとっても自らの支配地域において，議会はどのような位置づけであるべきか，それによってどのような政治制度を築き上げるのかは，一貫して重要な議題であった［味岡 2010］．

共産党は自らの法的「正統性」を主張するためにも，また国民政府に対抗するためにも，党の結成以来，様々な議会を構想し，また実際に開催していった．特に日中戦争の後半には，共産党は「三三制」を提唱し，少なくとも表面的には，外部の人材を政権に取り込むような柔軟な姿勢を示すようになり，これが「統一戦線」論，さらには「連合政府論」へと結実していく．共産党は自党への支持を獲得するために，国民党との内戦の勃発後も一貫してこの「連合政府」とこれに基づく政治協商会議による政策決定の主張を堅持し続けていった

　　　せることによって，共産党による統治に対する同意を得ようと主張していた（もちろん，これらの論理には多分に共産党の解釈が挿入されているが）．

[2]　本章では中国成立期に開催された，人民政協，人民代表会議，人民代表大会とこれによって行政を選出，構築する制度の総称を「人民代表会議」制度とする．共産党の言説によれば，人民代表会議とは代表者を招請したもの，人民代表大会は普通選挙を経たものとされていた．中国成立期において，共産党の様々な思惑から，「人民代表大会」を称した議会も複数存在したものの，総じていずれも普通選挙を経ず，招請方式で開催していった（石家荘市のみは一部普通選挙を執行した．これもあって石家荘では人民代表大会を称したが，最終的には共産党の判断で人民代表会議制度として取り扱われることになる）．従って名称の混乱はあるものの，いずれの大会，会議も人民代表会議制度の範疇に収まることとなった．

[杜崎 2010b].

　ところで，内戦期の都市に目を向けてみると，共産党は経済政策において様々な弊害を引き起こしていた．すなわち大都市占領後，共産党はこれまで農村で積み上げてきた闘争方式，均分主義をそのまま持ち込んでしまったため，現場では混乱をきたし，都市経済そのものを崩壊させかねない危機に陥っていた．特に懸案であったのは，共産党の経済政策への不安から都市のブルジョアジーが営業を放棄して逃亡するという事態であった．

　当時共産党は自らを「李自成」に例え，すぐに政権の座を奪われることに強い危機感を持っていた［薄一波 1991］．国民政府の経済政策の失敗を目の当たりにしていた共産党は，同様の失敗はできないという重圧を持っていたようである．そこで，ブルジョアジーたちを安心させ，彼らを政権に一部組み込み，これによって経済政策を軌道に乗せるためにも，劉少奇の「天津講話」が行われることとなる[3]．

　共産党にとって政治経済政策は，まさにブルジョアジー・知識人・民主党派をいかに囲い込むかという現実的問題と連動していたのである．

　他方，共産党は内戦の勝利が確実になるにつれ，政権構想に修正を加えていた．特に毛沢東は1949年の「人民民主独裁論」では，地主やブルジョアジーを一部排除するような，階級限定の理論へと変化していた［杜崎 2010b］．実際，先の「天津講話」が主に東北軍区の幹部に批判されていたということからも理解できるように，成立時期の共産党幹部においても，政治戦略についての潜在的な摩擦があった．図1は各指導者の当時のおよその立ち位置を示したものである．

　当時の政治経済に関する議論は，図1のような縦軸と横軸に集約できるが，劉少奇や周恩来を始めとした大多数の共産党幹部はいずれも，図中の政策で言えば中間的な立場を取っており，Aグループに所属していた．これに対し，後に「天津講話」を批判する，高崗を中心とした東北グループはBグループに属していたと言える．問題は当時の指導者たる毛沢東である．彼の思想を完全に理解することは資料上困難であるが，彼の当時の言説，特に「人民民主独裁

3）　劉少奇の天津講話については［杜崎 2015］にて詳しく論じている．

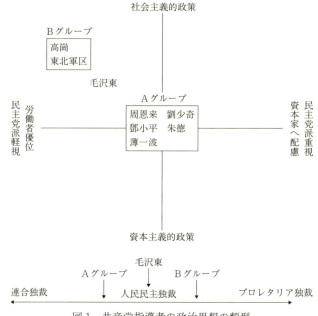

図1　共産党指導者の政治思想の類型
(出所) 薄一波［1991：49-58］，中共中央文献研究室［2008：291-315］

論」を見るならば，AグループとBグループの中間，あるいはBグループに接近した位置にあったと言えよう．この結果，政治体制に関しても，当時から意見の相違が存在していた．

　興味深いのは，こうした議論はまさに現代中国政治における議論の対立にも共通する側面があるということである．あるいはこうした議論は社会主義・共産主義を標榜する（あるいはしていた）国家，政権における普遍的な苦悩である（であった）と言えるのかもしれない［レーニン 2011；鈴木 2012；梶谷 2013］．

2　中国成立期「人民代表会議」制度の機能

　では，このような政治経済政策の議論を受けつつ，各地域，行政レベルでは，どのような人民代表会議，人民代表大会が開催されていったのか．以下，筆者がこれまで研究対象としてきた，1948年8月の華北臨時人民代表大会（以下，

華北人代），1949年7月の石家荘市人民代表大会（以下，石家荘市人代），1949年9月の人民政協およびそこで採択された共同綱領を中心に分析を加えていきたい．

まず華北人代開催過程では共産党は，大会における人事上の優勢を確保し，民意を獲得したという名目の下，華北の人民政府に権力を集中させていた．そして，これによって共産党は当時継続中であった内戦中の前線に対して物心両面の支援を組織化できる構造を作り上げた．当時はまだ内戦の真っ最中にあったため，華北においては共産党は他の行政レベルと比べて，内戦の支援を強調し，共産党の「指導」を最優先課題とする傾向にあった．このために，選挙過程において多くの制限を課していた［杜崎 2011a］．

人民共和国の「雛形」とされた華北は，その後の他の地域，行政レベルにおける人民代表会議開催にとって重要な経験をもたらした．ただし，石家荘市においては，対照的に華北ほど内戦の支援について強調されることはなくなった．こうした中，石家荘市人代の開催過程においては，一部「普通選挙」を行ない，「人民代表大会」と称し，当時にあっては他とは異なった制度を目指した．そしてこれによって市レベルにおいて民意を得たことを明示し，統治の「正統性」を調達しようとした．この過程で共産党は，華北人代開催の時と比べて，ブルジョアジーに配慮した「施政方針」を採択していった．しかし，石家荘市人代は名称上は「大会」ではあったものの，結局人民代表「会議」と同質のものと扱われ，後に開催される正式な人民代表大会に対して，「臨時的」な「大会」に留まらざるを得なくなった[4]［杜崎 2011b］．

その後1949年9月の人民政協開催過程では，共産党は人民政協を臨時的ではない，正式かつ全国的な人民代表会議と位置づけるようになり，これによって人民政協そのものの「正統性」をも強化し，ここにおいて優勢を占める自らの地位をも高めた［杜崎 2010b］．

このためか，人民政協で採択された共同綱領とその草稿とを比較検討してみると，共同綱領がより構成主義的体制への移行，プロレタリア独裁への可能性

---

4) 当時共産党は，まずは人民代表会議を，後に正式な人民代表大会を開催すると構想していた．

を明示していた．共産党がこのように，当時からすでに権威主義的な体制を志向していたために，民主党派によって提出された「民主主義」などの提案は一蹴されることとなった．同時に，共産党は臨時憲法としての共同綱領の「正統性」を全面に押し出すようになり，最終的には政策決定とその実施において，共同綱領をそれらの法的根拠とするようになった［杜崎 2010a］．そして，ここに至り，共産党は「憲法制定権力」を獲得するに至った[5]．

3 「選挙権威主義」体制の確立手段——強靭性

このようにしてみると，当時の中国の政治体制は，選挙を権威主義的支配の手段としてのみ用いていたという意味で，「選挙権威主義 (Electoral Authoritarianism)」や「覇権型権威主義 (Hegemonic Authoritarianism)」に限りなく近いものであった［Schedler 2006 ; Marc Morje Howard & Philip G. Roessler 2006］．

では共産党は実際にどのような手段を用いて一種の権威主義体制を築き上げていったのか．ここでは5つの手段，すなわち，(1)「人民代表会議」の招集，開催権の掌握，(2) 党員代表の過半数以上の確保，(3)「人民代表会議」指導幹部の中での優位性の確保（国家と党の上層部の人事的融合と一体化），(4) 重要決議，法案の起草権の掌握，(5)「人民代表会議」機関における党グループの設置，の5点について検証していきたい[6]．

1.「人民代表会議」招集，開催権の掌握

前述のように共産党は一貫して独自の議会開催による「正統性」の調達機能を重要視していた．そこで共産党は，自らの影響力を行使できるすべての地域において，参議会，人民政協，人民代表会議，代表大会を開催していった．

その際，共産党はそれぞれの議会の招集，開催権を保持しており，準備活動を有利に展開することができた．その中で，共産党は準備委員会委員を党員に

---

5) 以下においても詳細に論じるように，共産党は地方においても「施政方針」や「組織法」などの重要法案の作成を独占的に行なっていた．このため共産党はいわば，法制定権や法解釈権をも握っていった．
6) このような一連の手段については，加茂具樹の研究［加茂 2006］に示唆を得た．

よって独占させ，重要法案，決議の草案作成を行う体制を作り上げ，さらに選挙権のための資格要件や，各党派の配分，招請する人物をも自身で決定していった．

2. 党員代表の過半数以上の確保

共産党が日中戦争時に提唱していた「三三制」とは，本来であれば「共産党員が3分の1を占め，党外の左派の進歩的な人々が3分の1を占め，左でも右でもない中間派が3分の1を占める」ことを指すものであった［中共中央文献編輯委員会 1991：742］．ただし，共産党の言う「左派」や「中間派」については定義が曖昧であり，この中に，共産党員が入り込む余地は十分にあった．この結果，共産党員が全代表の50％以上，多いときは60％以上を占めることすらあった．

興味深いのは，共産党にとって民意の反映することと戦時体制を強化することは全く矛盾するものではなく，むしろ議会の開催を動員やリクルートに利用してきたという点である［井上 1987］．しかも，少なくとも表面的には選挙を通した代表選出であったために，大衆の同意を得たという名目の下，政策執行，政権運営を有利に進めることが可能となっていった．

3.「人民代表会議」指導幹部の中での優位性の確保

さらに共産党は各議会において，代表の過半数を占めたことにより，各行政レベルの人民政府委員会の人事をも有利に進めることができた．

各行政レベルの人民政府委員会の選出は，議会の代表による推薦の後，参加代表による投票という方法で行なわれたが，共産党の優勢により，必然的に共産党代表の人民政府委員会委員候補者への票が集まり，共産党の意向どおりに委員を選出することが可能となった（この時活躍したのが党グループであったが，これについては後述する）．各行政レベルの首長，副首長はいずれもこの人民政府委員会において，委員の中から選出されるということから，同委員会における優位性によって，必然的に首長，副首長の選出をも共産党の思惑通りに進めることができた．

4. 重要決議，法案の起草権の掌握

さらには共産党は「憲法制定権力」または，それに準ずる重要決議，法案の起草権を掌握していた．共産党は 1. のように開催権を持っていたことから，人民政協，人民代表会議，人民代表大会の準備段階で，自ら重要法案，決議の起草を行ない，これを言わば「たたき台」として提出することができた．

これには，各行政レベルの政策的方向性を定めた「施政方針」，臨時的な憲法の役割を果たした共同綱領，各行政レベルの議会の代表や，人民政府，首長，副首長などの職権と選出方法を定めた「選挙方法」，「組織条例」も含まれる．

いずれの法案も当時の中国の政治体制にとって，きわめて重要なものであったにもかかわらず，討論する時間は必ずしも長くはなく，また共産党の統治を覆すような意見を言えるような環境にはなかった（さらに言えば代表選出の過程で地主，ブルジョア階級は淘汰され，敵味方に区別されていた）．このため，草案に対して重大な修正を行うことはきわめて困難であった．

また共産党代表が過半数を占めているために，採決に持ち込まれた場合，共産党が押し切ることも可能であった．以上の事情があったためか，議会によっては（方法や実際の数字は不明ではあるが）「全会一致」で，原案をそのまま採択することもあった．

5.「人民代表会議」機関における党グループの設置

そして，最後に以上のように共産党が影響力を行使する時に暗躍したのが，党グループであった．党グループの人民代表会議，人民代表大会開催における具体的な行動については，必ずしも明確ではないが，唐亮や毛里和子が指摘するように，党グループの役割は共産党の「指導」にとってきわめて重要なものであったということから，この機関が人民代表会議，人民代表大会開催に対して強い影響力を行使した可能性が高い［唐 1997：7-33；毛里 2004：142-150］．

実際，それぞれの人民代表会議，人民代表大会，人民政協においては必ずと言っていいほど，党グループが設立されていた．また，実際に党グループが党員の投票行動に対して，一定の指示を行なっていたことも管見の資料から読み取れた．

4 「人民代表会議」制度の特質

では上述の (2) に関連して，より具体的に，何故共産党は上述のような議会における優勢を確保することができたのか．ここでは著者のこれまでの研究から抽出した，7つの手段——①選挙委員会・選挙資格審査の掌握の有無，②差額選挙か等額選挙か，③地域代表制か職能代表制か，④直接選挙か間接選挙か，⑤二院制か一院制か，⑥一元代表制か二元代表制か，⑦直接参政か諮問機関か——によって分析を加えていきたい．

まず，①選挙委員会と選挙資格審査の掌握について．少なくとも本章で対象とした時期においては，ほぼ党員によって同委員会は独占されていた．したがって，共産党は資格要件を自らの意向に従って決定することができ，資格審査を掌握していた．

②差額選挙か等額選挙かについて．石家荘においてわずかばかりの差額選挙を行なった以外は，ほぼ全地域，行政レベルで等額選挙であった．人民政協に至っては選挙すら実施された形跡がない．これは，③地域代表制か職能代表制かについて，人民政協が主として職能代表制を取ったためである．一方，③については華北と石家荘ではいわば折衷型となっていた．このため，④直接選挙か間接選挙（特に重層的間接選挙）かで言えば，市レベル，省レベルの直接選挙が行なわれるという，後には見られない画期的な試みもあった．ただし，投票方法に関して言えば，挙手によるものが主だったため，結果として投票率は非常に高くなったが，他者の視線がある中で表だって反対票を投じることは困難であったことも推察できる．

⑤一院制か二院制か，⑥一元代表制か二元代表制かについては，当時はいずれも一院制の一元代表制を採用していた．これらについては本来，どちらがより民主的というわけではないが，少なくとも議会同士あるいは首長と議会との間に緊張関係が存在していなかった．この結果，共産党にとってはむしろ管理しやすい構造となったとも言える．ただし，一院制については，1954年に人民代表大会が設立された後は，完全なる二院制ではないが，人民代表大会と政治協商会議が並立するものとなった（ただし，⑦に関連させれば人民代表大会が設立されてから現代に至るまで，人民政協はあくまで諮問機関に留まっている）．

最後に，⑦共産党政権下における議会が，直接影響力を行使したか，諮問機関に過ぎなかったかという問題は判別が難しい．いずれの時代，地域，行政レベルにおいても，議会は「最高権力機関」と位置付けられており，また石家荘，華北，人民政協ともに，一部影響力を行使した面はある．ただし，基本的には共産党の敷いた政治路線からは大きくはずれることはなく，その意味では諮問機関であったとも評価できる．その際に暗躍したのが前述の党グループのようである．

　さて，以上のような7つの手段を，以下では分析の視角として用い，中国民国期の議会制度と現代中国のそれとを比較した場合，幾つかの点で興味深い示唆が得られる．第1に，当時の人民代表会議，人民政協はほぼ等額選挙であったが，この点，少なくとも加茂具樹，中岡まりの研究を見る限りにおいては，現代においても完全なる差額選挙はまだ採用されるに至っていない．むしろかつて批判された1947年の国民大会選挙では様々な問題があったものの，差額選挙が採用されていた．

　第2に，華北，石家荘は地域代表制と職能代表制の折衷型であったために，「五五憲草」や1947年の国民大会選挙に近いが，人民政協は職能代表制であったために，むしろ中華民国期の国民参政会に接近していた．一方，現代の人民代表大会は形式的ではあるが，地域代表制を採用している［毛里 2004：109］．

　第3に，華北，石家荘などの地方議会では曲がりなりにも直接選挙を採用していたという事実である．しかし，肝心の中央政府レベルの人民政協は直接選挙を採用することはなかった．

　第4に，様々な批判を浴びたものの，国民党は立法院あるいは国民大会に，直接政治に介入する権限を与えていた．しかし，共産党の政権下においては，むしろそれは制限されていた．たとえば石家荘では，共産党は人民代表大会が政治に介入するのをそれほど望んでいない向きすらあった．

　第5に，これも紆余曲折はあったものの，国民党は基本的には二院制を採用する意思を示していたが［金子 2001］，共産党政権下では完全なる一院制をとった．また，国民党，共産党いずれにおいても，一元代表制が採用されていた．

　このように共産党が一部独自色を出しえた理由は，共産党による国民党への痛烈な批判と，大衆の国民政府への失望が考えられる．なぜ民主党派がこのよ

うな制度を支持したのかについても，共産党による将来的な直接選挙への期待や，共産党の主張するような連合政府に同意したという面もあったのかもしれない．このことは，共産党の正統性の論理が，一方で孫文以来の革命の伝統に根ざしているが，もう一方では国民党への痛烈な批判——すなわち，国民政府への非正統化（Delegitimation）に論拠があったためであると考えられる［Beetham, 1991］．

そして，わずか数年後に全国人民代表大会が開催されるに至り，⑤については，不完全な二院制となり，⑦では人民政協は諮問機関に成り下がる．④は人民代表大会においては重層的間接選挙が採用され，辛うじて③が形式的に地域代表制とはなったが，②は等額選挙になった．このようにしてできあがった政治制度は，より一党独裁体制に近いものとなり，これが現在に至るまでほぼ変更されないまま残存していると考えられる．

5　中国共産党の正統性調達の成否——脆弱性

ところで，本章の第3節で見たような「選挙権威主義」体制を確立する上での手段によって，中国成立期の「人民代表会議」制度と，現代の人民代表大会制度とを対比した場合，以下で見られるような，重要な結果が浮かび上がってくる[7]．

第1に現代の人民代表大会においては，全国人民代表大会（以下，全人代）常務委員会委員長，副委員長，秘書長等の全人代および常務委員会の意思決定組織と実務活動組織の幹部を基本的に党員が担当している．しかし，中国成立期においては，このうちの副首長に関して，石家荘市を除いては，華北人代，人民政協いずれにおいても，民主党派のために副首長の座が空けられていた．華北に関しては，そのうち半数が民主党派に占められた．

第2に，党グループについて言えば，現代中国では党グループの役割として，党外の民主党派への働きかけ機関として位置づけられている．しかし，人民政

---

[7]　以下，現代中国における人民代表大会制度に関しては加茂具樹の研究［加茂 2006］を参照した．

協の事例を見る限りにおいては，当時はむしろ党内に対して，自らの政策，意思を伝達，貫徹するために存在していた．

第3に，現代中国の政治体制は民主党派を忠実に共産党の方針に従わせるように設計されているとされるが，成立期について言えば必ずしもそうとは言えない．民主党派の支持を得て内戦を勝利した共産党にとって，むしろこのような行為はただちに統治の「正統性」の喪失につながったからである．

以上のように中国成立期と現代中国とでは様々な相違が見られるが，これらを総合すれば両者の違いは，突き詰めてみれば，共産党の対民主党派との関係という1点に集約されるのかもしれない．

実際，共産党の権力掌握は1956年とされているが，若干のずれはあるものの，まさに「反右派闘争」によって民主党派が完全に淘汰される時期と重なるのである．実はこのような議論は，第2節においても見たように，東北グループを中心とする共産党の指導幹部の一部，最高指導者でもある毛沢東個人が，共産党の権力を集中させる意志を持っていたにもかかわらず，なぜさらなる民主党派の淘汰を目指さなかったのかという理由と関連する．これを説明する上で重要な概念が「はじめに」にて提示した「正統性」の問題である．

すなわち第1に民主党派の独自性の確保と，共産党の民主党派への「配慮」があったということである．他でもない共産党自身が，内戦勃発後も政治協商会議と，これに基づく連合政府構築の主張を撤回していなかった．こうした主張がまさに民主党派の支持を受け，内戦の勝利をも可能にしていた．これは，共産党が国民統合を目指し，そのために集権的な国家の建設を志向していたにもかかわらず，一気に独裁に走れば，民意の離反，すなわち「正統性」の喪失を招くというジレンマを抱えていたことを示唆している．

第2に，第1の理由と関連して，この時期共産党が経済政策を重要視していたことがある．第1節で見たように，共産党は当時，経済政策の失敗に対する焦燥感を抱いていた．共産党は国民党が経済政策の失敗によって政権崩壊までに至ってしまったことを目の当たりにしており，これに対する失政は自らの地位を危うくするということも自覚していた．トップリーダーである毛沢東や，劉少奇が自らを「李自成」に例えていたことも，自らの統治の「正統性」喪失の危機感を表現していた．このために，ブルジョアジーのさらなる淘汰や，よ

り「急進的」な経済政策は行ない難かったのではなかろうか.

　第3に，1949年の7期2中全会から，共産党の活動の中心が農村から都市へと移っていたことと関連する［日本国際問題研究所中国部会：432-443；小林 1974］. すなわち，当時の共産党は，都市を重視するようになったために，ブルジョア階級や，経済建設の経験や実績のある人材，知識分子，さらにこれらの意見を反映しているであろう民主党派を政権の中に取り込み，彼らを優遇した上で，経済を安定させる必要があった.

　この傾向は特に石家荘市人代開催過程において顕著に見られた．その他にも，共同綱領作成において，社会主義やプロレタリア独裁を明確に挿入しないなど，民主党派に対して配慮する内容も含まれていたということもあった．この民主党派に対する配慮とはすなわち，共産党の「指導」に対して，グラムシ的なヘゲモニーを共産党が必要とせざるを得なかったということである［片桐 2011；松田 1988］. ここに共産党の一種の「脆弱性」を見ることができる.

　ただし，経済政策における民主党派やブルジョアジーへの配慮の一方で，政治的な部分，換言すれば政権交代を可能とする部分や，共産党が練り上げた国体，政体の部分については，いずれの行政レベルにおいても譲歩することはなかったことは，ここで改めて指摘しておく必要があるであろう．共産党は軍事的勝利や，軍事力の独占という前提条件の下で，自らにとって有利な政権を一貫して目指すという一面も持ち合わせていたのである．これはまさに，現代の中国政治経済政策にも通じる問題と言えまいか［Zheng & Lye 2005；国分 2004］.

おわりに

　以上を踏まえた上で，1つの結論として，以下のようなことが言えるのではなかろうか．すなわち，中国はその成立後，わずか数年の期間を経て社会主義化へと進んでいくが，共産党が早期において，社会主義化を進めることができた背景として，当時の議会制度と共同綱領を含む法案，これによって構築される政治体制が挙げられるのではないかということである.

　第1に，共同綱領が臨時的とはいえ，国家の憲法となり，国家の基本理念となった以上，共産党は自らが起草した，共同綱領と，「憲法制定権力」の掌握

に基づいて，その成立後の諸政策を実現させていったと思われる．

　第2に，当時の人民政協，人民代表会議，人民代表大会は，1954年に設立されるであろう全人代，地方の人民代表大会に対する臨時的な措置として位置づけられてはいたが，少なくとも当時は各行政レベルの最高権力機関であった．したがって「人民代表会議」制度という後の社会主義化を断行する上での制度的装置がすでにあったとも考えられる．そこにはスチュアート・シュラム［シュラム 1989］やケネス・リーバーソール［Lieberthal 2003］が論じたような，毛沢東の強権とは別の制度的強靭性が見られる．党国体制確立へ一定の基盤は，当時すでに形成されつつあったということである．

　しかも，たとえば石家荘市では，中国成立後のわずか2年後の1951年には，当時からすでに様々な問題を抱えた石家荘市人代ですら，「資産階級の『形式』的民主の欠点を持つ」という批判を受けるようになった．このような主張は，その他の地域，各行政レベルでも同様に行なわれており，この時期全国へと伝播していったと思われる[8]．ここに至り中国では全国的に「民主的」な手続きを全く無視するような風潮が産まれていったと思われる［『人民日報』1951年8月28日］．

　この1949年から1951年までの2年間には，1, 朝鮮戦争を通して，新政権として物心両面の最大限の動員をせざるをえなかったこと，2, そのために権力の集中を断行せざるをえなかったこと，3, それによって社会主義化への傾斜と党国体制の強化が必然化されたということが，その背景としてあったと思われる[9]．事実，毛里和子も指摘するように，毛沢東自身，1951年という早い段階から，社会主義化の実行という考えを持つようになっていった［毛里 2004：29-30］．

　ただし，これについては現段階ではまだ仮説に過ぎず，今後さらに実証的に検討する必要がある．その意味において，残された課題として，今後は，「人

---

[8]　これについては，たとえば「選挙必須反対関門主義和形式主義」という記事［『新華月報』第4巻第5期，1951年9月，1000］においても見られる．このような言論は管見の限りでは，1951年頃から盛んに行なわれていったようである．

[9]　朝鮮戦争を社会主義化の契機と見なす者として，奥村哲や Harry Harding が挙げられる［奥村 1999, 2004；Harding 1981］．

民代表会議」制度がどのように機能していったのか，またなぜ1954年に全人代を中心とした「人民代表大会」制度へと転換する必要があったのか，この時の共産党の民主党派，ブルジョア階級への対応はどのようであったかについて，1次資料を基に，実証的に検証していく予定である．

文献目録
中国語文献
薄一波［1991］『若干重大決策与事件的回顧』上巻，中共中央党校出版社．
中共中央文献編輯委員会編［1991］『毛沢東選集』第2巻，人民出版社．
中共中央文献研究室編［2008］『建国以来周恩来文稿』中央文献出版社．
日本語文献
味岡徹［2010］「共産党根拠地の憲政事業」中央大学人文科学研究所編『中華民国の模索と苦境　1928-1949』中央大学出版部．
アーレント，ハンナ（山田正行訳）［2000］『暴力について――共和国の危機』みすず書房．
井上久士［1987］「辺区（抗日根拠地）の形成と展開」池田誠編『抗日戦争と中国民衆』法律文化社．
奥村哲［1999］『中国の現代史――戦争と社会主義』青木書店．
―――［2004］『中国の資本主義と社会主義――近現代史像の再構成』桜井書店．
梶谷懐［2013］「左派と右派の間 ―― なぜ毛沢東は死な（ね）ないのか」(http://asahi2nd.blogspot.jp/2013/04/gendai06.html, 2013年6月19日確認)．
片桐薫［2001］『グラムシ・セレクション』平凡社．
金子肇［2001］「戦後の憲政実施と立法院改革」姫田光義編『戦後中国国民政府史の研究』中央大学出版部．
加茂具樹［2006］『現代中国政治と人民代表大会』慶應義塾大学出版会．
国分良成［2004］「中国政治体制の行方」『東亜』447号．
小林弘二［1974］『中国革命と都市の解放　新中国初期の政治過程』有斐閣．
シュラム，スチュアート（北村稔訳）［1989］『毛沢東の思想　～1949年／1949～76年』蒼蒼社．
鈴木隆［2012］『中国共産党の支配と権力党と新興の社会経済エリート』慶應義塾大学出版会．
唐亮［1997］『現代中国の党政関係』慶応義塾大学出版会．
日本国際問題研究所中国部会編［1964］『新中国資料集成』第2巻，日本国際問題研究所．
松田博［1988］『グラムシを読む――現代社会像への接近』法律文化社．
丸山眞男［1995］『丸山眞男集』第5巻，岩波書店．
杜崎群傑［2010a］「中国人民政治協商会議共同綱領の再検討――周恩来起草の草稿との比較を中心に」『現代中国』第84号．

―――［2010b］「建国期の中国人民政治協商会議における中国共産党の指導権」『アジア研究』第 56 巻第 4 号.
―――［2011a］「中華人民共和国成立前夜における華北臨時人民代表大会の研究――中国共産党の地方における統治の正統性調達過程」『中国研究月報』第 65 巻 8 号.
―――［2011b］「中国共産党の市レベルにおける統治の正統性調達過程――1949 年開催の第 1 期石家荘市人民代表大会を中心に」『中国研究論叢』第 11 号.
毛里和子［2004］『新版　現代中国政治』名古屋大学出版会.
レーニン（角田安正訳）［2011］『国家と革命』講談社.

英語文献

Beetham, David [1991] *The Legitimation of Power*, Palgrave.
Harding, Harry [1981] *Organizing China: The Problem of Bureaucracy, 1949-1976*, Stanford University Press.
Howard, Marc Morje & Philip G. Roessler [2006] "Liberalizing Electoral Outcomes in Competitive Authoritarian Regimes", *American Journal of Political Science*, 50 (2).
Lieberthal, Kenneth [2003] *Governing China: From Revolution through Reform*, W・W・Norton & Company.
Schedler, Andreas [2006] "The Logic of Electoral Authoritarianism," Andreas Schedler eds., *Electoral Authoritarianism: The Dynamics of Unfree Competition*, Lynne Rinner Publishers.
Zheng, Yongnian & Liang Fook Lye [2005] "Political Legitimacy in Reform China: Between Economic Performance and Democratization", Lynn White ed., *Legitimacy: Ambiguities of Political Success or Failure in East and Southeast Asia*, World Scientific.

第 8 章　実業界と政治参加

——第 1 回全人大と中国民主建国会

水 羽 信 男

はじめに

　1947 年のトルーマンドクトリン（「封じ込め」政策）と 1949 年の中華人民共和国の成立，そして 1950 年の朝鮮戦争開始と同年のトルーマン大統領による中国への核攻撃の言及，1951 年の日本の主権の回復と再武装の本格化など，中華人民共和国成立前後は厳しいイデオロギー的対立と，それに伴う軍事的対立の時代が続いた．その結果として，中国ではアメリカとの戦争に備えることが急務となり，1953 年には新民主主義革命論から「過渡期の総路線」への政策転換が明確になり，急速な社会主義化が目指されることになった［奥村 1999 等］．

　こうして，「熱戦」も混在したアジアの「冷戦」時代が本格化した，と理解される．しかしながらこの時代は，単純にイデオロギー対立がすべてに優先する時代とだけ理解することは間違いである．たとえば米国ではフェアバンクも，アジアにおける共産主義の可能性を無視することができなかった［Fairbank 1950；シェリフ 2013］．挫折したとはいえ，スターリン批判以後の東ヨーロッパの自由化なども，社会主義内部に存在したもう 1 つの可能性を示しているといえよう［佐藤 2007 等］．

　著者はこれまで冷戦，あるいは 1950 年代の"見直し"という問題関心を歴史学界と共有しながら[1]，中国におけるリベラリズムは 1949 年で断絶するもの

　1）　歴史学研究会の連続特集も，1950 年代の問い直しという新しい研究潮流を示している［「「戦後日本」の問い方と世界史認識　冷戦・脱植民地化・平和」(1)(2)『歴史学研究』

ではなく，1957年の反右派闘争まで続いたものと理解してきた．それは現在の中国の思想状況を歴史的に検討するための準備作業でもあった［水羽 2007；水羽 2012］．

　今回は1953年から1954年までの時期を議会史・憲政史の視角からとりあげる．中国共産党（中共）は前年からの準備を経て，1953年に入ると前述したように「過渡期の総路線」政策を本格化し，社会主義化改造を具体的に展望し始めた．そして1954年には第1回全国人民代表大会（全人大）を開催し中華人民共和国憲法を制定して，社会主義国家への移行の道筋を確固なものにしたのである．

　この時期に関する従来の研究では，当時の中共において劉少奇らの穏健論が優勢であったとみなす立場［姫田他 1993：194］がある．その一方で毛沢東は，「劉少奇らの「新民主主義を固める」とか「私有財産を保護する」という考えを一蹴した」[2]［毛里 2012：20］とする立場も並立している．とはいえ史料の公開上の問題もあったのか，学界では論争的な局面が生じることもなく，今後の検討を待っている．

　いずれにしても，この時期には中国なりの議会制・憲政の確立の努力がなされたのであり，この過程で中共はさまざまな方法を用いて民衆の教育・組織化にあたった．現在ではこのテーマに関する歴史研究も日中両国で大いに進展し，1950年代における事実関係はかなり明らかにされた［中岡 2001；呉継平 2010；韓大元 2014 等］．また全人大についての研究は，現状分析ともあいまって深化している［加茂 2006；中岡 2011］．本章も個別の実証では先行研究に大きく依拠した．

　しかし中華人民共和国におけるリベラリズムとそれを支える社会的基盤が，この時期，どのような変化をとげたのか，またリベラルの側からどのような意見が表明されたのか，についての本格的な議論はこれからの課題である．そこで本章は，商工業者と彼らのイデオローグを組織した中国民主建国会（民建）の上海における活動に即して，彼らが議会制・憲政に対してどのように取り組んだのかを初歩的に検討する[3]．

　　920号・921号，2014年等］．
　2）　本書の初版は姫田他［1993］と同じ1993年である．
　3）　筆者の民建の評価については，水羽［2007］等を参照のこと．

また社会主義への転換という人民共和国の政治・経済体制の変化の影響を最もこうむったのは商工業者であり，彼らの活動を検討することは1950年代の歴史理解を深めるうえで必須の課題であり，中国経済が最も発展した都市である上海は，その分析には好個の研究対象だといえよう．なお行論の必要に応じ，中国工商業聯合会（工商聯）の動きにも着目し，民建のリーダーとみなされた施復亮（1899-1970）や章乃器（1897-1977）の言説についても，あわせ検討する[4]．

1　人民代表大会と「普選」運動

1. 民建について

民建は黄炎培（1878-1965）のイニシアティブのもとで1945年12月に重慶で設立され，中共が「民主党派」と呼ぶ小党派の1つで今日まで存続している．1949年革命に際しては，中国民主同盟（民盟）などとともに，最終的には中共の武装闘争を支持するに至り，中華人民共和国の党治下では商工業者と中共の橋梁としての役割を期待されている．

民建は全人大に先行した各地の人民代表会議でも重要な役割を果たし，全人大へ向けての準備にも積極的に関与した［張暁明 2008；魯麗敏 2012等］．ちなみに副主任委員の李燭塵と章乃器が，選挙法起草委員会委員に就任している［楊栄華 2001：176］．

とはいえ1953年段階で商工業者を組織した民建に課せられた最大の任務は，回復しつつある経済状況に対応して，規律ある経済活動を推進することであり，社会主義改造へ向けての思想的な準備をいっそう進めることだった．それゆえに，商工業者の本質的な限界性が一面的に強調されるに至る．たとえば民建総会の「本会の愛国守法教育工作に対する意見」は，次のように指摘している［中国民主建国会中央委員会宣伝部 1994：394］．

　　商工業者の利益のみを追求するという本質はけっして消滅しないがゆえに，公私関係の矛盾もまた完全な解決はなく，そのため〔我々民建のメンバーは〕

---

[4]　施復亮については水羽［2007］および平野［2010］を，章乃器については水羽［2012］を参照されたい．なお，平野［2010］に対する著者の書評（『社会経済史学』77-4, 2012）も参照のこと．

油断したり，思い上がったりしてはならない．さらにそれだけでなく，依然として愛国守法教育を強化し続けなければならないのである（以下，〔　〕内は筆者による補訂）．

　1953年9月には毛沢東が「資本主義工商業の改造が必ず通らなければならない道」と題する講演を行ない，工商聯も1953年11月に「過渡期の総路線，総任務と私営商工業に対する利用，制限，改造の政策を受け入れ，擁護することを丁重に宣言した」［楊栄華 2001：170, 172］．

　当時の民建や工商聯のメンバーからいえば，社会主義改造，すなわち自らの企業の所有権と経営権をともに奪われることが，喫緊の課題として眼前にあったといえる．全人大の準備はこうした状況のもとで開始されたのである．

2. 人民代表大会

　中共は人民共和国成立初期の段階では，全国政権としての基礎を築き得ていなかったことを直視し，全人大に替わる民意機関として，各レベルでの人民代表会議の設置を推し進めた［中岡 1998 等］．それは次の3つの目的を持っていた．①地方レベルの政府を設立する権限をもつことで，地方政府に正統性を与えること，②中央政府の政策を社会の基層にまで伝えること，同時に基層社会の政治・経済的な要求を中央にフィードバックすること，③将来的な全人大への移行を準備すること．

　とはいえ人民代表の選出方法は，一部を除いて投票を経ない上からの指定であった．たしかに代表には小党派のメンバーが積極的にあてられるなど，統一戦線的な配慮がなされた．しかし，それは中共の党治をより強固にするための手段でしかなかったのである［張暁明 2008］．

　さらに上記③の全人大の準備としての役割を過度に高く評価することはできない．というのも，中共は最初の憲法に相当するといわれた1949年の政治協商会議（政協）の「共同綱領」で全人大の開催を明記したが，朝鮮戦争の開戦の影響もあり，人民代表会議を人民代表大会へと改組することに慎重だったからである．呉継平によれば，1952年の年末になってようやく中共は全人大の設置を具体的に考え始めたが，それは「1955年以後，つまり社会主義改造が完成した後にあらためて「普選」を行ない，全人大を開き憲法を制定する」とい

うものでしかなかった［呉継平 2010：84］．

　中共のこうした方針を転換させたのは，スターリンであった．彼は社会主義改造などについてソ連と協議するためモスクワに滞在していた劉少奇に対し，具体的な指示を行なったのである．劉少奇の毛沢東および中共中央宛の書簡によれば，1952年10月，スターリンは次のように述べている[5]［中共中央文献研究室・中央檔案館 2005：536］．

> もしあなた方が憲法を制定せず，選挙を行なわなければ，敵は労働者や農民に対して2つの言い方で，あなた方への反対宣伝ができる．ひとつにはあなた方の政府は人民が選挙したものではなく，第2にあなた方の国家は憲法を持たない，と．政協は人民の選挙を経たものではないので，人々はあなた方の政権は軍事力の上に立てられた，ひとりよがりのものだということができる．

　ここからスターリンが冷戦における宣伝戦において勝利を得るためにこそ，人民代表大会の早期の開催を求めたことが理解できる．同時に，本章との関係からいえば，次のようにスターリンが言ったことも注目される［中共中央文献研究室・中央檔案館 2005：537］．

> その他の党派があれば，政府はそれらに対して責任を負わなければならず，国家の重要問題を彼らと相談しなければならない．その他の党派の人々の多くはアメリカ・イギリスと関係をもっており，彼らが知ることは，英米も知ることと等しい．……もし人民が選挙した結果，共産党員が当選者の多数を占めれば，あなた方は一党の政府を作ることができる．

　たしかにこの劉少奇との会談において，スターリンは小党派との統一戦線の破壊を禁止している．しかし彼は選挙に勝った共産党が，落選した小党派の候補者たちを経済的に支援することと統一戦線の維持とを等置している[6]．すなわちスターリンにとって選挙とは，共産党の独裁を強める手段であり，小党派

---

5) 全人大の開催・憲法制定におけるスターリンの指導については呉［2010］が詳しいが，すでに日本では梅村［2004］が指摘していた．
6) スターリンはこの点について，次のように述べている．「その他の党派〔のメンバー〕が選挙で落選しても，あなた方は政府を組織するとき，その他の党派に恩恵を与えることができ，このようにすればさらによい．その他の党派〔のメンバー〕が選挙で落選したら，あなた方は統一戦線を崩壊させてはならず，経済上，彼らとの合作を継続しなければならない」［中共中央文献研究室・中央檔案館 2005：537］．

の存在意義は一党独裁という現実の印象を弱めるための「道具」にすぎなかったのである．

3．「普選」運動と民建

1953年1月，中央人民政府委員会は「全国人民代表大会および地方各級人民代表大会を召集することについての決議」を発し，それをうけて各小党派が全人大の代表を選ぶための活動を開始した．たとえば民建総会も1月23日に全国の支部は「関係のある工商界の人々と各種の準備工作に積極的に参加すべきである」と指摘している［楊栄華 2001：444］．3月には民建のトップである黄炎培が全人大選挙法を「熱烈に擁護する」との談話を発表し［楊栄華 2001：445］，4月には中央選挙委員会から「基層選挙工作についての指示」が出され，「普選」運動の準備が進められた．

ただしこの選挙は，単なる投票行為を意味するものではなかった．たとえば「基層選挙工作に関する指示」では，選挙資格の登記は，反動分子とそうでない人々との区分を前提とするものであり，同時に投票への動員運動のなかで幹部の「官僚主義」「命令主義」「法律と規律違反」に反対する闘争が行なわれるべきだとした．「普選」運動を通じて中共にとっての不適格者を淘汰し，新たな幹部を発掘することが目指されたのである［中国民主建国会総会 1953b：2-3］．

「普選」運動は政治運動として展開されたのであり，この運動のなかで中共は「人民代表大会および選挙についての学習提要」を発表した．それは民建総会によって会員へと伝達され，次のような点が学ぶべきポイントとして示された［中国民主建国会総会 1953a：62-63］．

人民代表大会制度と旧民主主義の議会制度は本質上，どこが違うのか．
……我々が現在規定する選挙制度は，なぜどんな資本主義国家の選挙制度とも比べものにならない〔ほど良い〕のか．

その答えの1つは，当時の社会主義国で共通して語られていた次のようなもので，ブルジョア民主主義に対する社会主義的な民主主義（ないしは人民民主主義）の優位性を強調するものであった［「関於"中華人民共和国全国人民代表大会及地方各級人民代表大会選挙法"草案的説明」『人民日報』1953年3月3日］．

アメリカの「選挙税」と「人頭税」〔poll tax〕は，通常，多くの貧しい労

働人民や多くの黒人の選挙権を奪い[7]，……それ〔アメリカの民主主義〕は形式上，偽りの見かけは美しそうなものを規定しても，純粋に人民を騙し，その〔ブルジョアジーの〕特権的な統治を保護することを目的としている．

　1954年6月に入ると民建総会は，「各地方組織は民建会員が中華人民共和国憲法草案の討論に積極的に参加するよう促さなければならない」との通知を出し，憲法についての学習の重要性を強調している．こうした民建会員を含む基層の運動を経て，1954年9月に第1回全国人民代表大会が開催され，中華人民共和国憲法が決定された［楊栄華 2001：448］．それを受けて民建は，同年10月に黄炎培が主催し，100名あまりが参加した常務委員会拡大会議を開き，憲法と第1回の全人大の重要報告の学習方法について論じた．その結果は，各支部に伝達され，「行動を通じて〔運動課題の〕貫徹に努力するよう要求された」［楊栄華 2001：449］．

2　若干の検討

1．1949年以前の政権組織論

　全人大の組織化の過程はスターリンが自覚していたように，権力の正統性に関わる重要な問題であった．毛沢東は1927年の「緊急会議での発言」で「政権は銃口から生まれる」と指摘した［毛沢東文献資料研究会 1984：298］．しかし近代国家としての正統性が，こうした言説で保障されることはありえない．

　したがって如何なる手続きを経て新政権を誕生させるかは，日中戦争の末期から民盟などの党外の知識人を含めて問題となっていた．ただし当時は政権の形態やあるべき政策大綱に議論が傾きがちであった．しかし内戦の帰趨が見え始めた1948年になると，政権組織論をめぐる議論が本格化した．

　1948年6月，民盟は「中共の"五一"スローガンに呼応して，全国の各民主党派，各人民団体，新聞社および全国同胞に呼びかける書」を発し，「全国

---

[7]　周知のようにアメリカ合衆国憲法修正24条（1964年1月批准）において認められるまで，poll tax を支払うことができないために，投票権を奪われていた人々は存在していた．また黒人の多くの選挙権を奪っていた Literacy Test の廃止が実施されたのは，1971年であった．

の人民と敵対する反動独裁政権〔＝蔣介石政権〕をすべての力で打倒し，新政協を通じて本当の人民の民主連合政府を樹立しそれと替える」と述べた．それは「蔣介石を打倒し，新中国を樹立し協同して奮闘しよう」という中共のメーデー・スローガンに明確に対応するものであった[8]［中国民主同盟中央文史資料委員会 1983：431］．民建も，他の小党派と比べるとやや遅れるが，メーデー・スローガンを支持してゆく．

1948年の下半期には国民党の「中華民国憲法」体制を打倒して，どのような手続きを踏むことが民主的な政権組織の方法となるのかが，中共と中共を支持する知識人にとって，具体的な問題として提起された．同年9月1日，民盟は機関誌『光明報』新第2巻第1期に「新政協問題筆談」を掲載し，政権組織の手続きについて議論するに至った．

そのなかで沈志遠（1902-1965）は，①新政協の開催→②臨時人民代表大会の召集→③臨時民主連合政府の成立→④普通選挙に基づく正式の人民代表大会（国民大会）の召集→⑤正式の民主連合政府の成立という5段階論を提起した．この5段階論は民盟雲南省支部が1945年に「抗戦8年を記念して国人に謹んで告げる書」のなかで示した4段階論──①各党派の円卓会議→②臨時の連合政府→③選挙に基づく正式の国民大会→④正式の政府樹立［中国民主同盟中央文史資料委員会 1983：46-47］よりも，さらに厳格に国民の合意形成に基づく新政権作りを目指したものであった．

1948年の現実政治において中共の役割が増大しており，沈志遠らの国民代表に関する捉え方は，中共を指導者とする新政権樹立に合法性を付与しようとする手続き論の提起であったと言える．

他方，周新民（1897-1979）は新中国樹立の手順に関しては中共の"メーデー・スローガン"がすでに明らかにしているとして，①新政協の開催→②（正式の）人民代表大会の召集→③（正式の）民主連合政府の成立という3段階論を議論の前提とした．確かに，彼も①新政協と②人民代表大会との間に「臨時

---

8) 当時，国民党支配地区で流布した"メーデー・スローガン"では「打倒蔣介石」の蔣介石の部分は伏せ字になっていた［『華商報』新827号，1948年5月1日］．引用に際しては，欠字部分を復活させるため陳竹筠・陳起城［1985］に掲載された「"五一"労働節口号」［1948年4月30日］を参考にした．なお以下の叙述のように，水羽信男［1992：93］水羽信男［2007：119-120］を補訂する．

連合政府」を組織すべきだとする見解が最近提起されていると述べ，その問題については新政協の場で決めればよいと柔軟な姿勢を示していた．

　周新民は，新政協から人民代表大会に至る過渡期は長期にわたること，その期間において人民の力量を高め，対外的な影響力を拡大することが必要であることなどによって，「臨時連合政府」組織の必要性を認めたのだが，手続上からみれば臨時人民代表大会を開くことで，その設置が可能となるようだとも指摘している．

　ちなみに民盟は1947年の秋，国民党によって非合法化されるが，沈志遠も周新民も当時の民盟の中央執行委員であっただけでなく，香港で開催された三中全会（1948年1月）に参加し，中共との共闘という民盟の新たな方針を決定するうえで重要な役割を果たしている[9]．なお沈は1925年に中共に入党，1926年に出国し，1931年までソ連に留学した社会科学者であり，他方，周新民も1922年から日本の明治大学に留学し法学を学び，1926年に中共に入党しており，ともに民盟内の最左派であった．

　両者に政権組織論においてニュアンスの違いが生じた要因は不明だが，中共党員のなかにも沈志遠らのように，より厳密な手続き論の必要を説く人々がいたことに着目しておきたい．彼らは現実の中華人民共和国の成立過程（①新政協の開催（全人大の代行）→②正式の民主連合政府の成立）と比較すれば，人民の選挙による正統性の付与をはるかに重視していたといえる．

2. 中国の立憲主義と民建

　中共党員や小党派知識人の民主主義的な手続きを重視する見解は，現実の中華人民共和国の成立の過程では無視された．この点に関わって付言すれば，1949年6月15日，新政治協商会議準備会において毛沢東は，中央政府の樹立の必要性を説いたが，彼は1945年の「論連合政府」では，政治協商会議に相当する「円卓会議」で樹立するべき「連合政府」は「臨時」的なものであると主張していた［毛沢東文献資料研究会 1983（9）：236］．この点を踏まえれば，「新

---

[9]　沈志遠と周新民のプロフィールは「百度百科」（http://baike.baidu.com/）の記述を参照した（2014.9.2. 閲覧）．

政治協商会議準備会での演説」が「臨時」という限定を外し，新政協が全人大の職権を代行すると宣言したことは，遅くとも1948年6月までに中共が，自身が示した政権組織論を否定するに至ったことを示しているといえよう［毛沢東文献資料研究会 1983（10）: 281-282］．

しかしスターリンとの会談以後の中共の対応は，先の民盟の4段階論（①政協→②臨時の連合政府→③正式の人民代表大会→④正式の政府樹立）の後半の2段階を，人民共和国のもとで実施し，憲法を制定しようとするものであった．こうした新たな事態は小党派の知識人にとって，かつて自らが掲げた政権組織論とどう向きあうのかを問うものとなった．

というのも，当時の中共内部には，権力の正統性の根拠を確実にするためだけでなく，法治を中国に定着させようとして，民意機関の決定を中共の行政命令以上に尊重した人々もいたからである．すなわち人民代表会議は「普選」に基づかない民意機関であったが，彭真は1951年10月に「〔中共の〕県委の意見と代表会〔＝人民代表会議〕の決議が一致しなかったらどうするのか．代表会で県委書記が県委の意見を述べて，結果が否定だったらどうするのか」，「〔県委は〕意見を保留することを声明でき，原則を堅持し組織上は〔人民代表会議の決定に〕服従する」と述べたのである［彭真 1991: 227］．彭真の発言からは，党の指導を民衆への命令と同一視しない議論が生じつつあったことがうかがえる[10]．それは欧米の議会制民主主義と異なるとはいえ，新民主主義論の実質化の模索だったとはいえよう．

さらに劉少奇は第1回全人大の「中華人民共和国憲法草案についての報告」（1954年9月15日）で，我々の国家と社会の公共の利益は，個人の利益と離れることはできない．社会主義，集団主義は個人の利益と離れることはできないと述べ，さらに「憲法は一面では我々の過去の闘争を総括し，一面では我々の目前の闘争に根本的な法律上の基礎を与える．それは我々の国家の生活の重要な問題のうえで，何が合法的で，法定の必ず執行すべきことなのかを規定し，また何が非合法的で必ず禁止すべきかを規定する」とした［『人民日報』1954年9月15日］．

---

10) この点については呉継平［2010: 161-162］も参照のこと．

こうした劉少奇に示される立場を土屋は，立憲主義的な方向を示したものと評価しており，前述の「中華人民共和国憲法草案についての報告」における，次のような劉少奇の発言にも着目している［土屋 2005：22-25］．

> 中国共産党は我々の国家の指導の核心である．党のこの地位は，国家の生活のなかで党員に，どんな特殊な権利を享有させるべきものでも決してなく，ただ彼が大きな責任を負わなければならないようにさせる．中国共産党の党員は，憲法とその他の一切の法律を遵守するなかで，模範作用を起さなければならないのである．

1950年代半ばには，共産党内からも党員の独善性を批判的にとらえ，法治を中国に定着させようとする議論も，それなりに提起されていたのである．

したがって人民代表大会と憲法にどのように対応するのかは，小党派に結集した知識人の民主主義思想のありようを具体的に問うものとなった．とりわけ民建は「政綱」で普通選挙に基づく各級の議会の設置を求めながらも［陳竹筠・陳起城 1985：420-421］，「成立宣言」で政権獲得の意思をもたないとも述べていた［陳竹筠・陳起城 1985：418］．その意味で民建が「普選」に対してどのような対応をとるのかは，彼らの民主思想の有り様を象徴的に示すものとなるはずであった．

しかし民建とそのメンバーにとって，朝鮮戦争開始後の三反五反運動は大きな圧力となった．彼らの主体性と政治力は，この運動によって中共に対抗しえなくなったとの見方もある［楊奎松 2006］．いずれにしても新民主主義革命論においては，当面の資本主義の発展を目指すことが標榜され，こうした中共の政策を信じて大陸に止まった資本家にとって，1953年の「過渡期の総路線」政策の本格化は，三反五反運動以上に彼らの存在を脅かすものとなったように思われる．

事実，共産党は民建に対して，憲法草案を検討し学習することと「社会主義」改造を結びつけるように要求し，たとえば『人民日報』紙上の「憲法草案の宣伝を深く浸透させよう」と題する記事のなかで，上海のメディアの報道姿勢を次のように批判している［『人民日報』1954年8月17日］．

> この〔上海のある〕新聞が発表した私営企業の職工の投書や投稿には，資本家の改造を監視する問題への言及が少ない．これでは憲法草案の精神の

実質を十分かつ完全に表すことはできず，あるべき教育作用を生むことはできない．

中国の経済発展に大きな関わり合いを持つ民建に対しては，中共から強い圧力がかけられ続けたといえよう．

3.「普選」運動の実際

基層社会における実際の運動のなかでは，上海市選挙委員会辦公室が編集し，「絶密」扱いとされた『普選状況反映』の第12号〔1953年7月6日〕が紹介したように，店員の側からも「労働者階級だけでは国家を建設する力量は小さい」がゆえに，商工業者の政治参加が必要だとする意見もあった（上海市選委会辦公室1953．以下，『普選状況反映』については号数のみ表記する）．そしてこうした意見は，『普選状況反映』を見る限り，決して少なくはなかったのである．

しかし同時に一部の労働者からは，資本家へ対する厳しい批判も出されている．たとえば『普選状況反映』第12号には，労働者の発言として不労所得者である資本家に対して最も良いのは，代表にしないことであるという意見が掲載されている．さらに「資本家が政治に参加すれば，国家の大事についての討論が彼らに知られ，彼らは国家の経済情報を盗むだろう」との発言や，「現在，彼〔天一廠の工場長・麟伯〕を選んでも，社会主義が来たら，一刀の下に殺してしまえば良い」という意見さえ見られた［第13号，1953年7月9日］．

こうした議論は間違いとして是正の対象にはなっているが，経営者からは「普選」の結果，商工業者は代表には選ばれないだろうという発言があり〔12号〕，ある工場では三反五反運動と同じような弾圧が加えられたことも，批判的ではあるが，紹介されている．この工場では選挙権の資格認定にあたり選挙権を剥奪された14名が，「集中訓練」の名の下に攻撃されたのである［第20号，1953年9月6日］．

ちなみに当時，上海近郊の農村部では，次のような状況から「左」の誤りが生じたと批判的に総括されている［上海市選挙委員会郊区辦公室1954］．

> 審査の初期においては，一部の幹部は反革命鎮圧と普選とを厳格に区分することができなかったため，普選を通じて反革命鎮圧を企図した．さらに選挙権の〔有無の〕区分が明確でない……そのため「左」の傾向が生まれ

……幹部の一部は〔地主という〕レッテルを貼ることが多ければ多いほど，大衆を動員できると考えた．

しかしこうした状況のなかでも，商工業者は彼らの考える民主の実現のために，継続的な努力を行なっていた．たとえば，代表が内定していたのでは選挙は形式でしかないという批判や，候補者と当選者が同じでは「民主主義としては不十分である」との発言が商工業者から出されている［第 15 号，1953 年 7 月 24 日］．また開票時に資本家の票を 21 も少なく数えた工作隊を批判する経営者もおり，当然だが，こうした行為は是正されている［第 17 号，1953 年 8 月 4 日］．

工場内の友愛を尊重し，「資本家は利己的で，自分の利益だけを追求する」というレッテルに反発する商工業者はこの段階ではまだ存在していたのである．そして彼らのプライドの根底には，国家建設における自らの重要性に対する確信があったと思われる［第 12 号］．そして，その確信の根源は人民共和国における新民主主義の経験の蓄積に起因していた．たとえば上海の北四川路の区人民代表会議に参加した民建会員は，代表会議が「みなの政治的関心を啓発し」，政府が人民のものであることを実感させてくれたと報告している［張学騫 1951：15］．

おわりに

1953 年から 1954 年にかけては，民建とその会員にとって社会主義改造の準備が進められるとともに，基層社会での「普選」運動が展開され，中共による社会統合がそれまで以上に進められた時期だった．だが，上述のように商工業者のなかには，主権者としての自覚のもと，「普選」運動に積極的に参加したものもいたのである．

それゆえに章乃器は次のように述べ，資本家たちの不安を認めたうえで，「ゆっくりと安定して〔社会主義改造を〕進める」ことを強調し，彼らを安心させようとした［章乃器 1954；章立凡 1997：530］．

一般の工商界の人々が初めて「社会主義改造」〔というスローガン〕を聞き，〔われわれが〕彼らに対してはっきりと話さず，彼ら自身もはっきりと考える前は，多くの人が思想上，衝撃を受けるだろう．はっきりと話し，はっ

きりと考えれば，事情は決して何のおかしいところもない．

施復亮もまた民建や工商聯が地方の共産党の個々の誤りに対して，「覆議」を求めることができるとしている[11][施復亮 1954]．そこには中共の無謬性を否定して，商工業者の権利を守ろうとする意思が確認できる．

章乃器ら民建幹部の発言は，先に紹介した三反五反運動の再来を感じさせるような「左」の偏向による動揺を抑えようとするものであった．そして彼らがこうした発言ができたのは，劉少奇や彭真らの法治を重視する姿勢が示されていたからであろう．章乃器らは彼らを信頼し，その方向を支援するかたちで民建の会員の諸権利を守ろうとしたといえる．それは彼らなりの現実的な選択であり，今日，我々が現在の高みから批判することはできない．

だがこの段階での民建とそのリーダーたちの言説から，彼ら自身の希望を実現する方策を具体的に知ることはできない．たとえば施復亮は「守法」について，次のように述べている［施復亮 1954］．

中国はこのように大きく，各地の状況は異なり，目前においてすべてのことを一括・網羅し，すべてを条文で完璧かつ具体的に規定する法律を持つことはできない．しかし我々の行なうべき守法とは，成文法と不文法を含むものである．つまり守法とは決して形式主義的に法を守ることではなく，国民党反動政府のように，「立法院」を通過してようやく「法律」と呼ぶようなことではないのである．

こうした立場からは，共産党の恣意的な支配を批判する論理は生まれない．なぜならば，共産党は自己の統治を不文法によるものだと合理化できるからである．あるいはこうした立場にたったがゆえに，施復亮は百花斉放・百家争鳴の時期に目立った中共批判をせず，したがってまた右派分子にもならなかったのかも知れない．

だが本章で検討してきたように，1953年から1954年の段階では，過渡期の総路線に問題があったとしても，それを相対化しうる政治勢力は共産党内部にも，また党外にも存在していたことは間違いないように思われる．そうした動

---

11) この論文の原載は『西南民訊』であり，当時，施復亮らが各地の支部をまわり宣伝に従事していたことがうかがえる．

きは彭真や劉少奇ら党中央だけでなく，基層の幹部においても見られるものだった．毛沢東流の急進路線が，この段階ですでに既定のものだったとは，いえないのではなかろうか．

そして，これまで選挙とは無縁であった多くの人々にとって，今回の「普選」運動は，さまざまな問題を抱えながらも，はじめてのリベラルな民主主義の経験であり，その意義を低く評価することは誤りであるように思われる．1956年の中共第8回大会から，57年の百花斉放，百家争鳴に至る歴史過程は，この「普選」運動と憲政の経験を踏まえて，改めて問われるべきだと筆者は考えている．

文献目録
中国語文献
陳竹筠・陳起城編［1985］『中国民主党派歴史資料選輯』（上冊）華東師範大学．
韓大元［2014］『1954年憲法制定過程』法律出版社．
魯麗敏［2012］「建国初期上海首次普選運動研究（1953-1954)」上海師範大学修士論文．
毛沢東文献資料研究会編［1983］『毛沢東集（第2版）』蒼蒼社．
─────編［1984］『毛沢東集補巻』2，蒼蒼社．
彭真［1991］『彭真文選（1941-1990)』人民出版社．
施復亮［1954］「関於工商界学習総路線的幾個問題　在重慶市工商業聯合会会員代表大会上的講話」『上海民訊』1954年第7期．
呉継平［2010］『新中国第一次普選運動研究：以北京市為個案』河南人民出版社．
楊栄華主編［2001］『中国民主建国会巻』河北人民出版社．
章立凡編［1997］『章乃器文集』下巻，夏華出版社．
章乃器［1954］「信任領導，積極努力，在総路線灯塔的照耀下穏定前進　在天津工商聯二届二次会員代表会議上講話的摘録」『工商界』1954年第2号．
張暁明［2008］「上海各界人民代表会議代表産生及構成辦法変動情況考察」華東師範大学修士論文．
張学騫［1951］「我参加区人民代表会議的感想」『民訊』第8期．
中共中央文献研究室・中央檔案館編［2005］『建国以来劉少奇文稿』4，中央文献出版社．
中国民主建国会中央委員会宣伝部編［1994］『中国民主建国会歴史文献選編』2，民主与建設出版社．
中国民主建国会総会編［1953a］『関於人民代表大会及選挙法的学習資料』中国民主建国会総会．
─────編［1953b］『関於人民代表大会及選挙法的学習資料続編』中国民主建国会総会．
中国民主同盟中央文史資料委員会編［1983］『中国民主同盟歴史文献（1941-1949)』文史資

料出版社.
上海市選委会辦公室編［1953］『普選状況反映』上海市檔案館 B52-1-37.
上海市選挙委員会郊区辦公室［1954］『上海市郊普選工作総結』上海市檔案館 B46-1-128-1.

日本語文献

奥村哲［1999］『中国の現代史――戦争と社会主義』青木書店.
梅村卓［2004］「中国 1954 年憲法の制定過程と歴史的性格の再吟味」『アジア経済』45-9.
加茂具樹［2006］『現代中国政治と人民代表大会――人代の機能改革と「領導・被領導」関係の変化』慶應義塾大学出版会.
久保亨編［2006］『1949 年前後の中国』汲古書院.
シェリフ アン［2013］「想像上の戦争――文化にとって冷戦とは何か」『アジア社会文化研究』14.
佐藤優［2007］「日本の社会民主主義を復興するために――山川均のハンガリー動乱評価」『世界』第 768 号.
土屋英雄［2005］『現代中国の憲法集 解説と全訳，関連法令一覧，年表』尚学社.
中岡まり［1998］「中国共産党による政権機関の建設――建国初期の北京市を例として」『法学政治学論究』36.
―――［2001］「中国共産党の正当性の強化――1956 年北京市第 2 期人民代表大会選挙を例として」『法学政治学論究』51.
―――［2011］「中国地方人民代表大会選挙における「民主化」と限界――自薦候補と共産党のコントロール」『アジア研究』57-2.
平野正［2010］『政論家施復亮の半生』汲古書院
姫田光義他［1993］『中国 20 世紀史』東京大学出版会.
水羽信男［1992］「1940 年代後半期における中国民主派知識人の国家統合をめぐる論調」横山英・曽田三郎編『中国の近代化と政治的統合』渓水社.
―――［2006］「共和国成立前後の民主建国会 1945 年 - 1953 年」久保亨［2006］.
―――［2007］『中国近代のリベラリズム』東方書店.
―――［2012］『中国の愛国と民主』汲古書院.
毛里和子［2012］『現代中国政治 第 3 版』名古屋大学出版会.
楊奎松（大澤武彦訳）［2006］「共産党のブルジョアジー政策の変転」久保亨編［2006］.

英語文献

Fairbank, J. K.［1950］"American participation in the Asia revolution", in Freda Kirchwey ed., *The Atomic Era: Can it Bring Peace and Abundance?* Medill McBride.

第9章 「国家の主人公」の創出

——第1回人民代表普通選挙

張　済順

（杜崎群傑訳）

はじめに

「新中国」と「新社会」は相互に関連する歴史概念である．これらは1949年以降のメディア宣伝や，政府のイデオロギーが主導する歴史書の中に頻繁に登場していた．新中国と新社会という語句の最も重要な意味は，共産党の指導下において，労働人民が生まれ変わり，人民が主人公となって政治に参加し，国家の主人公となるということであった．

「新社会」という言葉に関する歴史と宣伝の文書は，いくらでも見出すことができる．そのうち，1953-1954年の中華人民共和国第1次普通選挙は，「新社会」の人民が主人公となるということを鮮明に示し，最も広範かつ真実の民主を体現したものであり，新中国において民主的な政権を打ち立てたという意味で，新たな局面を切り開いたと見なされてきた[1]．

しかし大量の歴史檔案の開放と発掘に伴い，上述の定説には疑義が生じている．すなわち，第1次普通選挙は人民が主人公になるということを本当に体現していたのか？　誰が普通選挙運動の主体であり，また人民とは何を指していたのか？　人民民主は真実であったのか，あるいは権力によって構築されてい

---

1) 中華人民共和国の第1次普通選挙に関する研究成果の多くは政治学と法制史によるものである．呉継平［2010］は，数少ない歴史学の著作である．呉は北京を事例として，地方の檔案と文件を利用して，中共の指導の下の「全国の民主的政治の構築には巨大な成果があった」という歴史的光景を描いている．

った言説なのか？　ということである．

　この一連の疑問は，ある核心的な問題に集約される．すなわち，人民は本当に権力の主体であったのか，あるいは国家の主人公であったのかということである．

　これに対して，特に西欧の研究者は躊躇することなく否定的であり，議論の必要も余地もないと考えている．しかし，エリザベス・ペリー（Elizabeth J. Perry）の研究は，こうした否定的な解答に対して修正を行なっている［裴宜理 2011：63-82］．彼女は，「国家の主人公」は当初から「不合理な社会に憤りを持つ国家がねつ造した空論」では決してなかったと考えている［裴宜理 2011：63］．「新秩序におけるプロレタリア階級の地位はどのようであるべきか」については，終始「不明確」であり，中共の指導層においても「巨大な論争」が存在していた．しかし，少なくとも「新民主主義」が強調されていた人民共和国の初期においては，労働者階級が「主人公となる」ことについては，新政権において明確に「承諾」されていたのである［裴宜理 2011：63, 77-79］．

　エリザベス・ペリーの修正はきわめて重要である．彼女は，以上の事実を「ひと言で」否定することは「国家の主人公」の問題に関する歴史的複雑性を覆い隠しており，そこに隠されている歴史的「大問題」——中共は「プロレタリア階級の先鋒隊」を自身の執政の基礎とする必要があったが，同時に「労働争議」と工会の自主性を含む，政権を「威嚇」するいかなる急進行動と組織の存在をも許可していなかったという点——を容易に見落としかねないとして注意を促している．

　この十分に矛盾した問題は以下のような歴史を演繹している．すなわち，「国家の主人公」のイメージは絶えず変化し，違った大衆や地域が「国家という舞台」で代わる代わる「主役」を務めたということである．

　これにより，「国家の主人公」は以下のような歴史的な事実を含意している．すなわち，建国初期の上海の労働争議と工会の独立性と，全体的な毛沢東時代の中共の執政の言説はどのように構築されたのか，これに対して基層社会はどのように反応し，感じたのか，そしてこれがもたらした社会的政治的効果とはどのようなものであったのかという問題である．同時に，「国家の主人公」の問題はこの言説の図譜内における地方性の問題，すなわち違った地域と都市は

第 9 章 「国家の主人公」の創出　　　　171

どのような位置づけにあって，またそれはどのような要素によって支えられていたのかをも示すであろう．

　そこで，本章は都市の政治文化を研究の視角として，普通選挙中の上海の基層社会を「主人公となる」という歴史の場面の中に位置付ける．同時に北京の若干の事例を参照し，「国家の主人公」のそれぞれの様相を示す．この一幕は党，国家，社会によって共同で演繹された珍しい景色であり，政治と社会の領域における幻影であるが，感覚の世界の真実である．

1　宣伝——主人公とは何か？

　政治の宣伝とスローガンとしての，「人民が生まれ変わって主人公となる」という扇動は，早くも中共の根拠地と解放区時代の革命運動と社会改造において普遍的に運用されていた．そして，「主人公」の概念と国家政権の建設が法律的な意味において関連づけられたのは，中華人民共和国の第 1 次普通選挙からであった．

　建国直後の「人民政治協商会議共同綱領」では，すでに以下のような規定があった．「中華人民共和国の国家政権は人民に属している．人民が行使する国家政権機関は，各級人民代表大会と各級人民政府である」［中共中央文献研究室 1992(1)：4)］．また 1953 年の「選挙法」では以下のように規定していた．「おおよそ満 18 歳以上の中華人民共和国の公民は，民族や種族，性別，職業，社会出身，宗教信仰，教育程度，財産状況と居住年限を問わず，等しく選挙権と被選挙権を有する」．「郷，鎮，市轄区と区を設けていない市の人民代表大会の代表は，有権者が直接これを選挙する」[2]．この開国の基礎を打ち立てたという意味で重要な 2 つの法律文書は，以下のことを示している．すなわち，広大な中国公民は政治に参与し，自分の代弁者を選択する民主的権利を有していること，普通選挙によって生み出された人民の代表が各級権力機関の主体となるということである．有権者〔原文「選民」〕と代表は当然，「国家の主人公」である．

---

　2)　「中華人民共和国全国人民代表大会及地方各級人民代表大会選挙法」は，1953 年 2 月 21 日に中央人民政府委員会第 22 次会議で採択され，1953 年 3 月 1 日に中央人民政府によって公布施行された［中共中央文献研究室 1992(4)：24-25］．

しかしながら，これは法律のロジックから得られる結論にすぎない．実際，「国家の主人公」は依然として中共の階級革命理論の産物であり，民衆を発動して普通選挙に投入するための言説上の戦術であり，革命時期の大規模な政治動員と全く同じものであった．

　普通選挙の準備段階においても，上海市委員会，市政府は中央の統一された意見に基づいて，普通選挙の動員報告と各種の宣伝計画を立案していた．「主人公となる」，「主人公」，「主人公精神」という言葉は，この種の報告と計画において使用率が最も高かった［資料1］．

　1953年秋に，上海市の普通選挙活動が全面的に開始された後，普通選挙の宣伝と動員は，概念上の「主人公となる」という言葉によって演繹されて，生き生きとした国家の主人公の事績となっていった．各区の選挙委員会による上級への報告には，広大な大衆が「主人公となった」という精神的様相と生き生きとした事績が数多く報告されており，各種の新聞雑誌や放送も集中してこれを報道した．

　しかし，政府側の宣伝媒体に入り，「主人公」の役割を演じ，「主人公となる」芝居を上演することができたのは，全体的な意味での有権者ではなく，また法律的な意味での公民でもなく，中共がその階級理論とイデオロギーに依拠した上で，宣伝部門の念入りな計画と選抜を経た3種の人々であった．すなわち，工場労働者（「工人」）を主とする労働人民，苦難の生活を強いられた基層の婦女，差別を受けてきた少数民族である．

　最も権威のある『解放日報』が「普通選挙における人民」というコラムに掲載した報道では，「主人公」の様相の一端が示されている．普通選挙の第1段階の2か月以内での，上海における有権者一覧の公表と，有権者証の発行に関する報道は40を超えるが，そのうち80％は工場から来た者であり，その他は町内（「里弄」）出身の人物と，婦女が紙面の大部分を占めている［『解放日報』1953年11月27日-12月20日］．その他は「普通選挙のニュース・ダイジェスト」のコラムにおいて，科学院と大学出身の者が，数語だけ話をする「豆腐干報道」というものが掲載されているだけである［『解放日報』1953年11月21日，12月1日］．

　これらの報道中の「主人公」はいずれも実名があげられており，生い立ちも

第9章 「国家の主人公」の創出

図1 上海国綿六廠における普通選挙の様子.

(「身処時空」) それぞれ異なっているが, 彼らのストーリーの語られ方は非常によく似ている.

すなわち, 宣伝の典型とされたすべての「主人公」は, 新旧対比の考え方に従って, 自分が生まれ変わったことへの感謝の気持ちを述べている. また「実際の行動」によって「国家の主人公となる」ことを体現したという考え方に基づき, 報道中のすべての「主人公」は身の回りの小さなことを誇張して普通選挙と国家総路線の一大事としている.

文字による報道以外にも, 記者たちは多くの「主人公になる」瞬間を捉えており, 『解放日報』などの重要な宣伝媒体には, たびたびその瞬間が掲載され, 「主人公」の様相を示している.

宣伝機関の強力な操作により, 普通選挙の指導者は, これらの典型的言語やイメージが, まず基層の労働大衆の共鳴を引き起こし, 彼らが選挙へ積極的に参加することによって, 共産党や新中国に対する熱愛と忠誠を体現することを望むようになった. 普通選挙の指導者は「主人公になる」という宣伝を通して, 普通選挙の全過程を「人民の政治的積極性と国家の主人公の感覚を高める過程」とならせ, これによって「我が国の民主制度の広汎性と真実性」を鮮明に

示そうとした［資料2］．

　ここで指摘しなければならないのは，「主人公とは何か」という決まり文句（「話語套路」）は，中共の政治動員の普遍的な宣伝上の規格であり，各種の政治運動において絶えず複製され運用されてきたものだということである．たとえ「昔の苦しみを思い，今日の幸せをかみしめる」という用法によって基層の人民の積極的な選挙への参加を呼び起こすものであっても，また広大な大衆を導いて本職に立脚させ，義務を順守させて「国家の主人公となる」ことを体現させていたとしても，いずれも大衆を発動して政治運動に献身させるという必要を満たすためであり，「普通選挙」はただこの運動のラベルにすぎなかった．

2　実演――主人公を感じる

　1つの言説上の戦術として，「国家の主人公」の宣伝は目標のあるものであった．しかし当時まず解決しなければならなかったことは，特に普通選挙前期における，有権者の積極性と参加率の問題であった．

　上海の基層選挙区から来る情報は決して楽観的ではなく，普通選挙に対する軽視や曲解は多くの内部報告の中にも反映されていた．一部の先行選挙区では候補者や選挙について議論を行ったときに，上級が最も見たくない結果が出現していた．たとえば，推薦原則について議論した時，ある26人の有権者を抱える小組では，第1回目には3人しか参加せず，また第2回も6人しか来ず，その他の小組と合併して議論せざるを得なかった．さらに，「開会時も，個別の積極的な分子を除けば，その他の有権者はいずれも発言がなかった」［資料3］．

　「国家の主人公」の宣伝のもう1つの目標は，党と政府の普通選挙の方針や段取りに対する有権者の服従と符合の問題を解決することであった．

　候補者の連合推薦と等額選挙は中共が選挙をコントロールする上での2つの要点であった[3]．そして上海の基層の有権者が理解できず，また不満に思った

---

[3] 連合推薦と等額選挙に関する法律上の規定については，『選挙法』第7章の第47条と「上海市基層選挙実施細則」第5章の第17・18・29条を参照［中共中央文献研究室1992（4）：34］．

第 9 章 「国家の主人公」の創出　　　　　　175

こともまさにこの点である．1953年末に推薦の段階が始まったばかりの時，市選挙委員会は各区の報告を受け取っていたが，ここには基層の有権者，特に町内の住民の大量の意見が反映されていた．

たとえば，「連合推薦は民主的ではない．行政等級に基づいて（「按級」）選出された代表こそが民主である」，「上級がすでにうまくやっているのに，何が民主か．共産党は宣伝がしたいだけだ」であるとか，「候補者は上級が指名するものである．国民党時期も選挙をしたことがあるが，我々が当選させたいものは選出できず，当選する必要のないものを我々が選出しなければならない」などの意見があった［資料4］．これらは，個別の有権者小組会においてのみ聞かれるというものではなかった．

大衆の感情の消極性と反発は，いくつかの試験的あるいは先行選挙区の選挙結果が，指導機関による事前の根回しによって内定しており，連合推薦した人選と大きな差が生じていたことによってもたらされていた．たとえばある先行選挙区の3名の候補者は，いずれも得票が半数に満たず落選した［資料3］．

基層の民衆による消極的な言論と反発の感情は，中共の指導層の予想の範囲内であった．なぜなら，これ以前の多くの政治運動においても似たような状況があったからである．しかし，普通選挙は以前の運動とは異なっており，多くの要素によりこれらの普通の人間を回避するわけにはいかなかった．このため，有権者と幹部の態度を転換させ，活気のある選挙の参加と，党と政府に緊密な世論の雰囲気を形成しつつ，これを制御するメカニズムを形成し，「指導力が足らず，有権者が消極的で，選挙が失敗する」状況の蔓延を防ぐことがとりわけ必要であった．

あらゆる手段を用いて勢いのある宣伝を進めることは，中共にとっては基層の有権者を教育する手慣れた方法であり，「国家の主人公」という言葉はその中の主旋律であった．大衆の「思想問題」に対して，『解放日報』は当初「政治への無関心，普通選挙への無関心の傾向を克服しよう」とする社論を発表しようとしたが，市委員会宣伝部はこのような題名は妥当ではないとして，新聞社に「積極的な面から取り上げ」，「多くの典型的人物を紹介し，活気ある模範によって大衆を啓発し，大衆を教育することを希望する」と指摘した［資料5］．報道において大量に掲載されることになる「主人公」はこうした時運に応じて

図2 国営上海第二綿紡織廠における選挙大会の準備の様子．女性労働者が嬉しそうに新しい服を着て，赤い花をつけている．

現れてきた．

　この他にも，祭りの儀式のような環境によって際立たせるということも，指導層は十分に重視していた．普通選挙運動中の2つのキーポイントは2つの儀式によって突出している．第1に有権者の一覧の公示と有権者証を受け取る時であり，第2に人民代表の選挙大会の時である．市政府の指導者と選挙委員会はこれに対して念入りに準備をしたため，上海の基層選挙区はただちに動いた．有権者の登録施設と選挙大会の会場は提灯で飾り付けられ，横物をぶら下げ，スローガンが貼り付けられ，盛大なお祭りのような光景であった．

　伝統的な民俗と政治的な警告が交錯する現場において，基層大衆の主人公への想像は大幅に掻き立てられた．記者が採集した「主人公となる」という物語は，こうした現場の情景が触発する，「奴隷から主人公へ」の転身という情感へと溶け込んでいった．

　「主人公になる」という宣伝教育と呼応していたのが，トップダウン式の組織ネットワークによる監視と制御であった．全市の816の選挙区と，16万4374の有権者小組へ派遣された選挙工作隊は9929人おり，現地で動員され人口調査のための登録を進めた幹部は2万4966人いた．この巨大な工作隊は，随時各区の選挙委員会に基層選挙の動向を報告していた．各区はしばしば，選挙工作隊によって発見された，選挙が破壊されるという状況の報告を受け取ってお

第9章 「国家の主人公」の創出　　　　　　　　　　177

図3　有権者が当選者を担ぎ上げている．

り，こうした人物は法廷あるいは公審〔公開の法廷による審理のこと〕に送られ，反面教師とされた．上海の普通選挙運動の高潮期においては，「選挙破壊罪」や「反革命罪」によって8人が公審大会に送られ，そのうち5人が他の殺人事件や複数の罪により死刑に処せられ，その他の3名はそれぞれ10年，7年，5年の有期刑が言い渡された［上海市新聞辦1953］．

　強大な宣伝攻勢と強力な組織の監督と制御のもと，基層の有権者における消極的な言論は即座に沈静化し，多くの選挙区では「連合推薦・等額選挙は素晴らしい」という声があがるようになった．

　有権者の賛美の言葉には，どれほど彼らの本心が反映されているのかは断言することはできないが，これは中共が必要とした主人公の表現であるということについては肯定することができる．なぜなら彼らが表明したものは個人の権利に対する防衛と自信ではなく，自分の権利を彼らが信頼する指導者，党，政府に託したものであったからである．これらの基層の大衆は，賑やかな祝いごとの儀式の中で，主役を1度演じ，主人公となることの喜びを体験しただけであった．

　この選挙の高潮期において，全市の96.53％の有権者が「主人公となる」情

景へと進み,「厳粛な1票」を投ずることになった［資料6］. この約687万人の有権者の中にどのような投票の心情があったのかはここでは知ることはできないが, このような空前の盛況は「国家の主人公」という言説上の戦術のための, 成功の注釈となった.

さらに成功したのは普通選挙の「フィナーレ（「圧軸戯」）」——4613名の区人民代表の誕生であった. 全市で当選した代表のうち, 労働者（店員, 機関工作者を含む）は49.99％, 農民, 独立労働者, 従業員の家族などの労働人民は21.55％をそれぞれ占めた. また中共党員は37.55％, 団員は8.36％を占めた. 市区代表の中の労働者の比率はさらに高く, 57.27％を占めていた［資料6］. 1954年2月19日,『解放日報』第1面に掲載された記事は,「上海市基層選挙の勝利的な完成」を宣言するものであった. この記事には23名の人民代表の「優秀な人物」が列挙された. 先頭に登場するのは全国の労働模範であり, 上海第2紡績機械工場副工場長の陸阿狗を筆頭とする, 労働者と農民の労働模範と先進工作者であった.

この代表の構成は「国家の主人公」の階級上の様相と完全に合致しているだけでなく, 彼らの「先進的な実績」も「主人公」のイメージをさらに高め, 完璧なものとした.

皆が仰ぎ見る労働模範の英雄的業績であろうと, あるいは大衆の身近にあった平凡でささいな善人や美挙であろうと, 1度「主人公となった」人民代表としての言説が構築されれば, 共通の様相と特徴を有することとなる. 第1に忠実に国家のために奉仕し, 本職に根差し,「主人公の精神」によって積極的に国家の過渡期の総路線を貫徹したという者, 第2に先頭にたって国家のすべての呼びかけに応じ, 積極的に各種の政治運動に献身したという者, 第3に全身全霊で身の回りの大衆のために善行を行ない, 道徳的モデルと称される者である. 人民代表がいかに参政権, 投票権を行使し, いかに国家の一大事を討論し, いかに基層大衆の要望と要求を反映させ, また彼らを代表して政府と交渉したかなど, これらの人民代表に属する基本的な職務行動は, 上述の代表の実績の中からはほとんど見ることができない. 各種メディアが示したものは, 労働模範たちの典型的な模範であり, 最低限度の基層社会の善人で, 勤勉な大衆のための奉仕者であって, 忠実な代弁者ではなかった.

有権者と同様に，人民代表も「国家の主人公」という感覚の世界の中に生きていたのである．

3 「主旋律」の外——別の種類の主人公

もし，普通選挙によって誕生した人民代表が「国家の主人公」となったことを「主旋律」とするならば，上海の基層社会には別の種類の「主人公」も出現しており，彼らのイメージと行為は，国家の主旋律の言説とは全く相いれないものであった．

上海の普通選挙期間中において，北四川路区で当選したばかりの人民代表であり，かつ居民委員会の主任であったM氏の自殺案件が発生した．指導機関はこれについて詳細な調査を行ない，死因を分析し，情報を収集し反映させたうえで，処理意見を提出した．現地の住民の間ではこれについて激しい議論が巻き起こっており，激烈な批判者もいれば，同情して悼む者もおり，またこの機会を利用してデマを飛ばす者もいた．世論の意見はまとまっていなかったが，その焦点はいずれも彼の「人民代表」としての特殊な身分に集中していた．

1人の光栄な「国家の主人公」がなぜ自殺したのか？　北四川路区の選挙委員会によるM氏の死因に関する調査では結論は出なかった．ただ回答者によって提供された情報が提示した「最大の可能性」は，「歴史問題がまだ徹底して片付いていなかったため」というものであった．この分析が依拠した主な事実は，M氏が民主改革運動中において，かつて自分の歴史問題について自白したが，「検査が十分に掘り下げられていなかったため，まだ解決していなかったが，しかし厳重な情状ではなかった」というものである［資料7］．

調査報告が分析したもう1つの死因は，彼の生活がひっ迫していたというものであった．報告は以下のように指摘している．M氏は1951年から失業していた．M氏は人民代表に当選した時，生存の危機にさらされており，「人民代表」の光輪は彼を安心させず，むしろ彼は「意欲が落ち，焦慮していた」．調査過程における回答者の中で，彼をよく知る町内幹部と住民は，「生活を憂慮して死んだ」とみていた［資料7］．

上述の死因のうちどれがより最も事実に近いものであろうと，以下の1点に

ついては肯定できそうである．すなわち，これは歴史問題と生活のひっ迫という二重の圧力にあった居民委員会の主任は，無名の人から人民代表へという役割上の転換を完成させておらず，彼の認識の中では，「主人公となる」という人民代表は依然として遥か到達のできない，取るに足らないものに映っていたということである．

共和国の第1次普通選挙の中で，生命を終わらせることによって現実と心の苦痛から逃げ出した人民代表は他にはいない．しかしM氏のような境遇の人民代表は上海の基層社会においては決して珍しくはなかった．

町内出身の人民代表のうち，生活の困窮による圧力に直面していたものは少数ではなかった．M氏の所属していた北四川路区を例にすれば，全区の29名の町内幹部出身の人民代表のうち，5名の居民委員会主任あるいは委員が，生存を脅かされるほど家庭生活が「極端に困難な者」であった［資料8］．

このため，家を養い，暮らしを立てて生存を求めるということが，これらの無名の人びとにとって差し迫った，一番重要なものであった．行き場を失ったときに，これらの代表あるいは候補者たちは，ちょっとした心得違いから，「国家の主人公」の身分と栄光については気にかけられなかった．主人公となり，政治を議論することは，彼らにとってはあまりにもかけ離れたものであった．ただ，M氏は他の人々とは異なった離脱の方法をとったというだけである．

日常生活における不遇以外にも，M氏と同様に歴史問題を抱えていた人民代表もいた．10の区の326名の町内幹部出身の人民代表の中で，一貫道などの会道に参加したり，「親分に面会（「拝老頭子」）」したことがある者は14人いた．その他，日本による統治時期に甲長を担当したことがある者が2人，国民党時期の警察が4人，国民党に加入したことがある者が4人，天主堂の防衛団や忠義救国軍に参加したことがある者がそれぞれ1人ずついた[4]．これにM氏を加えれば，この10の区の人民代表の中で，すでに明確に「歴史的汚点」がある人物は8％に達していた．M氏と異なっていたのは，これらの人の「歴史問題」は，彼ら本人が書いた「代表履歴表」の中にも記載されており，M氏のような

---

[4] この数字は10の区の「区人民代表大会代表履歴表」の統計を根拠にしている［資料9］．この時，上海には計30の行政区と，1つの水上船戸区があった．そのうち，22が市区行政区，8が城郷結合行政区である．

極端な焦慮を生み出さなかったということである．

　しかし，これは歴史的負担を抱える人民代表が，心の重荷をおろして政治運動に参加し，主人公となることができたことを意味するのであろうか．

　上海から来た町内幹部に対して，中共は終始気を許しておらず，重大な注意を払っていた．町内幹部の「厳重な不純さ」と居民委員会組織の「極端な不健全性」に鑑みて，上海市委員会部署による町内幹部の整頓活動が続々と展開されていった．普通選挙が終了したばかりのころ，中共上海市委員会は以下のような指示を行なった．「1954年における全市の町内居民委員会および婦女代表会議の幹部，露店商人，失業人員およびその他方面の60万人に対して全面的，かつ系統的な整頓工作を進めることを，今年の上海の改革改造の重要な領域とすることを決定する」［資料10］．

　全市居民委員会委員以上の幹部のうち，約11万人が整頓の対象とされ，試験の段階から，市委員会政法委員会町内工作委員会（以下，「町内工委」とする——筆者注）は，多くの幹部を町内に入らせ，調査研究を行なわせ，幾重にも調べ上げ，広範な住民を発動して摘発し検挙させ，大量の町内幹部の政治状況を収集した．

　このような規模と気勢による町内の整頓によって，町内幹部は再び審査されるという難問に直面し，同時に追放とリストラの危険に直面した．歴史問題を抱えていた町内幹部は，危険を感じる状態にあり，人民代表も例外ではなかった．M氏の自殺案件は，1954年4月30日に発生したが，これはまさに町内の整頓の試験が開始した時期である．自殺の直前，居民委員会幹部が審査され処罰されるという情報がたびたび伝えられており，彼に対してもきわめて強い暗示を与えていた．区選挙委員会の報告にも以下のように反映されている．隣接する中倫路居民委員会主任が捕えられたことにより，もともと歴史問題を抱えていたM氏は「さらに恐れ，不安になった」．「さらに町内幹部の中にも悪人がおり，恐喝して彼を政府に処理させると言ったこともあったため，彼に自殺の考えを抱かせた」［資料7］．

　市委員会は各区および工作隊に，厳格に政策を掌握し，「多数を勝ち取り，少数に打撃を加える」と繰り返し言い聞かせていたが，実際は町内幹部に対して非常に厳重であった．彼らの自白の範囲は「登録すべき反動の中核以上」に

限らず，その他の整頓対象の自白の範囲よりもかなり広範囲であった．このような政治的な高圧の下，1954年の町内の整頓の試験活動の開始から，同年の11月までで発生した自殺案件は110にのぼり，また自白段階における自殺者はそのうちの81.6％に達した[5]．たとえそれらの人民代表の歴史的汚点が再び追及されることがなくても，彼らの精神的負担は容易に想像できる．家庭が貧しいという窮状と比べて，政治的な面倒の方が，人民代表に対する威嚇の効果としてはより大きく，「主人公となる」ことは，彼らにとってはさらに程遠いものであったのかもしれない．

4　首都――主人公の様々な側面

　感覚の世界の外においても，政治と社会の領域において，各種の容貌を持った国家の主人公が普通選挙の中で出現していた．首都北京はまさに彼らの舞台を示していたのである．

　「国家の主人公となり喜びに満ちた」「主人公」の様相は大きく異なっており，首都の中央と北京市の機関内では，「胡同」の一般人より幹部の普通選挙に対する冷たく，消極的な態度が，深刻であった．

　北京市委員会の報告には以下のように記されている．西単区の選挙試験地区に居住する一部の機関幹部の「表現はあまりよろしくない」．「これらの機関の大部分は中央政府レベルのものである」．報告はさらに以下のように指摘している．「機関幹部が積極的に普通選挙に関する各種会議に参加しないということは普遍的であり，その理由は『業務が忙しく，暇がない』というものである．さらに『選ぶか選ばないかは，私とあまり関係がない』とさえ考えている．一部は一般の町内住民と一緒に会議を開くことを望まず，『自らの品位にふさわしくない』と考えている」[資料11]．

　これに対して，北京市委員会は非常に重要視し，普通選挙に対して「極端に無関心」な幹部による「影響はたいへんよろしくない」と考えていた．なぜな

---

5) 郭誕莉［2006：201］所収，里弄工委「里弄整頓有関政治情況 調研審理工作報告提綱」（草稿）．

第 9 章　「国家の主人公」の創出　　　183

らば「都市の基層選挙も幹部が中核として作用しなければならず，さもなければ主に無職，半無職の町内の積極分子に依拠しなければならなくなるからである」[資料 12].

　北京市委員会は多くの措置をとり，機関幹部が選挙活動に参加できるよう便宜をはかったが，状況はあまり好転しなかった．上述の報告の 3 か月後，北京市の普通選挙は全面的に展開されることになるが，内部参考では再び指導層に西単区の一部の中央政府および北京市レベルの機関幹部が「積極的に普通選挙に参加しない」ことが「比較的普遍的」であるという報告を行なっていた[資料 13].

　これらの中南海近辺に居住する幹部たちも，「実際の行動」によって「国家の主人公」の別の意味を説明していた．すなわち，これは一群の特殊な有権者であり，庶民を凌駕する主人だということである．

　機関幹部の上述の表現と異なる極端な例が，北京大学の知的エリートによる「主人公」としての急進的行動である．

　事のいきさつは，張東蓀の選挙権から始まる．1951 年，中央人民政府委員の張東蓀は米国への国家機密情報の漏えいを告発され，審査を受けた[6]．しかし，普通選挙が始まった時に張は，「自分はまだ取締りを宣言されていないと考え」，「有権者登録に参加することを決め」，有権者名簿に名を連ねた．

　張東蓀の名簿への記載という事実は，北京大学に大きな波紋を引き起こした．北京市委員会辦公庁は市委員会委員に宛てた「普選情況」（第 7 期）において，北京大学の張東蓀の選挙権に対する反応を専門的に収集した[資料 14]．この資料は以下のように記している．「張東蓀の名前が有権者名簿に登録された後，北京大学の教授は大騒ぎし，不満を表明した．すでに 20 数名の教員が選挙工作組に対して張の犯罪を告発した」．

　1954 年 1 月 6 日，北京海淀区選挙委員会は全体委員会を招集し，張東蓀の選

---

6)　張東蓀（1886-1973）とは，現代中国の哲学者，政治活動家，ジャーナリストである．かつて研究系に所属し，中国民主社会党の指導者の 1 人であり，また中国民主同盟中央常務委員会委員，秘書長を担当した．中華人民共和国成立後，中国人民政治協商会議全国委員会委員，中央人民政府委員などを歴任．「文革」の開始後，捕えられ，1973 年に獄中で死亡した．張の本件に関しては，楊奎松［2013］第 1 章「張東蓀『叛国』案再研究」を参照．

挙権を剥奪すべきという要求を行なった告発案件を受理した．北京大学教授の馮××，高××，呉××などの10数名が80数名の告発者を代表して，訴訟に出席した[7]．会の後，張東蓀はある人物に以下のように言った．「北京大学の人の非難は激しかった」．「実際に選挙権も剥奪され」，「もはやどうしようもない」［資料15］．

張東蓀の選挙権は最終的には明確には剥奪されなかったが[8]，北京大学の教授たちの主人公の姿はすでに徹底して示されていた．彼らは自身が資産階級や小資産階級の知識分子と区分けされ，思想改造運動の中で「体を洗った」ばかりであったが，この行動は党と政府を助けこそすれ，面倒をかけるものではなかった．少なくとも魯迅が往年の京派〔北京の知識人〕を，「政府の太鼓持ち」と描写したのには合致している．北京大学の哲学部の講師である周××が以下のように述べたのは，とても明快である．「共産党はまさにマルクス・レーニン主義である．張東蓀の名前が名簿に登録されてすぐに，3つの目的を達成した．第1に，法律によって物事を行ない，少しもいい加減なところはないということ，第2に，大衆は必ず摘発し，敵と自分は明確に区分けし，大衆を教育するということ，第3に，再び張の問題を提出することで，これを利用して大事を成し遂げたということである」[9]．

もし，北京大学の教授がエリートとしての立場によって「主人公となった」とすれば，西四区旃檀寺南選挙区のカトリックの有権者はまさに基層の立場から「主人公」を目指した．

北京市西四区は，カトリック教徒が比較的集中していた地域である．全区にはカトリックの教会が6つあり，勤め先（「単位」）のない住民の中で，カトリック教徒は9200人ほどいた［資料16］．旃檀寺南選挙区はカトリックの母堂とヨセフ総合病院（「若瑟总院」）の所在地であり，ここには教徒の有権者が1015

---

7) 楊奎松［2013］所収，北京市委高校党委整理「海淀区選挙委員会受理検挙張東蓀案簡況」1954年1月6日．
8) 藍公武（当時，最高人民検察院副検察長，政務院政治法律委員会委員）が内密に漏らしたことによると，「張の選挙権問題については，市選挙委員会には決定権がなく，さらに高いレベルにおいて初めて決定できる」とした［資料15］．
9) 楊奎松［2013］所収，北京市委高校党委整理「海淀区選挙委員会受理検挙張東蓀案簡況」．

人おり，選挙区全体の 5535 人の有権者の 20％ 近くを占めていた［資料 17］．中共西四区委員会は，全区のカトリック教徒の中から人民代表を 2 名選出し，宗教界の政治代表とすることを非公式に決めていた［資料 16］．

　普通選挙が候補者を推薦する段階になって，区委員会は以下のような事実に気づいた．すなわち，一部の教徒は，各党派が協議して連合推薦したカトリック革新委員会の責任者である賈××に対して，多くの不満を持っており，北堂の神父，修道女，住民のうち，少数の教徒の「反応は大きく」，賈が候補者になったのは「工作組が独断で実行したものであり」，「政府がすでに内定した」ものであると言い，また賈は「宣教師を代表することはできず，宗教界を代表することはできない」と主張した［資料 17・18］．

　この選挙区の多くのカトリック教徒は，北堂の副主教である李君武を代表として推したがっており，彼への投票獲得のための遊説や一連の活動がひそかに進められていた．教徒が比較的集中していた庫東夾道では，一部の有権者小組長を担当していた教徒が，北堂に行き神父に状況を常に報告していた［資料 17・18］．このようなカトリック教徒の選挙における表面・裏面における行為は，西四区委員会の高度な警戒を引き起こし，区委員会は政治的な圧力と警告の意味合いを有する談話を発表するという措置をとった．

　しかし西四区委員会の措置は決して李君武の支持率を下げなかった．1954年 1 月 28 日，北京市委員会辦公庁の「普選情況」(第 15 号) では，全市の正式な選挙の基本的状況について以下のように報告を行なっている．非公式の選挙人のうち，「西四区カトリックの司教である李君武の得票数が最も多かった (300 票あまり)」［資料 14］．等額選挙の規則と高い得票率による圧倒的な優勢の中，李君武が獲得した 300 票あまりは，ほんのわずかなものに見える．しかし，この民意の表出はやはり後に続く積極的な効果をもたらし，李君武はカトリック北京教区副主教として北京市第一次人民代表大会代表に当選した［資料 19］．

　上述のように，首都の官，学，民はそれぞれ「主人公」の様相を代表しており，彼らは違った意味と価値において「主人公となった」．ある者は「身内 (「自己人」)」と見なされ，ある者は団結や利用の対象とされた．またある者は保護を受け，またある者は抑圧された．しかし彼らは首都の強い政治文化による陶酔，育成，感染を受けた結果である．北京社会の濃厚な政治意識と権力意

識は，上海社会とは比べようがなく，選挙運動において具体的に現れており，国家から社会へと向かう「当然の主人公」意識の源流であった．

5 北京と上海の比較——誰が主人公か

　感覚世界での主人公と，政治社会空間での主人公を論じた後で，筆者がさらに検討したい問題は以下のようなものである．すなわち，社会主義国家のイメージの図譜の中で，上海と北京のどちらの都市がより主人公と呼べるのかということである．

　上海と同様に，「国家の主人公」の宣伝報道と普通選挙の模様は北京のメディア，街頭，胡同のいたるところで見ることができた．北京も多くの「労働模範」式の「主人公となった」典型的人物が出現していた．同様に，基層大衆が普通選挙の意義に対して認識が欠如していたこと，「町内の積極分子」が信頼できなかったということ，「胡同意識」によってもたらされる「自己本位主義」思想による連合推薦へのボイコットなど，いずれも普通選挙の指導機関が頭を痛め，また強力に宣伝を行なって導かなければならない状況であった．普通選挙における北京と上海の基層社会による表現は，確かに多くの類似点があった．これは疑いもなく，トップダウン式の統一指導と指揮による「大統一」運動の結果である．

　普通選挙における上海の基層社会も，国家と争ったという例は少なくなく，北京と最も比較可能な事例は，上海カトリック教徒の事例である．西四区カトリック教徒による候補者の連合推薦に対する抵抗と類似する事例は，上海のカトリック教徒が集中していた選挙区においても出現していた．1953年11月23日に上海の普通選挙が全面的に展開された当初，市選挙委員会は「普選情況」（第1期）において，「カトリック教教徒に注意しなければならない」として，すでに以下のように指摘していた．彼らは「我々が提出したその他の候補者に対しては，意見は多くはなかった．しかし，カトリック教徒のうち我々と接近している人物をあげると，彼らのいわゆる『反逆者』として，彼らは躍起になって攻撃を加えてきた」［資料3］．

　上海のカトリック教徒は北京のロビー活動のような集団行動をとったのか，

李君武に比べてより影響力のある人物として龔品梅を推薦したのかどうかについては，資料の限界により確定することができない．しかし，選挙の結果から見れば，上海の非公式に推薦された選挙人のうち，カトリック教徒で得票が上位にある人物はいないようである．

さらに興味深いのは，上海の選挙中において別の被指導機関が認定した「偏向」が出現していたということである．市選挙委員会は報告の中で自己批判をした上で以下のように述べている．「多くの区の中で，大衆が労働人民の代表に多くの意見を提示したが，資産階級の代表に対しては意見が多くなかった．さらには，候補者の実績を紹介する時，党員の責任者の同志に対する紹介の努力が足りず，資産階級に対して誤りに反し功績を誇張した．またある選挙区では，資産階級の得票は区クラスの党員の責任者よりも多かった」［資料6］．

上海市委員会は華東局と中央に報告した「上海市基層選挙工作に関する総括」において，「偏向」が生じた責任を受け入れ，「これは統一戦線政策の宣伝において，発生しうる一面性に対して，十分な予想が欠乏していた」ことによるものであると考えていた［資料6］．しかしこれは，上層の政治における一種の通例の格式化された説明にすぎない．上海の社会政治文化に隠された資産階級への感情は，まさにこうした「偏向」の表象の下の深層における原動力であった．このため容易に推察することができるのは，なぜ中国の労働者階級と共産党は，自らの発祥の地である上海にあって，社会主義国家の主人公のイメージの代表になることができなかったのかということである．

ただ，「人民が主人公になる」という新時代において，上海社会と国家の対抗関係は，通常はソフトで，組織を持たない集団の意識と歴史的記憶の再現であり，北京のようなハードで組織を持った集団行動とは異なっていた．

中共の政治的図譜と言説の構築において，上海のイメージははっきりしておらず，不安定なものである．しかも，「外国人の集まる植民地的都市」，「冒険家の楽園」，「罪悪の都市」，「中国の癌」［夏衍1953］など，多くの負の性質を有していたとしても，上海基層社会の被圧迫者（労働者階級を含む「労働人民」）については，中共も全く無視できず，しかし同時に十分に信用できない複雑な社会集団であり，彼らの中で「国家の主人公」を十分に任せることができる者はごく一部であり，それは，各種の政治的・イデオロギー的需要と関係があっ

た.

ただ「文革」時期に至り，運動初期に「国家とは我々の国家だ」という抱負を持った北京の紅衛兵に取って代わり，上海の労働者の造反派が，「主人公」の権力の場に一度だけ進んだ．

上海はこのため一度は「国家の主人公」の図譜内において，鮮やかな政治的なスターとなったが，労働者革命造反総司令部自身が全国造反派の「行動に同調した」ということは言うまでもなく，かつて毛沢東によって「資産階級」の右派の新聞と定められた『文滙報』も，この時にはすでに完全に脱皮し，全国の新聞の中で主導権を握り，政治世論の風向計となっていた．

しかしながら，文革時期の上海のこのような国家の主人公という騒々しい光景は，以前の「主人公となる」という言説の構造を覆してしまった．

前述のように，普通選挙と歴代の政治運動において，労働者階級と労働人民は行動の主体にすぎず，「国家の主人公」は中共が政治的動員を進めることに用いるための言説上の戦略であった．そして文革中の上海の労働者造反派が破天荒に権力を奪い掌握し，数年のうちに，彼らの上層が一部の国家と地方の権力を享有し，中層が各単位の権力を掌握し，国家権力の主体の一部となったが，彼らはただ感覚の世界での主人公であったわけではなく，政治と社会空間に存在する，権力の掌握者にすぎなかった．

「党の話を聞き，党と進む」という労働模範や積極分子の道徳的規範と全く異なり，上海の労働者造反派は，権力争奪のために内紛したばかりか，そのうちの中核はすぐに彼ら自身が奪った権力を腐食させ，政治と道徳のイメージを劣悪なものとした．これによって「国家の主人公」が負の側面へと向かう転換点が出現した．

たとえ普通選挙中の基層から来た「別の類の主人公」と比べても，文革中の上海の労働者造反派は彼らに遠く及ばない．家庭の経済的困難と政治的歴史的負担という二重の圧力を負っていた人民代表は，国家の言説上の主旋律の外にあったが，彼らは合法的な手続きによって選挙されたものであったのに対して，労働者造反派の手中にあった権力は毛沢東の支持のもと，非合法に奪取したものである．彼らの権力の掌握は革命による結果にあらず，さらに現代の国家法制の産物でもない．

第 9 章　「国家の主人公」の創出　　　　　　　　　　　　189

　上海がすべての都市を圧倒して社会主義国家の図譜上の「主人公」となったことは，文革の特殊な条件下でもたらされた珍果（「異果」）であったが，歴史発展の内在的なロジックを有していた．

　政治運動が連綿と続いた毛沢東時代において，幻想的な「労働人民が主人公となる」ことであっても，また一時的に高揚した「労働者階級がすべてを指導する」というものであっても，いずれも北京の最高権力から与えられたものであった．

　普通選挙から文革まで，基層社会の各種の「主人公」は別の歴史的ロジックを表した．「国家の主人公」の宣伝は常に基層社会に命運を変える可能性を暗示しており，都市社会の各種の集団が，各種の運動の舞台を利用し，競って実演を行い，競争して主人公となった．結果がいかなるものであれ，毛沢東時代において，トップダウンの大衆運動はひと言呼びかけると多くの人が呼応し，気勢が盛んになるという状態ではあったが，これは 1 つの重要な動因ではなかったとは言えない．

文献目録

檔案

資料 1：上海市選挙委員会（以下「選委会」と略記）宣伝処編印普選宣伝材料，1953 年 9 月（上海市檔案館 B52-2-33）．

資料 2：解放日報政治組「関於普選運動的報道」期日不明（上海市檔案館 B52-2-32）．

資料 3：市選委会辦公室「普選情況」第 20 期，1954 年 1 月 6 日（上海市檔案館 B52-1-40）．

資料 4：市選委会「関於群衆対連合提名的反映情況的材料」「関於人民対選挙的光栄感，勝利感，責任感的看法」期日不明（上海市檔案館 B52-2-12）．

資料 5：中共上海市選委会宣伝部→解放日報社編輯委員会，滬委宣（53）字，第 1167 号，1953 年 7 月 9 日（上海市檔案館 B52-2-32）．

資料 6：中共上海市委→華東局・中央「上海市基層選挙工作総結」1954 年 8 月 12 日．

資料 7：北四川路区選委会→上海市人民政府・市選委会・市政府民族事務委員会・中共北四川路区委員会「報告本区人民代表 M 某自殺情況」1954 年 5 月 21 日．

資料 8：北四川路選委会「関於本区人民代表中生活困難者的情況報告」1954 年 7 月 14 日（上海市檔案館 B52-2-3）．

資料 9：「区人民代表大会代表履歴表」1953 年 12 月～1954 年 2 月（上海市檔案館 B52-2-80（黄浦），B52-2-82（蓬莱），B52-2-85（廬湾），B52-2-87（徐滙），B52-2-89（普陀），B52-2-93（東昌），B52-2-101（江湾），B52-2-105（北四川路），B52-2-107（閘北），

B52-2-109（江寧））.

資料10：中共上海市委「関於里弄整頓工作的指示」1954年7月28日（上海市檔案館A20-1-116）.

資料11：「北京市選委会報告」1953年7月25日（北京市檔案館1-6-814）.

資料12：「北京市普選工作典型試験総結（草稿）」1953年9月（北京市檔案館1-6-814）.

資料13：北京市選委会「選挙工作簡報告（僅供領導同志参考）」第25号，1953年10月22日（北京市檔案館14-2-24）.

資料14：北京市委辦公庁→市委委員「普選情況」第7期，1954年1月4日（北京市檔案館1-6-821）.

資料15：北京市委高校党委整理「有関張東蓀的一些最近情況」1954年1月18日（北京市檔案館1-6-1032）.

資料16：中共北京市西四区委「西四区人民代表大会代表各方面比例及代表候補人提名問題的初歩意見（草稿）」1953年12月18日（北京市檔案館1-6-825）.

資料17：中共北京市西四区委「西四区旃檀寺南選区天主教在代表候選人提名階段活動情況及処理意見報告」1954年1月18日（北京市檔案館1-6-825）.

資料18：中共北京市西四区委「西四区旃檀寺南選区教徒的一些情況」1954年1月18日（北京市檔案館1-6-825）.

資料19：北京市選委会「北京市第一届人民代表大会代表名冊」1954年（北京市檔案館1-6-816）.

中国語文献

郭誕莉［2006］『城市社会重構与新生国家政権建設　建国初期上海国家政権建設分析』天津人民出版社.

裴宜理（Elizabeth J. Perry）［2011］「国家的主人？　人民共和国早期的上海工人」周傑栄（Jeremy Brown）・畢克偉（Paul G. Pickowicz）編（姚昱等訳）『勝利的困境　中華人民共和国的最初歳月』香港中文大学出版社.

上海市新聞辦［1953］「厳懲破壊選挙的残余反革命罪犯，市軍管会判処陳鳳鳴等五犯死刑」『解放日報』1953年12月23日.

呉継平［2010］『新中国第一次普選運動研究』河南人民出版社.

夏衍［1953］「上海在前進中」『人民画報』第2期.

楊奎松［2013］『忍不住的関懐　1949年前後的書生与政治』広西師範大学出版社.

中共中央文献研究室編［1992］『建国以来重要文献選編』中央文献出版社.

＊本章は，*The China Quarterly, Issue 220*, December 2014に，"Creating 'Masters of the Country' in Shanghai and Beijing: Discourse and the 1953-54 Local People's Congress Elections" として掲載された.

補　論　民族／民主

——国共両党政権と満族の政治参加

深　町　英　夫・張　　玉　萍

はじめに

中国各地で国民党と共産党の内戦が進行し，首都南京では憲政施行に伴う国民大会（いわゆる「行憲国大」）が開催中だった1948年4月，古都の北平（北京）では1つの裁判が世論の注目を集めていた．清朝末期の鄭親王一家をモデルに，励華影芸社が制作した映画「十三号凶宅」は，自身の先祖を侮辱するものだとして，3月30日に鄭親王の子孫である金昭煦が，同作品の差し押さえと上映禁止を求めて，北平地方法院（裁判所）に訴えを起こしたのである[1]．監督の徐昌霖は作品が虚構であり侮辱の意図はないと主張したが，4月9日に同法院が作品を差し押さえたため市内の5劇場は上映を中止し，最終的には励華影芸社が金昭煦に12億元の慰謝料を支払うことで，4月28日に双方の間で和解が成立している［「"凶宅"的控訴」『益世報』1948年4月4日，第2版；「十三号凶宅暫停止放映」『益世報』1948年4月10日，第2版；「十三号凶宅案和解」『益世報』1948年4月29日，第2版］．

---

1) 劇中では，義和団戦争の際に鄭親王（金昭煦の父の凱泰がモデルか）が外国兵に殺され，没落した一家は貸間により生計を立てるようになり，兄（金昭煦自身がモデルか）との近親相姦により女児を生んだ妹は自殺し，やがて成長した娘も昼は外出をはばかって，夜に白衣をまとい出歩く姿を借家人が目撃したことから，鄭親王邸は「凶宅〔幽霊屋敷〕」と呼ばれるようになる［金啓孮 2009：170］．なお，1948年に著名な言語学者の趙元任がアメリカで刊行した中国語教科書，*Mandarin Primer*（『国語入門』）の第19課「租房子〔家を借りる〕」は，この逸話を踏まえたものである．

しかし，この紛糾の社会的淵源を成していたのは，単に上流階級（あるいは没落貴族）に対する，いくらかルサンチマンを含んだ大衆の覗き趣味だけではなかったようだ．清朝皇族の末裔で満語・満族史研究の泰斗である金啓孮［麓漅，1918-2004］は，自身の体験・見聞に基づく著作である「京旗的満族」の中で，この映画が当時の北平都市社会で持った別の側面を描き出している．彼によると，この映画の撮影が中南海で行なわれていた時，袍褂（清代の礼装）をまとった俳優の王元龍が見物の群衆に向かって，「吾輩は満洲人のご先祖様である〔原語は「我是満洲人的老祖宗」〕」と言ったところ，それを耳にした数人の満族の運転手が，「俺たちを侮辱しやがって，こん畜生をぶん殴ってやる」と激昂して詰め寄ったため，王元龍は撮影関係者に護られて逃げ出したという．つまり，革命を機に没落した旧王朝時代の支配民族であり，この古都で依然として一定の人口を擁していた満族に対する，民国期社会の主流を成す漢族の偏見が，この紛糾の背景には存在したのである．

　その後，満族の運転手たちは王元龍の自宅に押し掛けて，「不用意な発言だった」と認める謝罪文を書かせたが，これに先立って彼等は満族協会という団体に支援を求め，同協会の人員が王元龍の自宅へ同行している．この件が一段落すると，満族協会はそれ以上「十三号凶宅」の内容を追及することはなかったが，やがて映画が上映されて初めて，これが清朝の鄭親王を背景としたきわめて侮辱的なものであることを知った．そこで満族協会は人員を法廷に派遣して裁判を傍聴させ，また当局に上映禁止を要求したという［金啓孮 2009：169-170］．

　この満族協会という団体は，中華民国が中国大陸に存在した最後の時期に出現し，満族の地位向上や民族文化振興を目的としたが，その成立の最も直接的な目的は国民大会において，満族が独自の議席を獲得することであった．「十三号凶宅」をめぐる一連の紛糾が示すように，満族が差別に苦しんでいる状況下で独自の組織を結成し，政治参加の権利を要求することにより待遇の改善を図ったというのは，十分に理解しうる行動だろう．だが，満族協会は政治活動を通じて満族大衆の社会的境遇を改善する以前に，中華民国の崩壊に伴って消

---

2) これらの回想的著作の断片的な記述を除けば，この短命な団体は今日ほとんど忘却の淵に沈んでおり，その実態は明らかにされていない．

滅してしまった[2]［金啓孮 2009：169-170；麓漾 1996；趙書 2002：12-13；張寿崇 2002：420-426；翁福祥 n.d.］．そして国民党から共産党へという政権交代から6年を経た1954年，北京の満族は再び自身の民族代表を選出して国政に参加する機会，すなわち第1回人民代表大会選挙に遭遇するのだが，この時に彼らが取った態度は6年前と全く異なっていた．

多民族国家に統治の正統性を付与すべく，国共両党政権の選挙はともに民主的普通選挙で少数民族の権利を尊重すると自称したが，その制度や機能は大きく相違している．その際に満族という特殊な歴史的背景を持つ民族集団が示した反応は，我々が両党政権の体制を分析・比較する視角を提供してくれる[3]．本章は，この課題に対して初歩的な検討を試みるものである．

1 独自選挙——満族・国民大会・国民党

1. 政界進出

満族協会の前身として，まず満族文化協進会という団体が結成された．旧皇族の出身で著名な画家であった溥儒が，1946年11月に南京で開催された憲法制定国民大会（いわゆる「制憲国大」）に代表として出席したものの，中国に対する満族の貢献を主張する彼の議論は，多くの大会参加者の否定的反応を引き起こす．溥儒は北平へ戻ると満族の平等な待遇を求める基盤とすべく，学者の

---

3) 1947年の国民大会代表選挙に関しては陳謙平［2006］，1953-54年の第1回人民代表大会選挙に関しては中岡［1998］を参照．管見の限り，これらの選挙における満族の政治参加を扱った研究はない．近年，中国では清史研究が国家事業として推進され，米国ではNew Qing Historyが学界の流行となり，日本では満族史研究会により研究成果が蓄積されているが，総じて研究は前近代史（特に前史を含む清朝史）に集中しており，近現代満族史に関する若干の著作もすべて辛亥革命前後を対象としたものである．たとえば，アメリカにおける研究を代表するエドワード＝ローズの著作は，清代における世襲軍事階級としての「旗人」を，清末民初期の革命派が「満人」と称するようになり，人民共和国期の民族識別工作により「満族」と定義されたと述べ，民国期の「反満」風潮と国民党の同化政策の結果，「満人」の人口は半減したと説く［Rhoads 2000］．中国では戴迎華が清末民初期の旗人の生活状況を分析し，北洋政府の政策が旗人の社会的変容を促進したと唱え［戴迎華 2010］，常書紅は同時期の満漢関係の変遷を辿り，満族の「漢化」が進んだものの民族的特質・心理は失われていないと論じる［常書紅 2011］．日本では江夏由樹による東北地域史の研究や［Enatsu 2004］，阿部由美子による「清室優待条件」の研究がある［阿部由美子 2011］．

傅芸子等とともに満族文化協進会を結成した．この団体に参集したのは，国民革命以後に満族の就学・就業促進や民族差別撤廃のため，サロン的な小型集会を開いていた知識人たちで，その中には抗日戦争中に満族抗戦建国会の結成を試みていた，郭岳崑等も含まれていたという［金啓孮 2009：165-168；麓漾 1996：14-15；趙書 2002：12；張寿崇 2002：420-424］．

　1947 年 4 月，北平満族文化協進会籌備委員会が国民政府主席北平行轅に登録を申請し，李宗仁主任名義で認可を与えられた[4]［資料 1］．さらに同月，溥儒をはじめとする 33 人が北平満族文化協進会の設立認可を，北平市政府社会局に対して申請している．この申請書簡は，1946 年 11 月 21 日の国民大会における蔣介石の「満族を平等な地位を持つ者と見なし，今後は政治面でも格別に支援して，平等に発展する機会を与える」という発言を引用し，これを「35 年来，全国各民族の至誠に基づく団結の最高の表現」と称える．そして，「憲政実施を促進し，三民主義を宣揚し，満族文化を向上させ，国家の前途を輝かしいものにし，無知な〔満〕族人民が誤った道に入るのを防ぐため」，北平在住の満族を組織してこの団体を設立すると唱えている［資料 2］．

　だが，1946 年 11 月 21 日に蔣介石は国民大会で発言しておらず，ここに引用されている彼の発言は，12 月 21 日の国民大会第 14 次会議におけるものを指しているようだ．同日午前の第 13 次会議で，中華民国憲法草案修正案の第 5 条「中華民国各民族は一律に平等である」を，「中華民国の漢・満・蒙・回・蔵・苗夷および他の各民族は一律に平等である」と修正する案を，溥儒等 30 余人が提出した．溥儒は登壇して提案理由を説明したが，多くの代表が原案維持を主張すると，合江省職業団体代表で満族の畢天民が立ち上がって，「民主的な国民大会なのか，それとも独裁的な国民大会なのか」と大声で叫んだ．さらに畢天民は登壇して自説を展開し，「洗耳静聴〔よく聞きなさい〕」と言うと会場は騒然となったため，彼は主席団員の陳誠にとりなされて降壇し，松江省区域代表の王寒生に伴われて退場せざるをえなかったという．こうして第 5 条は原案通り通過したのだが，同日午後の第 14 次会議で蔣介石はこの件に触れて，「辛亥革命時の総理〔孫文〕の宣言に，五族共和平等の語があり，

4）李宗仁宛ての書簡は，傅耕野が執筆したという［傅耕野 2002：427］．

補　論　民族／民主　　　　　　　　　195

五族とは漢・満・蒙・回・蔵のことであるから，すでに満族が含まれている」と述べたのである［「憲草読会順利進行」「蔣主席代表主席団対憲草有重要説明」『中央日報』1946 年 12 月 22 日，第 2 版］．

これに先立って蔣介石は国民政府で演説した際，次のように述べている［秦孝儀主編 1984（21）：478］．

　　特に満族代表が「満族」の語を憲法に明記するよう求めているが，私は言及しない方がよいと思う．もう今は民国 35 年であり，民国元年以前に漢人が満人に恨みを抱くのはやむをえなかったが，辛亥革命以後は満・漢の区別がなくなっており，そのような区別を政府がしないだけでなく，そのような観念は一般人民にもないのだ．今もし無理に言及すれば，かえって辛亥革命時代の者に多くの不愉快な過去の記憶を想起させ，現実には有害無益である．もとより満族はわが中華民族を構成する 1 つの宗族だが，もう今は満・漢が雑居して区別がつかず，私個人にも多くの満族の友人がおり，私と彼等の間には何の隔たりもなく，全国人民が皆そうだと私は思う．だから満族代表は，この問題を提起しないのがいちばんよい．いわゆる「少数民族」「土着民族」といった言葉は，率直に言ってわが各宗族を侮辱するものであり，もし我々が憲法にはっきりと規定するならば，なおのこと重大な侮辱となる[5]．

このように蔣介石は，すでに満族は漢族に同化されつつあると考え，この趨勢を妨げるべきではないと考えていた．それゆえ溥儒等は国民大会における蔣介石の発言を，自己に有利なよう故意に曲解したものと言わざるをえない．

なお，1947 年 1 月 27 日付けの溥儒に宛てた蔣介石書簡が，上記の設立申請書には付されていた．これは，「もし満族同胞がすべて心を 1 つにして，憲法と三民主義を実行すべく努力できるならば，必ずや国家に対してきわめて名誉ある貢献をなしうるだろう」と述べ，「大いに先生〔溥儒〕の力になるよう，北平行轅の李〔宗仁〕主任に打電する」とも記しており，上述の李宗仁による認可は，この蔣介石からの指示を受けたものと推測される．しかし，ここでも蔣介石は民族団体の設立に賛同しているわけではなく，中華民国に対する満族

5）　秦孝儀［1984］は演説の期日を 1946 年 12 月 6 日としているが，これは 12 月 2 日の誤りである［王正華 2003-（68）：12］．

の貢献を促しているにとどまり，これを満族文化協進会の設立に対する支持と強弁するのは，やはり意図的な牽強付会・我田引水であった．ただし，溥儒は1946年11月1日に画家の斉白石とともに蔣介石の接見を受け［王正華 2003-(67)：412］，翌年3月1日には国民参政会参政員に補充選抜されており［「国民参政会第四届参政員増額名単」『国民政府広報』第2763号，1947年3月3日，4頁］，自身が国民政府の信任を得ていると考えた可能性はある．

　この設立申請書には，発起人名簿と「北平満族文化協進会章程」が付されていた．前者には32人の発起人が記されているが，書簡の署名者として名を連ねている33人の内，なぜか傅瑞清の名前がない．32人の発起人は，溥儒や達寿（前蒙蔵院副総裁）・関麗生（空軍中佐）・郭岳崑（北平市第五区公所股長）・金光平（恒煦，前蒙古宣撫使署秘書）・南鋭祥（前国務院秘書）といった公職従事者・経験者を除くと，啓功（輔仁大学講師）・憲度之（華北学院教授）・傅厚（北洋大学教授）・傅宝堃（芸子，故都文物研究会秘書）・金籙漵（河北省立農専教授）といった知識人が多い6)．先に述べたサロンに集う知識人が，おそらくは中核を成していたのであろう．「章程」は，満族文化協進会の宗旨を「憲政実施を促進し，三民主義を宣揚し，満族文化を向上させる」ことと定めている［資料3］．

　上記のような申請を受けて北平市政府社会局長の温崇信は，これを4月25日に北平市の何思源市長・張伯副市長と国民政府社会部に伝達し，設立認可の可否を尋ねた［資料4］．なお，やや奇妙なことであるが満族文化協進会は，市政府の許可を待たずに成立大会を開く予定であったようだ．翌26日に同会から温崇信局長に，「当会は4月27日に中山公園中山堂を借りて成立大会を開く予定でおりましたが，期日が急で準備が不十分であるため日を改めて行なうこととし，決まり次第お知らせします」と通知した［資料5］．北平行轅を通じて蔣介石の支持を得たものと，溥儒等は依然として認識していたのであろう．

　4月27日には前門外の擷英番菜館で関麗生の主催による準備会議が開かれ，

---

6) 溥儒の「職業」は「国〔民〕大〔会〕満族代表」となっているが，彼は「制憲国大」開催直前の1946年11月9日に，選挙によらず「社会賢達」70名の内の1名として，国民政府から「遴選〔選抜〕」されていた［「府令」『国民政府広報』第2672号，1946年11月11日，1頁；郭泉 1947：86］．金籙漵は金啓孮その人で金光平の長男だが，この団体に自身が関与したことを，彼は回想の中で語っていない．

溥儒や傅芸子・張寿崇等25—26人が出席し田文彝が籌備（準備）主任に選ばれた．ある者が提起した共産党勢力に対する「戡乱〔反乱鎮圧〕」と，そのための兵役の話題が議論を引き起こし，これに反対する憲度之は憤然として退席したという［張寿崇 2002：423］．国民党政権への協力姿勢をめぐって，北平満族社会内部に意見対立が存在したことが窺われる．5月19日に国民政府社会部は満族文化協進会という名称を変更するよう，北平市政府社会局を通じて指示した[7]［資料6・7］．その理由は明らかでないが，おそらくは上述の蒋介石に代表される，あくまでも中華民族を構成する下位集団と満族を見なして，その独自性を否定的に捉える民族観と関係があろう．これに対して溥儒等は，「時間的余裕がない」ことを理由として，5月25日に成立大会を挙行したのだが，これに先立ち社会局に対して同会の責任者が，「すでに〔蒋介石〕主席から直接の許可を得て，貴〔社会〕部とも交渉している」と述べたというが，その「許可」が具体的に何を指すのかは明らかにしていない［資料9］．

中南海の懐仁堂で開かれた成立大会は溥儒が司会を務め，一般会員100余人の他に李宗仁・何思源も出席したという[8]［資料1］．おそらくはこの際に，以下のような理事・監事が選出されたのであろう［資料10］．

理事長：溥儒
理事：傅瑞清・関穎凱・金世中・唐君武（秘書長）・富保昌・金光平（組織部長）・博良勲・金麓漾・関麗生・金湯・金紹清・金曲戎・王文振・金紹武・張国楨・傅厚・伊見思・宗彩・張需青・戴済民・高継成・郭岳崑・関博泉・兆士衡・傅宝堃・佟世俊・曾魯・憲度之・佟韶華・羅常培・佟陟佳（女）・羅毓鳳（女）
監事：田文彝・南鋭祥・金酒衡

満族文化協進会成立の報告を受けた国民政府社会部は，8月11日に北平市政府社会局に対し，「名称が妥当でない」として「主席〔蒋介石〕の指示」に基づき，改称させるべき旨を再確認した［資料11］．この際に蒋介石がどのような指示を下したのかは明らかでないが，この問題への対応をめぐって北平満族社

---

7) この指示については，北平市政府社会局から北平行轅にも通知されたようだ［資料8］．
8) 日時が「三十六年四月二十五日」と誤記されている．李宗仁の代理として王捷三が出席したとも言う［張寿崇 2002：423］．

会の対応は分かれたようで，やはり憲度之は反対意見を表明したという［張寿崇 2002：424］．なお，満族文化協進会は先に述べた理事会・監事会に加えて，総務部・組織部・青年部・婦女部・事業部を置く予定であったが，経費不足のため後三者は実際の成立には至らず，組織自体の発展に支障をきたした．そのため，理事会は中国満族協会を設立して国民政府社会部の認可を得ることを決議したらしい［資料1］．しかし，これがやがて後述するような内部分裂を引き起こすことになる．

2. 地位向上

1947年11月，満族協会の設立が国民政府社会部に届け出られ，12月31日に谷正綱部長の名義で認可がなされ，同部科長の余蒸雲が指導員として派遣された［資料12・13・14］．そして，これと並行して満族の政治的地位に大きな変化をもたらす政策変更が，国民政府によって決定されている．同年3月31日に公布された「国民大会代表選挙罷免法」第4条では，モンゴル族に57名，チベット族に40名，そして「各民族が辺境地区で選出する者」に17名の代表枠が与えられたのに対し，満族の代表枠は規定されていなかった．この「各民族が辺境地区で選出する者」は，5月1日に公布された「国民大会代表選挙罷免法施行条例」第52条では，「四川・西康・雲南・貴州・広西・湖南の6省の西南辺境民族を指す」と定められている．

ところが，11月13日に修正公布された「国民大会代表選挙罷免法」第4条は，「各民族が辺境地区で選出する者」の代表枠を34名に増やし，「国民大会代表名額分配表」に「その他の辺境地区」の欄を設け，「満族国民により選出し，その中に婦女代表1人を含むこと」と注記したのである．そして，「蒙蔵国民大会代表及立法院立法委員選挙補充実施辦法」3（4）では，次のように定めている［国民大会秘書処1961：15, 29, 42, 44, 65, 90］．

> 各民族が辺境地区で選出する者は，土着民族と満族の2種類に分けられ，土着民族は雲南・貴州・西康・四川・広西・湖南の6省の土着民族のみを指し，この6省の土着民族が選出すべき代表枠は17名である．……満族が選出する者は，その地区を東北9省2市および旧清朝満軍の主要駐屯地，すなわち南京市・北平市・天津市・迪化市・広州市・杭州市・長沙市・帰

綏市・成都市、および河南省開封・湖北省荊門から、全部で代表17名を選出するものとする。

前年の「制憲国大」において、モンゴル族・チベット族と異なり代表枠を与えられていなかった満族が、こうして「行憲国大」では独自に議席を得ることになったのである。

これに先立って10月7日に溥儒は蒋介石に書簡を送り、「各省の満族同胞からの来電によれば、今回の選挙において満族に人数枠が配分され、各省の同族で有能な人物を推薦・選出して、立法委員・監察委員・国民大会代表・蒙蔵委員とすることを、皆が切に願っております」と述べ、下記のような名簿を提出していた［秦孝儀 1981(7) 戦後中国 2：823-824］。

　立法委員：関穎凱・金湯・唐君武・富保昌・趙伯鈞・秉志・王湘濤
　監察委員：金光平・富聖廉・金世中・趙靖黎・慶厚・趙炳麟・富広仁・王竹淇
　国民大会代表：金麓漾・全紹武・関麗生・傅宝堃・畢天民・金度之・関邦傑・富士仁・英千里・羅毓静・斉雲階・趙普炬・安世瓆・庫仲英・洪明峻・王虞輔・戴済民
　蒙蔵委員：趙崇愷・佟敏長

後述する通り、この中には北平市以外からの被推薦者も含まれており、この時点で溥儒等が全国各地の満族と連携し、政治参加要求の中核となっていたことが窺われる。この名簿がそのまま国民政府に受け入れられたわけではないが、上述の通り国民大会において17議席が、溥儒の要求通り満族に配分されることになったのである。これは国民政府の指示を受け入れ、満族協会という名称で団体の設立を許可されたことと、表裏一体を成すものと推測される。換言すれば、国民党政権に対して恭順・忠誠の姿勢を示すことにより、満族という民族集団を単位とした政治参加の権利が勝ち取られたのではなかろうか。

国民大会代表選挙の投票は、1947年11月21日から23日の3日間に行なわれた［国民大会秘書処 1961：85］。その結果として選出された満族代表は、以下の通りである[9]。

---

9) 当選者の籍貫については、劉国銘［2005］を参照。

洪鈁（遼寧）・金鎮（遼寧）・富伯平（瀋陽）・黄炳寰（遼寧）・溥儒（北平）・戴鼎（南京）・富仕仁（嫩江）・趙靖黎（遼寧）・唐君武（北平）・唐舜君（女，北平）・傅継良（河北）・洪明峻（南京）・金光平（北平）・庫耆隽（綏遠）・王虞輔（綏遠）・富保昌（北平）・関吉罡

　この他にも関穎凱・金湯・金麓澿・関麗生が，候補（次点）代表となったようだ．こうして少なくとも北平市に関する限り，満族文化協進会が政治参加の経路として機能したのである．「行憲国大」代表が選出された詳細な経緯は明らかでないが，投票に際して溥儒等は北平満族住民の登記を行なったようだ．その結果，1948年4月末までに1万1000人が登記したという［資料9・15；「全国各地国代名単（四）」『中央日報』1948年3月17日，第3版］．これは満族文化協進会あるいは満族協会が，北平満族社会を掌握しているという印象を，国民党政権に対して与えうるものであったろう．

　奇妙なことに「行憲国大」代表を選出した後も，満族文化協進会から満族協会への改組は完了しておらず，それがやがて組織の分裂へとつながっていく．満族協会の成立は中央政府の承認を得ていたものの，北平現地では地方当局への届け出が行なわれていなかったのである．1948年4月12日に北平行轅は北平市政府社会局に対して，「満洲文化協〔進〕会が東四9条34号白姓院内に事務所を設け（電話4局0046号），満清の遺族を集めて登記を行なっているのは，偽満洲国政府の中級幹部が内部で主導し，しかも各地に登記処を設けているのだが，登記処は各級官庁に届け出ておらず，どうやら疑わしい企みがあるようだ」という情報（新聞報道か）を伝え，注意を促している［資料16］．ちょうどこの頃，本章冒頭で記した映画「十三号凶宅」をめぐる裁判が進行中であった．中華民国により打倒された旧支配民族という地位と，溥儀や一部遺臣が傀儡政権に参加したという「前科」により，満族は二重の意味で中国民族主義の標的となりうる存在だったことが窺われる．

　他方，満族協会名義で北平市政府社会局宛てに，4月17日には事務所を移転する旨，5月1日には市内全11区と東郊・南郊・西郊・北郊・海淀・円明園に登記処を設ける旨を，それぞれ報告し認可を求めている［資料17・18］．これに対して北平市政府社会局は設立に関する資料の提出を満族協会に求める一方，4月20・25日と5月1・3・11日に人員を派遣して成立経過や活動状況を

補 論 民族／民主　　201

調査させた．その結果として同局第4科の王怡安が提出した報告書は，同会の主導者が皆「抗戦時期に国家に忠誠を尽くした正しい思想の者」で，「偽満洲国政府の中級幹部が内部で主導している」形跡はないと述べながらも，この団体の曖昧な性格を次のように記す．

> 満族文化協〔進〕会は北平行轅の認可を得ているが，経費の関係で十分に発展することができず，理事会の決議と社会部の認可を経て中国満族協会を設立したことが，記録により明らかである．ただし，同会が満族文化協進会から改組されたのか，それとも別個に組織されたのか，まだ重要な主導者が〔国民大会の開催された南京から〕北平へ戻っておらず，将来どうなるのか目下は判断しがたい．

そして，同会が北平行轅の認可を得て成立したものの，地方政府には届け出られていないことが法規に違反するものだと指摘する［資料1・19］．このように満族文化協進会も満族協会も，言わば北平市政府社会局の頭越しに北平行轅や社会部の認可を得て成立していた．その理由は定かではないが，おそらくは中央政府との直接交渉，とくに蒋介石と溥儒との個人的関係を通じて，「行憲国大」に満族の代表枠を得ることが最優先され，地方政府に対する団体の登記手続きが後回しになったものと推測される．

この他，「十三号凶宅」事件の発生に際して，満族の運転手たちが俳優の王元龍に謝罪を迫った経緯に関して，これはあくまでも「満族大衆自身の闘争の勝利」であったと，金啓孮は記しており，金昭煦も満族協会に支援を求めることなく直接に法院へ訴え出ている［金啓孮 2009：169-170］．総じて言うならば，溥儒等が満族文化協進会および満族協会を設立した目的は，国民大会をはじめとする中華民国の中央政治に，満族が参加するための勢力基盤とすることであったようだ．これに対して，地方当局への登記や「十三号凶宅」事件への関与の経緯が示すように，北平都市社会における満族住民の地位向上には，必ずしも積極的ではなかったという印象を受ける．

3. 内部分裂

その後，1947年春に満族文化協進会の設立認可が申請されて以来の経緯をめぐって，中国満族協会・北平市政府社会局・国民政府社会部の間で書簡の応酬

があり，最終的には 10 月 27 日にようやく温崇信局長の名義により，北平市政府社会局が中国満族協会北平市分会の設立を認可し，王立勛が指導員として派遣されることになった［資料 14・20・21・22・23・24］．この際に提出された「北平中国満族協会章程」は，宗旨を「憲政実施を促進し，三民主義を宣揚し，満族精神を団結させる」ことと定めており，前年の「北平満族文化協進会章程」と，ほぼ同じ内容である［資料 25］．

11 月 7 日には中国満族協会北平市分会第一次籌備（準備）会議が開かれ，58 人が出席し王立勛も招かれた．そして，関麗生・関穎凱・金湯・金迺衡・金麓漾（以上総務組）・唐君武・田文彝・張国楨・南鋭祥・伊見思・趙振（以上文書組）・金典戎・黄廷煜・博良勳・金世中（以上交際組）・費燕之が籌備委員に選出されている．だが，すでに会員が 5 万人を超えていたため，会員大会ではなく会員代表大会を開催することとなり，各登記処が人員を派遣して会員と連絡し，200 人ごとに 1 人の割合で代表を選出すると定められた［資料 26］．

この選挙の実態は不明だが，12 月 21 日に中国満族協会北平市分会は北平市政府社会局に対して，上記の籌備会議事録と 260 人分の代表名簿，そして「中国満族協会北平市分会章程」と発起人名簿を提出し，12 月 27 日午前 10 時に東単の社会部北平社会服務処を会場として，成立大会を開催する旨を届け出た［資料 27・28・29］．発起人に名を連ねているのは，次の 30 人である［資料 30］．

 溥儒・関穎凱・傅瑞清・南鋭祥・関麗生・金湯・唐君武・金光平・博良勳・田文彝・金迺衡・金麓漾・宗彩・金典戎・費燕之・張国楨・黄廷煜・唐舜君・伊見思・金世中・安世璘・金徳之・全守静・富保昌・趙仲夷・何応時・呉郁文・趙振・唐子炎・趙松泉[10]

このように，満族文化協進会の主要人員と国民大会代表（候補を含む）が，満族協会の中核となっていた．

しかし，先に述べた北平満族社会内部の不和が，ここで表面化する．12 月 15 日，傅厚・佟韶華・憲度之・張霈青・王文振・佟世俊・傅瑞清・汴華亭・伊見思の名義で，「満族同胞『満協会員』」に宛てて，次のような声明が発せられた．すなわち，成立大会を開こうとしている中国満族協会北平分会が，北平満

---

10) 趙仲夷は満族文化協進会秘書，金徳之・全守静は同事務所主任であった．

族文化協進会からの改組なのであれば，後者の理事会・監事会の議決を経ねばならず，そうではなく新たに成立するのであれば，どうやって「会員代表」を選出したのかと問いかけ，この「法律にも章程にも合致せぬ，いわゆる『成立大会』に対しては，いかなる責任も負わない」というのである［資料31］．さらに12月25日には，北平満族文化協進会の常務理事（傅厚・憲度之）・理事（張需青・王文振・傅瑞清・佟世俊・伊見思）・監事（汧華亭）名義で，北平市政府社会局の温崇信局長宛てに同内容の書簡を送り，成立大会の開催を制止するよう求めた［資料32］．

　市政府社会局は成立大会を翌日に控えた26日，開催の暫時延期を満族協会に要求する［資料33］．ただちに同会は回答し，「かつて憲度之は当会の会員でしたが，これまで会に参加せず，いろいろと会務を妨害してきました．……しかも憲度之は逆賊である金璧輝〔川島芳子〕の兄で，行動は曖昧で道理に合わず，当局に協力すべきだという当会の主張にも，すべて反対してきました．今回の提出文書は賛同署名者にいずれも押印がなく，明らかに偽造されたものです」と述べ，予定通り成立大会を開催したい旨を訴えた[11]［資料34］．しかし，市政府社会局は開催予定の27日になって，とりあえず成立大会ではなく座談会を開催し，「準備事項を討論する」よう命じたのである［資料35］．そして，翌28日に「満族協会北平分会成立」を報じた『華北日報』『北平日報』に対しても，開催されたのが成立大会ではなく座談会である旨，訂正するよう同局は指示している［資料36］．このような経緯は市政府社会局の満族協会に対する支持が，先に述べた設立認可に至る経緯もあってか，多分に消極的なものであったことを物語るのかもしれない．

　憲度之が国民党政権への協力や満族協会への改組に，批判的な態度を取っていたことは既述の通りである．彼が成立大会の開催に反対したのが，満族協会側が主張するように単独の行動なのか，それとも一定の支持者がいたのかは定かでない．だが，傅瑞清は成立大会の主席団に加わるよう要請されると，すでに1948年4月に退会を申請していたこと，そして北平城外数里にまで内戦が

11）確かに現存する12月25日付け提出文書では，憲度之以外の7人の押印がない［資料32］．

迫っていることを理由に，一切の党派に参加せぬ旨を通告した［資料37］．これは発起人や大会代表の選出が必ずしも本人の同意を得ることなく，一部の中核人物によって恣意的に行なわれていた可能性を示唆する．あるいは国民党政権に協力的な団体の設立に関して，それまで観望的な態度を取っていた者が，内戦の深刻化を機に離反したのかもしれない．

　総じて言うならば，当時の国民党政権は，「満清」王朝を打倒して中華民国を樹立したという建国神話を持つとともに，満洲国の崩壊により領土的統一の回復という新たな統治正統性を獲得していた．先にも述べた通り，こういった二重の意味で中国民族主義の標的となりかねなかった満族が，国民党政権中枢への直接的な働きかけを通じて，自己の政治的発言権を獲得・確保することを図ったのには，一定の合理性があったと考えられる．なお，満族文化協進会から満族協会への改称が要求されたのは，民族を文化的共同体と規定する孫文民族主義を奉じ，満族を中華民族の下位集団と位置づける国民党政権が，満族文化の独自性を主張することを容認しなかったものと推測される．このような同化主義的傾向の強い国民党政権への接近を，いわば妥協・譲歩・後退と捉えて反発したのが，憲度之による抗議行動であったのかもしれない．また，「十三号凶宅」事件の金昭煦等のように，終始このような民族団体とは一定の距離を保つ者もいた．

　いずれにせよ，国民党政権と中華民国の崩壊によって，満族文化協進会や満族協会のような民族団体の設立も，またそれを基盤とした政治参加も，ともに頓挫することになったのである．

2　管理選挙——満族・人民代表大会・共産党

1．議席獲得

　満族協会が成立大会ではなく座談会を開催した約1か月後，1949年1月31日に北平は無血開城し共産党軍の支配下に入った．4月に満族協会は全理事名義で市民政局に登録申請したが新政権からの回答はなく，6月には座談会を開いて解散を決めたという［金啓孮 2009：171；趙書 2002：14］．こうして満族協会は，とうとう正式な成立大会が開かれないという曖昧な状態のまま，消滅する

ことになったのである[12]．

　これ以後，北京の満族社会は奇妙な政治的沈黙の時代に入り，もはや独自の民族団体を結成しようとすることも，またそれにより多民族国家の統治に参加しようとすることもなくなった．ごく少数の例外の1つとして北京市の満族および回族・モンゴル族が，それぞれ1952年11月9・10日にソ連十月革命祝賀大会を開催しているが，これは言うまでもなく当局の動員によるものであった［「回，蒙，満族人民集会」『北京日報』1952年11月14日，第2版］．

　共産党の新政権は自己の統治を正統化すべく，1949年8月9日から14日まで北平市各界人民代表会議を開催した．総計332名の代表には，「当然代表」「党派代表」「団体代表」のほかに4名の「少数民族代表」がいたものの，「北平市各界代表会議組織条例」は，「少数民族代表（その内，回族住民代表が2名，モンゴル・チベット代表が各1名）は〔人民解放軍北平市〕軍事管制委員会と市政府により招請される」と定めており，満族代表は含まれていない．ただし，「その他の代表」の内の「文芸界代表」5名の中には，著名な満族講談師（「評書演員」）の連闊如がいた［北京市人大常委会辦公庁・北京市檔案館 1996：15, 20］．

　10月1日に中華人民共和国が成立すると，11月20日に北京市第2回各界人民代表会議が開催され，その組織条例には各民族に配分される具体的な人数枠の規定はないものの，「少数民族代表」は10名に増えている．その内訳は「回族住民」6名，「モンゴル族住民」2名，「チベット族住民」2名で，依然として満族代表はいないが，連闊如が「文芸界代表」に留任した［北京市人大常委会辦公庁・北京市檔案館 1996：41, 55］．1951年2月26日に開催された北京市第3回各界人民代表会議では，回族代表7名，モンゴル族代表2名，チベット族代表2名が，いずれも「邀請〔招請〕代表」の枠に含まれているが，他方で「人民団体代表」中の「北京市文学芸術工作者聯合会」代表として，連闊如と満族作家の舒舎予（老舎）がおり，舒舎予は主席団員および北京市人民政府委員に選ばれている［北京市人大常委会辦公庁・北京市檔案館 1996：142-145］．

　このように共産党も国民党と同様に，その政権に正統性を付与すべく開設した民意機構において，当初は満族を少数民族代表の範疇に含めていなかった．

---

12) 溥儒は北平へ戻ることなく，1949年冬に台湾へ渡った［翁福祥 n.d.］．

もっぱら漢語を用いて言語芸術の創作や上演に従事する，連闊如と舒舎予といった文化人が代表に選ばれたのは，満族としての民族的属性を具えていたことによるのではなく，彼等が漢族を主流とする国民文化の旗手となっていたためである．

しかし，1952年8月11日に開催された北京市第4回各界人民代表会議において，これとは異なる傾向が現れた．舒舎予が「北京市文学芸術工作者聯合会」代表に留任したほか，「邀請代表」に連闊如と満族言語学者の羅常培，そして旧皇族中でも突出した地位にある愛新覚羅・載濤が含まれていたのである［北京市人大常委会辦公庁・北京市檔案館 1996：211-212］．羅常培の主要な研究領域は漢語史だったが，かつて彼は満族文化協進会の理事に選ばれたことがある．載濤は光緒帝の異母弟として漢族と異なる民族的属性があまりにも顕著なだけでなく，彼は日本帝国主義の使嗾により「満洲国皇帝」に即位した溥儀の叔父であり，もし人民共和国の民族主義の枠組みに引き入れることができなければ，多民族国家の統一に対する脅威となりかねない人物だった．それゆえに共産党政権は以後，このような満族エリートに民意機構への参加を促さねばならなかったのである．

そこで，中共中央統一戦線工作部は12月7日に「満族が少数民族であるかどうかに関する意見」で，次のように指摘した［趙書 2002：16］．

> 満族は，わが国の領土内の1つの少数民族である．……彼等は長期にわたり漢人と雑居してきたため，その民族的な言語および風俗習慣の特徴は次第に失われていった．辛亥革命以後，いっそう彼等は意識的に自己の民族的特徴を隠すようになり，多くの者はすでに自身の民族所属を変更してしまったが，その民族感情は依然として相当に強く存在している．……中華人民共和国成立後……多くの地域の満人も相次いで立ち上がり，彼等が少数民族であり平等な権利を持つことを認めるよう人民政府に求めているが，これは自然かつ合理的な現象である．我々は，彼等の少数民族としての地位を承認し，彼等が当然に持つべき民族平等の権利を保障することが全面的に必要で，また満人と団結して彼等の愛国主義的な積極性を発揮させることは，大いに効果的だと考える．

このように共産党政権は満族に対して，その少数民族としての存在を承認し

たのだが，これに政治参加を行なわせる具体的な方法は，依然として検討の必要があった．1953年1月7日に中共北京市委員会座談会が開催された際，少数民族の候補者を指名する際に取るべき方法，すなわち「①統一選挙に参加させ，その代表枠に配慮するか，②単独選挙を行なわせ，先に一定の代表枠を与えるか」が議論された［資料38：2］．後者は，5年前の国民大会選挙と同じ選挙方法である．翌日の座談会では民政局の統計に基づいて，北京市の少数民族人口は14万6118人，内訳は回族7万2256人，満族7万1153人，モンゴル族2611人，チベット族49人，その他（苗族・ウイグル族・彝族・朝鮮族等の8民族）49人とされている［資料39：9］．

1953年3月1日に公布された「中華人民共和国全国人民代表大会および地方各級人民代表大会選挙法」は，その第21条で「全国の少数民族は，全国人民代表大会代表150名を選出する」，また第30条で「すべての分散居住する少数民族に属する者は，みな各級人民代表大会代表の選挙に参加し，選出代表枠は人口比率を基礎として，代表1名当たりの人口数は，同地の人民代表大会の代表1人当たりの人口数より少なくてもよいが，一般に2分の1より少なくなってはならない」と定めている［「中華人民共和国全国人民代表大会及地方各級人民代表大会選挙法」『人民日報』1953年3月2日，第1版］．このように国民党時期の国民大会選挙法とは異なり，各民族の選出すべき人数枠は具体的に規定されていないのである．

だが，この時に起草された「北京市市，区，郷（街），鎮人民代表大会少数民族代表選挙実施細則（初稿）」の第2条は，次のように規定している［資料40］．

> 当市の少数民族は市人民代表大会代表35名から45名を選出し，その人数枠の配分は以下の規定に従うこととする．
> (1) 回族および満族は，それぞれ代表16名から20名を選出する（満族住民の総人口はまだ確定できない）．
> (2) モンゴル族およびチベット族は，それぞれ代表1名から2名を選出する．
> (3) そのほかの各少数民族は，共同で代表1名から2名を選出する．

3月3日，中共北京市委員会が民主党派・文教界・商工界・宗教界・少数民族といった，各界の人士を召集して開催した座談会において，載濤は次のよう

に発言した［資料41：6-7］.

　　我々の英明かつ偉大な領袖である毛主席の指導の下，3月1日に選挙法が公布されましたが，これはいかなる資本主義国家にもなかったものです．たとえば少数民族への配慮という点で，かつて我々は圧迫を受けてきましたが，今日では民族政策を学習するだけでなく，しかも政権に参加することにもなっています．私は満族を代表し，これを一丸となって支持します．

　このように彼は，満族も他の少数民族と同様に参政権を持つべきであり，また自身がその代表となるべきことを主張した．彼は溥儒のように満族独自の団体を結成することはなかったが，おそらく自身が中国民族主義の標的となりかねず，それゆえ自己の民族的属性を政治参加の資源とすることにより，保身の目的を達成しようとしたのだろう．

　同じ座談会で連闊如は，「かつて蔣介石は，偽国民大会や偽参政会により総統や主席になろうと，茶番を繰り広げました．我々は選挙により善人を選出して悪人を排除し，人民民主独裁を強固なものにするのです．私はこれを支持するだけでなく，さらに満族の者たちに協力を呼びかけ，政府が選挙業務を完遂するのを支援させます」と唱えている．これは，国民党政権下で満族が独自の議席を有していたことを暗示しつつ，共産党政権にも同様の待遇を求めたことを意味する．しかし連闊如は，ここで5年前の国民大会選挙の際には誰も言及しなかった問題を提起した．すなわち，「当市では現在，満族住民の人口が7万人あまりになりますが，多くの者が依然として民族的帰属を隠しているのは，組織がないからです．なんとかして彼等が帰属を戻せるよう政府に希望するとともに，いかにして満族住民が候補者を推薦するか，具体的方法を政府が検討するよう希望します」と彼は述べている［資料41：7］．このように当時の北京社会において，多くの住民が自己の民族的属性を公表することを願わなかったという点で，満族は他の少数民族と異なっており，それゆえ選挙における地位を決定することも困難だったのである．

　また，4月3日に「中央選挙委員会の基層選挙工作に関する指示」が公布された後，少数民族代表を集めて開かれた座談会でも連闊如は同様に，「民族的帰属を隠す者に対しては，登録業務を行なう際に本来の民族に戻すよう啓発すべきです．民族的帰属を隠すのは，歴史上の民族差別がもたらしたものだと考

えるべきです」と述べている［資料 42：2］．この時，すでに連闊如は北京市文学芸術工作者聯合会の代表ではなく，「邀請代表」として各界人民代表会議に参加しており，その目的は満族という民族的属性を自己の政治参加の資源とすることだったのかもしれない．

このように北京市政府は，満族が代表を選出することを認める必要性を認識しており，また一部の満族著名人も人民代表大会に自民族の代表を持つべきことを主張していたが，自発的であるか否かはともかく，当時の満族大衆にはすでに漢族と同化している，あるいは同化しつつある者が少なからずおり，彼等は必ずしも改めて満族として性格づけられるのを望まなかった．総じて人民代表大会普通選挙に際して，北京の満族社会には民族的属性をめぐる分岐が生じていたのである[13]．

2．民族属性

人民代表選挙は連合推薦および等額選挙という制度を採用したため，満族はまず候補者が名簿に載らねば代表に選ばれることはできなかった．基層社会において実際の業務に従事したのは，共産党区委員会である．

東四区では少数民族人口が合計 2 万 1924 人，内訳は満族 1 万 4369 人，回族 6226 人，蒙古族 1289 人，その他の民族が 47 人であり，「各界代表の分配原則」に関して，「少数民族には満族・回族・モンゴル族・チベット族等の 13 民族がおり，各地に分散居住して相互の連絡はやや少ない．しかし，少数民族の代表が一定の比率になるよう適切に配慮すべきで，選挙法第 27 条の規定に照らして，まず回族・モンゴル族は 1000 人前後で代表 1 名を出す」という原則が提起された．しかし，満族の扱いをめぐって同区委員会統一戦線部は，「満族は人数がやや多いものの，その民族的特徴と民族感情は顕著でなく，当区の実情に基づいてまず傑出した人物 2 名を代表とするほかは，その他の代表の中で配慮する（おそらく満族住民代表 10 名前後を選出できるだろう）」と唱え，少数民族の人数枠は計 9 名，内訳は回族 6 名，満族 2 名，蒙古族 1 名とする方案を提起し

---

[13] 4月15日に中央人民政府政務院の同意を経て北京市選挙委員会が成立したが，20名の委員には2名の満族エリート，すなわち舒舎予（北京市文学芸術工作者聯合会代表）と載濤（満族代表）が含まれていた［資料 43・44］．

た［資料45］．ここで言う満族代表2名の内の1名はおそらく載濤その人だろうが，それ以外にも民族的属性によらず選ばれるべき満族が，約8名いると考えられたのである．

西単区でも事情は同様で，少数民族人口1万4467人中，満族は8161人，回族は5627人，モンゴル族は638人，その他は41人で，少数民族代表は「まず1100人当たり代表1名を出し，計13名の代表を出す」ことになった．しかし，「満族は回族より人数が多いものの，その民族的特徴も民族感情も顕著でない上に，その内部も相互に連絡がなく，傑出した人物もいないので，満族代表は回族より若干少なくてもよい」とされ，計13名の少数民族代表は回族7名，満族5名，モンゴル族1名と定められた［資料46］．

西四区は少数民族人口2万1795人中，満族が1万4189人，回族が6585人，モンゴル族が993人，その他が28人で，「1000人当たり代表1名を出す（その他の範疇からは1400人当たり代表1名を出す）」という原則で，「回族住民に配慮するため，当区では計6500人の回族住民が代表7名を出す．しかし，満族住民は民族的特徴が顕著でないので，当区では1万4000人の満族住民に対して代表枠は10名を下回らなければよい．そのほか，当区ではモンゴル族住民計900余人から代表1名を出す」ことになり，計18名の少数民族代表の内訳は，「満族住民10名，回族住民7名，モンゴル族住民1名」と定められた［資料47］．

このように概して基層工作の担当者は，満族を回族やモンゴル族と同様の少数民族として扱い，人口に比例した代表枠を与えることには，多かれ少なかれ消極的であった．その理由は，強い民族意識と参政意欲を持つ一部の満族エリートを除けば，大部分の満族大衆は少なくとも表面上は漢族との同化の程度が高く，あまり自己の民族的属性を公表したり，自民族の代表を選出したりするのを望まなかったことであろう．

6月に海淀区蔡公荘郷・東郊区関荘郷・西単区安福胡同の3選挙区が，基層選挙試行地点に指定されたが，人口調査業務に際して，「関荘郷の満族住民には，自分が満族だと言いたがらない者がおり，業務班の幹部が彼等に満族と記入させ，また民族政策を説明したところ，彼等の不満を引き起こした」という．また，「関荘郷の業務班幹部が選挙民登録の際，ある満族住民に自分の民族を記入させようとすると，その選挙民は怒って，「俺は民族政策がどうだろうと，

満族とは書かないからな」と言った」．このような経験に基づき担当者は，「当市には満族住民がわりあい多いものの，我々が彼等を少数民族と見なすことにあまり肯定的でないのに対して，上層の人物は一貫して不満を抱いているが，この問題は中央が早く決定を下すことが望ましい．明確な指示がない間は，代表枠の中で実際に一定の配慮をするよう留意する必要がある（発表時には回族住民に対するのとは異なり，その民族的帰属を公表しない）」と提案している［資料 48・49］．

　ここで言う「上層の人物」は載濤のように，民族的属性を資源として政治参加を図る人物を意味すると考えられるが，それとは対照的に自身の民族的帰属を秘匿しようと望む者も多く，それゆえ形式上は満族として扱わないという処置が提起されたのである．7 月 19 日に発表された同郷代表候補者 29 名の内，漢族が 28 名，満族は 1 名のみで，26 日に投票が行なわれ，すべての候補者が当選した［「東郊区関荘郷選挙委員会　公布全郷代表候選人正式名単」『北京日報』1953 年 7 月 25 日，第 1 版；「本市東郊区関荘郷　郷人民代表大会代表全部選出」『北京日報』1953 年 8 月 3 日，第 1 版］．

　しかし，連合推薦の過程で満族候補者を扱う具体的な方法は，依然として明確ではなかった．10 月に西単区で普通選挙業務が開始されると，北京市委員会統一戦線部は 10 月 21 日に北京市選挙委員会主席の劉仁へ書簡を送り，先に述べた同区の少数民族人口比率に言及し，さらに「少数民族は 1100 人当たり代表 1 名を出すとして，もし満族住民を少数民族に含めると，西単区は少数民族代表 13 名を出すことになり，もし満族住民を少数民族に含めなければ，少数民族代表 6 名を出すことになります．結局のところ，満族住民は少数民族に含めて計算すべきかどうか，ご指示ください」と記した．これに対する劉仁の指示は，「満族問題に関しては，まだ中央が決定を下しておらず」，「満族の単独選挙を強調してはいけない」というもので，副市長張友漁の指示も同様に，「少数民族の単独選挙を強調する必要はなく，満族であれ回族であれ漢人と一緒に選挙し，候補者指名の際に配慮して，その人数比率を減らさない」と説いている［資料 50］．このように少数民族と漢族との統一選挙は既定の方針であったが，満族というやや特殊な民族集団に対する措置をめぐっては，まだ結論が出ていなかったのである．

この曖昧模糊たる指示を受けた後，市委員会統一戦線部長の李楽光は11月30日に劉仁に宛てた書簡で，次のような鄧小平の発言を引用した．

　　全国の各少数民族は人口の多寡が異なり，分布地域は広く，また集中居住と分散居住といった相違もあることに鑑みれば，各級人民代表大会の少数民族代表の選挙は，すべて所轄地域の少数民族の状況に照らして，統一的に人口を計算し統一的に選出代表枠を配分するという方法を取るべきで，さもなければ不適切な処理という問題が生じてしまう．

　これに基づき李楽光は再び上述の問題を提起し，より明確な指示を求めた．

　　市政府民政局の本年1月の初歩的統計に基づくと，市全体で現在，回族住民が7万2000余人，満族住民が7万1000余人，その他の民族が約3000人おります．一般に6000人から市代表1名を出し，少数民族は5000人前後で市代表1名を出すとして，もし満族住民も少数民族に含めて計算すると，少数民族は市代表約30名を出すことになります．結局のところ，満族住民は少数民族に含めて計算すべきなのでしょうか．市全体の少数民族が少なくとも出すべき代表は30名なのでしょうか，それとも15名なのでしょうか．少数民族が少なくとも市代表15名を出すとしたら，もし満族住民から彼等は少数民族であるのかという意見を提起された場合，どう我々は返答すべきでしょうか．少数民族が少なくとも市代表30名を出すとしたら，我々は事実として満族住民が少数民族だと認めることになるのでしょうか．そして満族住民と回族住民の代表の比率を，結局どう配分すればよいのでしょうか．もし完全に人口比率で配分するならば，回族住民と満族住民が出す市代表の人数はほぼ等しいものの，満族住民の代表はやや選びにくいかもしれないので，〔選出代表数を〕保証する，あるいは適度に保証する必要があるでしょうか．もし回族住民の代表がやや多く出て，満族住民代表がやや少なければ，回族住民代表が多すぎるという問題が生じるかもしれませんが，やはり統制を加える必要があるでしょうか．結局のところ普通選挙において，どのようにこの問題を処理するのか，明確な指示をお願いいたします．

　ここで李楽光が「満族住民の代表はやや選びにくいかもしれない」と言う，その具体的な理由は明確でないが，ことによると当時の北京社会という状況下

で，自身の満族としての属性を公表あるいは強調し，しかもそれによって指名されるのを望む人物が，回族ほどには多くなかったことを指しているのかもしれない．また李楽光は，「満族住民を少数民族に含めて計算するかどうかという問題は，我々が満族住民を1つの少数民族と認めるかどうかということと直接に関わりますが，満族住民の単独選挙を強調するかどうかとは別問題であり，我々が指示を求めているのは満族住民を少数民族に含めて計算するかどうか，市全体の少数民族は少なくとも何人の代表を出すべきかという問題であり，満族住民の単独選挙を強調するかどうかという問題ではありません」とも述べている．

これに対する張友漁の回答は依然として十分に明確ではなく，「私が言いたいのは，各少数民族を一緒にして計算するにはおよばず，個別に計算して個別に処理すればよく，回族は選挙民の人数に応じて出すべき代表の人数を決め，満族が出すべき代表の人数も選挙民の人数によるべきだ．候補者を指名する際，適切な比率に応じて配慮し（もし彼等が自分から民族問題を提起しなければ，我々が強調するには及ばない）」，「将来は何人が選出されるかわからないのだから，事前に固定的な人数枠を定めるにはおよばず，当市から全国代表大会に出席する少数民族代表枠の計算に，満族住民代表を含めるかどうかは中央統一戦線部の決定を仰げばよい」［資料51］．このように張友漁は最も根本的な問題，すなわち満族を1つの民族と見なしうるかどうかを避けている．これに対する中央統一戦線部の反応は，管見の限り明らかでない．

3. 曖昧政策

いずれにせよ満族は確かに他の民族集団と異なり，前王朝の統治民族として一部の人物は社会の注目を受けねばならなかった．たとえば東単区選挙委員であった張寿崇の選挙民資格が検討を要する問題となり，これについて同委員会主席の李錫慈が北京市委員会統一戦線部と選挙委員会に指示を求めている．張寿崇は清朝末期に軍機大臣・内閣協理大臣を務めた那桐の孫であり，当時は33歳で東単区協商委員を務めていた．彼の経歴の1つの問題は，1947年に北平満族文化協進会の発起人会に参加したことである．東単区選挙委員会は，次のように考えた．

同組織は当初「自民族の利益を図る」ことを唱えていたが，やがて国民党に利用され工作員に制御されるようになり，偽国民大会選挙に参加した．その複雑な状況を見た張はただちにみずから退会しており，当時の発起人には溥心畬（すでに死去〔溥儒を指す，実際は存命〕）・憲度之（民族学院に勤務中）・索奎坦（少数民族政訓班を卒業）等がおり，我々が索〔奎坦〕等に照会したところ，張寿崇はこの組織にいたが政治活動は行なっていないことが証明され，また民政局所蔵の旧資料を検査してみると，同会の理事・監事名簿にも張寿崇の名前はない．

このように張寿崇は，きわめて幸いにも国民党政権の支持者と認定されることを免れたのだが，彼の財産と階級属性というやや複雑な問題が残されていた．土地改革前後の彼の家庭経済情況は，以下の通りである．

（一）土地情況

張寿崇の家には現在，妻1人，息子・娘6人，使用人5人の計13人がおり，その母と3人の兄弟である張寿松・張寿坤・張寿侖は，1947年に別居している．解放前には全部で土地3800畝を持ち，順義県（1800畝）・通県（700畝）・北京郊外南苑（1000畝）・北京郊外双橋（300畝）に分散している．順義・通県の土地は当区に隣接しているが，1946年以後は地代を徴収できず関係が途絶えるようになった．その他の北京郊外の1300畝は，1948年以前には地代前納（地代を納めてから耕作する）であったが，1948年以後は地代後納（耕作してから地代を納める）ようになっている．北京が解放されると1949年初頭に張は土地証文を全部わが政府に提出し，また糧粟2万1000斤を農業税として納めた．土地改革の際に張は，みずから出頭して手続をしており反抗的な行為はなく，農民も彼に対して闘争は行なっていない．

（二）現有財産（為其母，兄弟等公有）

1．現有家屋は1000部屋前後で，いずれも北京に位置しており，毎月の家賃収入は1400万から1500万元前後である．

2．塩業銀行株式3000株（1株当たり銀元100元）．

3．株式3000株余りを，天津啓新公司・耀華行・南京江南行・北京興業公司等，8か所に分散投資している．

4．現在，銀行預金は約7億から9億元，公債は1万8000分．

このように莫大な財産を持つ張寿崇が，共産党政権に忠誠を示すことにより批判・攻撃を避けようとした事情は，以下のような記述からも窺われる[14]．

> 北京が解放された後，彼を味方につけて我々と団結させたので，張は1949年に公債1万8000分を購入し，1950年には区代表に招請された．1951年の抗美援朝〔朝鮮〕戦争の際には1億元余りを寄付し，また興業公司に3億元余りを投資して，1952年には区協商委員会に参加し，現在に至るまで委員を務めている．政治的態度は普通で，一般的に言って我々とともに歩むことができる者である．

このような人物を普通選挙においてどう扱うかに関し，東単区委員会の意見は以下の通りである．

> 張の母と妻はともに地主階級分子と見なして，その選挙権を剝奪する．兄の張寿松・寿侖は天津で商業に従事し，弟の寿坤（中国民主建国会員）は現在，北京興業公司に在籍しており，いずれも選挙権を持つ．
>
> 張寿崇本人は地主階級分子だが態度は良好なので，地主階級から分化した分子と見なして選挙権を与え，よりいっそう彼を味方につけて団結させ改造するため，さらに代表の地位を与えてもよい．

このようにする目的は2つある．

> （一）彼の家庭は清朝末期の那桐の遺族で相当な声望があり，こうすれば類似した人物に影響を与え，いっそう彼等を我々に接近させて対立感情を弱め，より多くの者を味方につけて団結させるのに資することができる．
>
> （二）張家は相当な資産を擁しており，こうすればその大量の資金を工業建設に投資し，また建設公債を購入するよう促すことができる．

このように区委員会は，張寿崇の母と妻は「地主階級」に属し，その選挙権を剝奪すべきだと判定する一方で，張寿崇本人は「味方につけて団結させ改造する」対象と見なし，選挙権を与えるべきだと考えただけでなく，彼を代表に

---

14) 張寿崇は後年，「1951年2月，わが国でアジア太平洋地域平和会議が開かれることになり，政府が官民合弁の興業投資公司に高級ホテルを建設させることを決定すると，わが家は一部の家屋を売却して投資したので，私の4番目の弟である張季雲（寿侖）が和平賓館の重役に招聘された．やがて国務院により国営化が決定されると，我々の出資金は興業投資公司に繰り入れられ，季雲も興業公司の重役に転任した」と回想している［張寿崇 1993：174］．

選ぶべきことを唱えたのである．その理由は，豊富な経済的実力を擁していることに加えて，高級旗人として「声望」を具えていたことで，これは彼の民族的属性が無視しえぬ重要な要因であったことを意味する．このように名声赫々たる人物がいる以上，満族という民族の存在を否認することはできなかった．そこで市委員会統一戦線部長の李楽光と副市長の張友漁は，いずれもこのような判断・措置に同意して，「張はブルジョア階級として扱う……我々の意見としては，張とその家族にはすべて選挙権を与えてよい」と指示した［資料52］．結局のところ張寿崇が区人民大会代表に選ばれたのかどうか，そして彼の母と妻が選挙権を与えられたのかどうか，いずれも定かではない．しかし，いずれにせよ共産党当局が取った措置は，彼等を「階級闘争の敵」とするのではなく，むしろ「民族団結の象徴」として持ち上げることであったようだ[15]．

　1954年1月24日北京城内の各区で投票が実施され，2月には郊外各地区で投票が開始し，その具体的な結果は明らかでないが，6月には各区人民代表大会が召集され，北京市人民代表大会代表計564名を選出した．その内訳は，労働者が30%，文教従事者が24%，機関勤務人員が17%，私営商工業者が8%，医薬衛生従事者が5%，農民が5%を占めている．満族代表は計15名おり，北京市選挙委員会（あるいは中央統一戦線部）が満族を1つの民族と見なし，その人口に応じて代表枠を与えると決定したことがわかる．その内訳は文教従事者が27%[16]，機関勤務人員が20%[17]，私営商工業者が20%[18]，労働者が13%[19]，医薬衛生従事者が13%[20]，その他が7%を占める[21]［「北京市選挙委員会 公布人民代表大会代表名単」『北京日報』1954年8月10日，第1版；「北京市選挙委員会通告」『北京日報』1954年8月10日，第2-3版］．このように選出された満族代表には，

---

15) その後，張寿崇は第2期から第5期まで北京市政治協商会議委員，そして第6期から第8期まで同常務委員を務めている．張寿崇［2001：221］．
16) 鄭芸（師範大学第二附属小学副教導主任）・于非闇（中央美術学院民族美術研究所研究院）・舒舎予（北京市文学芸術工作者聯合会主席）・連闊如（中国曲芸研究会副主席）等．
17) 佟錚（北京市人民政府市政建設委員会副主任）・趙鵬飛（北京市人民政府財経委員会副主任）・鐘森（北京市人民政府建築工程局生産技術処長）．
18) 陳伯康（北京市工商聯東四区分会常務委員）・載濤・馬祥俊（北京市工商聯常務委員）．
19) 陸泉海（仁立廠基層工会主席）・趙増山（北京市電車修造廠工会主席）．
20) 呉英愷（中国協和医学院外科学系主任）・楊葆俊（東四区婦幼保健所所長）．
21) 関淑琴（海淀区火器営郷民主婦女聯合会副主席）．

他の北京市人民大会代表と比較して知識人や商工業者が多い[22]．これは，北京市選挙委員会が一般満族大衆の中に十分な候補者を見出しえず，やや多くの文化界・経済界のエリートを推薦して，彼等を満族代表としたことを意味するものかもしれないが，それは先に述べた満族大衆の消極的な態度によるものであろう．

8月21日，北京市人民代表大会は28名の全国人民代表大会代表を選出したが，その中には2名の満族代表，すなわち舒舎予と載濤が含まれていた［北京市人大常委会辦公庁・北京市檔案館 1996：294］．総じて言うならば，共産党政権が人民代表大会の代表に当選させた満族の人物には2種類あり，一方は民族的属性が明確・顕著な貴族や名士，もう一方は漢化の程度がやや高い各界のエリートで，こうして人口比率に基づいて十分な満族代表を選出するとともに，満族としての属性を過度に強調することを回避したのである．

おわりに

1953年6月14日，西単区で選挙民登録業務を行なっていた際，2人の「漢軍旗」の「旗人」が「漢族を自称し」ながらも，「満族と記入し」たため，担当者に「誤り」と見なされて「その場で修正する」よう求められた［資料53］．この逸話が物語るのは満族の特殊な性質，すなわち共通の文化伝統を保持・継承する民族集団というよりも，きわめて濃厚な種族主義的色彩を帯びた辛亥革命の言説の中で規定・想像された，「敵」の集団だという側面である．

清朝の統治方針は「満漢を分かたず，ただ旗民〔の別〕を問う」というもので，旗人階層は八旗満洲・八旗蒙古・八旗漢軍によって構成されるだけでなく，八旗満洲の内部にはダフール・エヴェンキ・シボ等の「新満洲」，さらにはロシア・朝鮮・ウイグル・チベットといった民族集団までもが含まれており，決して均質な「満洲（Manju）」ではなかった．それにもかかわらず孫文等の清末革命派は，「漢人」という想像上の血縁共同体を主体とする「民族」共和国の

---

22) 1953年の統計によると，北京の満族が従事していた職業は，専業主婦が35％，労働者が17％，学生が11％，事務員が8％，小規模商業者が8％，農民が4％，商工業者が2％だが，その総数は50,609人である［『民族問題五種叢書』遼寧省編輯委員会 1985：104］．

樹立を企図し，その革命運動が打倒の対象とする統治階層は「異民族」，すなわち「満人」と定義された．しかし，辛亥革命はモンゴル・チベット両民族の独立運動を惹起したため，中華民国は「五族共和」という理念により清朝の版図の継承・保全を試みる．こうして多くの民族集団を包摂する旗人階層は，「漢・蒙・回・蔵」と並列される1つの「民族」として「五族共和」国家の一員となり，このような多民族国家の枠組みを中華人民共和国も基本的に継承したのである［劉正愛 2006］．

　国民党政権は国民大会選挙を実施するに当たり，「五族共和」の枠組みに基づいて満族に固定的かつ具体的な人数枠を与え，民族団体の組織を許可するとともに独自に選挙を実施させることにより，満族の国民大会代表を選出させた．その結果，強い民族意識を持つ一部のエリートがこの「請負制」を利用して，選挙の主導権を掌握することにより国民大会代表に当選したが，その進行過程において満族エリート層内部の分裂・衝突をも惹起したのである．

　共産党政権は人民代表大会選挙を実施するに当たり，同様に多民族国家の枠組みに基づいたのではあるが，統一選挙と連合推薦という制度を採用することにより，選挙の全過程における主導権を掌握するとともに，満族社会の実情に対する詳細な調査を行なった．その結果，共産党当局は人口比率に基づいて十分な満族代表を選出すると同時に，満族社会に存在する多様性をも承認したのである．具体的には，旧皇族・貴族に対して一種の「官爵授与」を行ない，民族による区別をしない統一的な国家人事制度に彼等を取り込むと同時に，その他の満族エリート・大衆に対しては，彼等の間で進行しつつある漢化の趨勢を黙認したのである．

　総じて言えば，満族の選挙制度における位置づけに関する限り，共産党の制度は国民党の制度よりも柔軟性と現実性に富み，多民族国家の統治を強化する上で有利であった．

補　論　民族／民主

文献目録
檔案
資料 1：「報告」1948 年 5 月 12 日（北平市社会局「中国満族協会北平分会請求備案的呈文及社会部，北平行轅的代電，社会局的批，公函（附章程，名冊）」（以下「満族協会」と略記）北京市檔案館 J002-002-00349）．
資料 2：北平満族文化協進会→北平市政府社会局，1947 年 4 月（「満族協会」）．
資料 3：「北平満族文化協進会章程」期日不詳（「満族協会」）．
資料 4：温崇信→社会部・北平市政府，1947 年 4 月 25 日（「満族協会」）．
資料 5：北平満族文化協進会→北平市政府社会局，1947 年 4 月 26 日（「満族協会」）．
資料 6：社会部→北平市政府社会局，1947 年 5 月 19 日（「満族協会」）．
資料 7：北平市政府社会局→溥儒等，1947 年 5 月 22 日（「満族協会」）．
資料 8：温崇信→王捷三，期日不詳（「満族協会」）．
資料 9：北平市政府社会局→社会部，1947 年 6 月 13 日（「満族協会」）．
資料 10：「理監事及各登記処職員名冊」期日不詳（「満族協会」）．
資料 11：社会部→北平市政府社会局，1947 年 8 月 11 日．
資料 12：谷正綱→溥儒，1947 年 12 月 31 日（「満族協会」）．
資料 13：社会部→満族協会，1947 年 12 月 30 日（「満族協会」）．
資料 14：中国満族協会→北平市政府社会局，1948 年 5 月 25 日（「満族協会」）．
資料 15：「満族選民並選挙結果当選代表姓名表」期日不詳（「満族協会」）．
資料 16：北平行轅→北平市政府社会局，1948 年 4 月 12 日（「満族協会」）．
資料 17：中国満族協会→北平市政府社会局，1948 年 4 年 17 日（「満族協会」）．
資料 18：中国満族協会→北平市政府社会局，1948 年 5 年 1 日（「満族協会」）．
資料 19：北平市政府社会局→中国満族協会，1948 年 5 月 5 日（「満族協会」）．
資料 20：温崇信→溥儒，1948 年 6 月 12 日（「満族協会」）．
資料 21：中国満族協会→北平市政府社会局，1948 年 6 月 23 日（「満族協会」）．
資料 22：温崇信→谷正綱，1948 年 7 月 17 日（「満族協会」）．
資料 23：社会部→北平市政府社会局，1948 年 9 月 11 日（「満族協会」）．
資料 24：温崇信→溥儒，1948 年 10 月 27 日（「満族協会」）．
資料 25：「北平中国満族協会章程」期日不詳（「満族協会」）．
資料 26：「中国満族協会北平市分会第一次籌備会会議紀録」1948 年 12 月（「満族協会」）．
資料 27：中国満族協会北平市分会→北平市政府社会局，1948 年 12 月 21 日（「満族協会」）．
資料 28：「中国満族協会北平市分会会員代表名冊」1948 年 12 月（「満族協会」）．
資料 29：「中国満族協会北平市分会章程」1948 年 12 月（「満族協会」）．
資料 30：「発起人姓名及簡歴表」1948 年 12 月（「満族協会」）．
資料 31：「呈為中国満族協会北平分会開成立会未能合法謹声明不負任何責任並請制止函」1948 年 12 月 15 日（「満族協会」）．
資料 32：「呈為中国満族協会北平分会開成立会未能合法謹声明不負責任並請制止由」1948 年 12 月 25 日（「満族協会」）．
資料 33：北平市政府社会局→中国満族協会北平市分会，1948 年 12 月 26 日（「満族協会」）．

資料34：中国満族協会北平市分会→北平市政府社会局，1948年12月26日（「満族協会」）．
資料35：北平市政府社会局→中国満族協会北平市分会，1948年12月27日（「満族協会」）．
資料36：北平市政府社会局→華北日報・北平日報，1948年12月28日（「満族協会」）．
資料37：傅瑞清→中国満族協会北平市分会，期日不詳（「満族協会」）．
資料38：「1月7日座談紀要」1953年1月7日（中国共産党北京市委員会辦公庁「市委，市選挙委員会，市協商委員会等関於普選問題座談紀要」（以下「座談紀要」と略記）北京市檔案館1-6-817）．
資料39：「普選問題記要」1953年1月10日（「座談紀要」）．
資料40：「北京市市，区，郷（街），鎮人民代表大会少数民族代表選挙実施細則（初稿）」1953年2月21日（北京市檔案館2-5-21）．
資料41：「北京市各民主党派，各界人士座談全国人民代表大会及各級人民代表大会選挙法摘録」1953年3月5日（「座談紀要」）．
資料42：「各界座談政務院"関於基層選挙工作的指示"的意見」1953年4月9日（「座談紀要」）．
資料43：「北京市人民政府通知」1953年5月5日（「中国共産党北京市委員会辦公庁，北京市市区級選挙委員会人選名単以及市選挙委員会機構成立和撤銷的報告」（以下「報告」と略記）北京市檔案館1-6-812）．
資料44：「北京市選挙委員会人選名単」期日不詳（「報告」）．
資料45：中共北京市東四区委員会統戦部「東四区人民代表大会中各界代表所佔比例的初歩意見」1953年4月（中国共産党北京市委員会辦公庁「東四区普選工作総結，請示和区代会各界代表所佔比例的初歩意見」北京市檔案館1-6-824）．
資料46：中共北京市西単区委員会「在区人民代表大会中各界代表所占比例的初歩意見」1953年10月10日（北京市檔案館1-6-823）．
資料47：中共北京市西四区委会「区人民代表大会代表所佔各方面的比例初歩意見」1953年10月15日（中国共産党北京市委員会辦公庁「西四区普選工作計画情況報告以及区代会各界代表比例初歩意見」北京市檔案館1-6-825）．
資料48：「関於普選試点工作中的一些問題和意見」1953年9月22日（北京市檔案館1-6-814）．
資料49：「有関普選試点工作総結 普選試点工作的幾個問題的材料」期日不詳（北京市檔案館1-9-286）．
資料50：北京市委統戦部「関於在普選中如何対待満民問題的請示」1953年10月21日（北京市檔案館1-6-820）．
資料51：李楽光「関於在普選中満民応否列入少数民族計算問題的再度請示」1953年11月30日（北京市檔案館1-6-820）．
資料52：中共北京市東単区委員会「関於地主階級分子張寿崇作為地主階級分化分子并給予選挙権利及代表問題的請示」1953年12月22日（北京市檔案館1-6-822）．
資料53：北京市選挙委員会辦公室編「選挙工作簡報 第七号」1953年6月20日（「普選活動工作簡報情況匯報」（北京市檔案館14-2-24）．

中国語文献

阿部由美子［2011］「中華民国北京政府時期清室，宗室，八旗与民国政府的関係：以『清室優待条件』為中心」中国社会科学院近代史研究所政治史研究室編『清代満漢関係研究』社会科学文献出版社．

『北京日報』．

北京市人大常委会辦公庁・北京市檔案館編［1996］『北京市人民代表大会文献資料匯編1949-1993』北京出版社．

常書紅［2011］『辛亥革命前後的満族研究 以満漢関係為中心』社会科学文献出版社．

戴迎華［2010］『清末民初旗民生存状態研究』人民出版社．

傅耕野［2002］「我曾随侍"儒二爺"」北京市政協文史資料委員会編『辛亥革命後的北京満族』北京出版社．

国民大会秘書処編［1961］『第一届国民大会実録』第1巻，国民大会秘書処．

『国民政府広報』．

郭泉編［1947］『国民大会紀略』発行所不明．

金啓孮［2009］『金啓孮談北京的満族』中華書局．

劉国銘主編［2005］『中国国民党百年人物全書』団結出版社．

籠瀺［1996］「懐念宗長 溥儒心畬対満族的貢献 北平満族協会懐旧」『満族文化』第22期．

『民族問題五種叢書』遼寧省編輯委員会編［1985］『満族社会歴史調査』遼寧人民出版社．

秦孝儀主編［1981］『中華民国重要史料初編 対日抗戦時期』中国国民党中央委員会党史委員会．

秦孝儀主編［1984］『総統蔣公思想言論総集』中国国民党中央委員会党史委員会．

『人民日報』．

王正華等編［2003-］『蔣中正総統檔案 事略稿本』国史館．

翁福祥［n.d.］「台湾満族的由来暨現況」中華民族満族協会ウェブサイト http://www.manchusoc.org/contents/history.htm（2015年6月12日閲覧）．

『益世報』．

張寿崇［1993］「那家花園話旧」『北京文史資料』第47輯．

張寿崇［2001］「那桐与"清華園"匾額」『北京文史資料』第64輯．

張寿崇［2002］「有関満族的社団組織回顧」北京市政協文史資料委員会編『辛亥革命後的北京満族』北京出版社．

趙書［2002］「辛亥革命後的北京満族」北京市政協文史資料委員会編『辛亥革命後的北京満族』北京出版社．

『中央日報』．

日本語文献

陳謙平（小野寺史郎訳）［2006］「一党独裁から多党「襯託」制へ——憲法施行国民大会とその戦後政治への影響」久保亨編『1949年前後の中国』汲古書院．

中岡まり［1998］「中国共産党による政権機関の建設——建国初期の北京市を例として」『法学政治学研究』第36号．

劉正愛［2006］『民族生成の歴史人類学——満洲・旗人・満族』風響社．

英語文献

Enatsu, Yoshiki [2004] *Banner Legacy: The Rise of the Fengtian Local Elite at the End of the Qing*, Center for Chinese Studies, The University of Michigan.

Rhoads, Edward J. M. [2000] *Manchus & Han: Ethnic Relations and Political Power in Late Qing and Early Republican China*, 1861-1928, University of Washington Press.

＊本章の前半部分は,『和光大学表現学部紀要』第14号, 2013年に掲載された,「満族と国民党政権　中華民国末期の満族文化協進会と満族協会」に加筆・修正を行なったものである.

第Ⅳ部　現　代

西暦	中国政治	中国と世界
1976		南北ベトナム統一
1978	改革・開放政策開始	「日中平和友好条約」締結
1979	美麗島事件（台湾）	中越戦争
1982	「中華人民共和国憲法」公布	
1985		ペレストロイカ開始
1986	民主進歩党結成（台湾）	
1989	六・四天安門事件	
1990		東西ドイツ統一
1991	「動員戡乱時期臨時条款」廃止（台湾）	ワルシャワ条約機構解散 ソビエト連邦解体
1992	南巡講話	
1993		ヨーロッパ連合成立
1996	総統直接選挙（台湾）	
1997	香港回収	
1999	マカオ回収	
2000		カラー革命（〜2005）
2001		上海協力機構成立 アメリカ同時多発テロ事件
2008	北京オリンピック 「〇八憲章」発表	世界金融危機
2010	劉暁波にノーベル平和賞授賞	ジャスミン革命・エジプト革命 （〜2011）
2011		ウォール街占拠運動
2014	太陽花（ひまわり）学生運動（台湾） 雨傘運動（香港）	
2015	中国人民抗日戦争・世界反ファシズム 戦争勝利70周年記念式典	

第10章　権威主義的「議会」の限界

——地方選挙と民意

中岡まり

はじめに

　権威主義体制に関する比較政治学の中心的な関心は，民主主義体制への移行形態とその条件であった．特に1990年代にいわゆる「民主化の第三の波」が起こり，権威主義体制から民主主義体制への移行は必然的なものとさえ考えられた[1]．しかし，21世紀に入り，「カラー革命」や「アラブの春」が結果として民主的な体制への転換および移行に成功したとは言えず，「民主主義の後退」と表現される事態が出現した．こうした状況下で，民主政を「規定値」とする呪縛から自由になり，権威主義体制を1つの常態として研究する潮流も現れている．たとえば旧ソ連地域を対象に権威主義体制論を展開しようとする宇山智彦は，「中国から旧ソ連，中東にかけての地域では権威主義の方がむしろ標準であり，体制維持と民主化それぞれのリスクとベネフィットがある程度均衡する範囲を大きく超える変化は容易には起きない」と述べている［宇山 2014：22］．
　「民主主義の後退」と「競争的権威主義体制」[2]のある程度の常態化により，

---

1) ハワード・J・ウィーアルダは1993年に出版し，2000年に翻訳された『入門比較政治学——民主化の世界的潮流を解読する』の中で，「実際には権威主義は行くところまで行き，自然に消滅するに至っていた」とまで述べている［ウィーアルダ 2000：117］．
2) 田中愛治はLevitskyとWayに従い，競争的権威主義を「形式的には民主的制度が政治的権威の獲得と行使の手段となっているが，現職者による規則の侵害があまりに著しいため，民主主義の最低基準を満たしていない政治体制」と定義している［久保・河野 2013：6］．

必ずしも民主化を予定しない権威主義体制下での選挙や議会の役割に関する研究も進展してきている．一般的に競争的選挙とその結果成立する議会は民主主義体制を支えるものであるが，権威主義体制下においてはどのような役割を果たしているのか，なぜ独裁者たちはその体制を危機にさらす可能性もある選挙を導入するのか，との問いがたてられている．

　中国における選挙と議会に関する欧米の研究は，特に 2000 年代以降停滞傾向にある[3]．彼らの関心は民主主義体制への移行を中心とするものであったため，1990 年代後半には村民委員会を中心とする基層自治選挙に関する研究が盛んに行なわれた．しかし，ジャーナリズムやシンクタンクの楽観的な予測とは異なり，フィールドワークに基づく事例研究が明らかにしたのは，選挙は民主化を促進する要素にはならず，時には権威主義体制を強化するものでさえあるということだった［O'Brien 2000；O'Brien & Zhao 2011；Diamond 2004］．他方，人民代表大会（以下，人大と略す）とその選挙制度に関する研究は，オブライエンやマニオン，Young Nam Cho，史天健らにより行なわれてきた［O'Brien 1990, 1994；Manion 2000；Cho 2009；Shi 1997, 1999］．しかし，人大がかつての「ゴム印」と揶揄された存在からは脱却し，立法機能と監督機能を強化しつつあるものの民主化を促進することはなく，党と協調的な関係にあり，「自由化しないままに」制度化が進行している状況が明らかになった．制度化された政治参加による体制移行の兆しが見えないため，欧米の研究者の関心は法に依拠した抗争や集団的抗争などの制度外の政治参加に移っていった［O'Brien & Li 2006；O'Brien 2013；Perry & Goldman 2007；Tsai 2007］．

　しかし，権威主義体制が 1 つの常態としてその体制を維持しているケースも現れている現状においては，選挙に対して民主化の萌芽を期待するだけではなく，それが独裁体制維持に貢献する理由を探ることには意義があるだろう．そこで，本章では，なぜ中国共産党が人大直接選挙を実施し，その結果，一党独裁体制を維持することに成功しているのかについて考察する．同時に，権威主義体制下での選挙の持つ役割についても分析する．なお，人大代表の直接選挙

3）　選挙に関する欧米での先行研究に関する部分は，中岡まり［2015a］「政治参加」，高橋伸夫編著『現代中国政治研究ハンドブック』慶應義塾大学出版会を参照されたい．

は，県レベル以下[4]で実施され，県レベルより上級の省，直轄市，自治区級人大代表らは下級人大代表による間接選挙により選出される．本章では，選挙民が直接投票を行なう直接選挙を分析対象とする．

第2節では，人大が議会ではなく権力機関であることを指摘し，その意義と実態を明らかにする．人大が権力機関であることは，選出される人民代表の構成に大きく影響し，人大選挙の機能を限定することを示す．次に第3節では，まず権威主義体制の下で議会と選挙が果たす役割について，選挙自体が持つ機能と，選挙が権威主義体制に対して果たす役割について分けて論じる．ここでは，東島［2013］と豊田［2013a, b］の整理に従い権威主義体制において，独裁者が強権的支配と統治の効率性の間に存在するジレンマに対処するために「民主的」政治制度を用いることを指摘し，その機能について紹介する．そしてこの分析枠組みに従い，共産党の一党独裁体制に対する選挙の役割について考察する．第4節では，人大直接選挙の過程について，実例を挙げながら分析し，選挙が権威主義体制の維持に貢献するメカニズムを明らかにする．最後に第5節で，こうした硬直化した選挙が体制の維持に対してもたらす影響と，にもかかわらず体制が維持されている仕組みについて考察する．制度内の政治参加と制度外の政治参加や党組織による情報収集のハイブリッドが奏功している点と，今後の問題点について指摘する．

1 権威主義体制下での「議会」の意味
—— 「権力機関」としての人民代表大会の特殊性

本節では，まず分析対象となる現在の中国の人民代表大会の特殊性について述べる．それは，人大が「議会」ではなく，権力機関である点である．この点は，その選挙の機能と体制維持に大きな影響を与えている．次に実際に北京市の朝陽区人大を例に「議行合一」が人事面においてどのように具現化されているのかを考察する．

---

4) 市（区制を取らない），県，市が管轄する区（市轄区），郷鎮レベルを指す．

1. 権力機関である人民代表大会

初めに，People's Congress と英訳される人民代表大会が，正確には「議会」とは異なるという点を指摘しておかねばならない．憲法は，全国人民代表大会（以下，全人大と略す）を最高国家権力機関として立法権を有し，国家の指導者に対しても人事権を有すると規定している．また地方の各級人大を地方国家権力機関と規定している．人大が単なる「立法機関」ではなく，「国家権力」の所在である「国家権力機関」であり，議行合一を体現していることは，「議員」に擬せられる人民代表の構成とその選挙に大きな影響を与える．議行合一の「国家権力機関」であるがゆえに，人大のメンバーには政府・党政機関に属する党政幹部が多く含まれる．日本の議会に当てはめれば，市役所の幹部クラスの職員が市議会に議員として参加しているのと同様であり，そこでは市議会は行政部門の影響を強く受け，独立性が保たれないことは容易に想像できよう．「議行合一」を体現する代表の構成を実現するために選挙過程が党によりコントロールされることについては，後に詳述する．

2. 区人大の人事から見る「権力機関」の構成

ここでは，北京市朝陽区人大を例に，その常務委員会（以下，常委会と略す）メンバーの構成を分析し，人大が国家権力機関であることが実際にどのように反映されているのかを考察する．これにより，人民代表が人物本位で選出されるのではなく，所属単位や業界によって割り当てられていることがわかる．衛乃斌は，1994年出版の書籍で，行政機能を果たすために地方人大代表に必要とされるのは，同級の党委・政府の指導者3-5名，紀律検査委員会，党委組織部・宣伝部・統一戦線部・政法委員会の指導者，法院・検察院の指導者，人大常務委員弁公室などの責任者としている［衛乃斌 1994：281, 286］．2011年に選出された朝陽区人大代表を見ても，その傾向は変わらないことがわかる．

現在の朝陽区人大は2011年11月に選出され，429名の人民代表から構成されている［『朝陽区第15届人民代表大会代表名単（2014.4)』］．北京市の区県人大代表では共産党員が71%を占めており，朝陽区人大の数字は公開されていないがほぼ同様と考えられる．今回はその中でも委員の所属などが公開されている朝陽区人大常委会のメンバー28名について，2011年選出の第15期と2006年選

第 10 章 権威主義的「議会」の限界

表 1　第 14 期と第 15 期の朝陽区人大常委メンバーの変化

グループ		単位・職位
同単位同人 (5/28)	区人大常委会	区人大常委会代表連絡室主任，区人大常委会教科文衛委主任，区人大常委会内務司法委主任
	総工会	区総工会
	民主諸党派	民盟
同単位別人 (17/28)	区人大常委会	区人大常委会財経委主任，区人大常委会弁公室主任，区人大常委会城建委主任，区人大常委会専職常委×2
	団体	区婦連，区団委
	民主諸党派	民進（回），九三学社，農工党，台盟，民建，致公党，民革
	社会勢力	イスラム教協会，メディア枠，大病院枠
新枠 (6/28)	区人大常委会	区人大常委会研究室主任
	工商連	区工商連（市工商連・民建），区工商連（無党派）
	その他	北京市第 80 中学校校長（女・満），区残連（満），福建商会
消滅した枠 (6/28)	区委，党組	区委宣伝部，区僑聯党組，区科学技術協会党組（女）
	研究機関	北京国際城市発展研究院院長（中央党校国情国策研究中心研究員・無党派）
	企業，企業内党委	北京昆泰房地産開発集団党委，北京天利深冷股份有限公司

出の第 14 期を対象に，それぞれの所属単位や職務について比較した．その結果は表 1 のとおりである［「朝陽区第 15 届人大常委会組成人員基本情況（2014.4）」；「朝陽区第 14 届人大常委会組成人員基本情況（2008.8）」］．まず，区人大常委会の主要委員会の主任が 32.1% と 1/3 近く含まれており，行政機構の色彩が強いことがわかる．同単位同人とは，2 期にわたって同じ所属単位の同一人物が選出されていることを指す．同一単位別人とは，第 14 期と第 15 期で同一の単位から選出されてはいるが，人民代表に選出された人物は変わっていることを意味する．新枠は第 15 期から現れた所属単位や業界で，消滅した枠は第 15 期には常委会に代表を送り込めなかった単位や業界である．注目したいのは同単位別人の割合の高さである．第 15 期常委会メンバーのうち，60.7% が第 14 期常委会メンバーと同一単位から送られた別人である．彼らの存在は，常委会の構成において必要な枠（所属単位や業界）が予め設定されていて，人民代表は人物本位ではなく所属単位や業界本位で選出されることを明示している．つまり，利益

の再配分の比率が選挙よりも前に設定されているのである.

　常委会メンバーの枠の変化は,政府工作報告に現れる区政府の取り組むべき課題と強く同調している.第14期(2006年選出)の時点では,オリンピック村を区内に擁する朝陽区は大きな工作目標として,2008年に迎える北京オリンピックのために都市としての品格(品質)を向上させること,発展を持続させること,社会管理と公共サービスを強化し,サービス型政府の建設を目指すことを掲げていた[「政府工作報告-2006年12月12日在北京市朝陽区第14届人民代表大会第1次会議上」].しかし,第15期(2011年選出)の時点では,国際ビジネスの中心としての役割の強化(強化国際商務中心効能)が第一に掲げられ,公共サービスは社会サービスと社会管理のセットに取って代わられた[「政府工作報告(審議稿) 2011年12月18日在北京市朝陽区第15届人民代表大会第1次会議上」].新たな常委会メンバーの枠として工商連が2名も入っていることは,こうしたビジネス方面での強化策を反映したためとも考えられる.また,消滅した枠と新たにできた枠を比較すると,民主諸党派が1名増え,また少数民族が2名増えている.これは,民主諸党派・少数民族の割合を増加させたい中央の意図にも叶うものである.議行合一を実施するためにも,所属単位・党派・民族の点でも,利益の再配分が先に設計されていることがわかる.

2　権威主義体制下での選挙の果たす役割

　本節では,統治者が権威主義体制下で選挙に求める役割について述べ,次節以降での分析枠組みを提示する.まず,第1項で選挙の目的と現在の中国の地方人大選挙が果たす機能について述べる.次に第2項では選挙が体制維持あるいは体制移行に対して果たす役割について,比較政治学の先行研究に基づき紹介する.

1. 選挙の目的と地方人大直接選挙[5)]

　政治学の定義では政治過程における選挙に設定されている目的として,以下

---

5) 本項については中岡まり[2015b]「人民代表大会直接選挙に見る中国共産党の適応能力—独立候補への対応を例に」『常磐国際紀要第19号』を参照されたい.

の4つの機能が挙げられる．第1に利益表出機能，第2に利益の集約ないし統合機能，第3に政治的リーダーを補充する機能，第4に正当性の付与機能である［堀江・岡沢 1997：190-191］．しかし，これらの機能は，本来は政党が主体となって担うものであるため，実質的に一党独裁制であり，対立野党が存在しない中国では状況が異なる．

　地方人大直接選挙においては，選挙民及び立候補者が求める機能と共産党が求める機能は異なっている．まず，利益表出機能は選挙民と立候補者が求めるものであるが，共産党はこれを求めていない．次に，現在の中国は複数政党制ではなく，利益集約および統合の担い手としては中国共産党しか設定されていないため，選挙が利益集約および統合機能を果たすことはない．他方，政治的リーダーを補充する機能は，共産党にとっては非常に重要である．なぜなら，人大は立法機関のみならず行政機関の機能も併せ持つ権力機関だからである．前節でみたように，議行合一の権力機関においては，基層政府の重要なポストに就く人物が人大代表に選出され，人事面での議行合一が成立することは地方党組織にとっての至上命題である．また，正当性の付与機能は，共産党にとって選挙制度の有する最大の機能である．一党独裁を維持している共産党にとっても法的制度を通じて支配の正当性を獲得することは不可欠である．

　前節での朝陽区人大の例が示すように，選挙は選挙民の支持の分布などの情報収集を行ない，利益の再配分の指針を立てるために行なわれているのではない．逆に，利益の再配分の設計を実現するように選挙結果が設定され，それを実現すべく選挙が行なわれるのである．共産党は，既に選挙民の利益の分布や選好については党組織を通じて情報を得て設定を完成しており，選挙を通じた利益表出，集約，統合を行なうことは少ない．党が選挙に課しているのは，政治的リーダーを補充する機能と正当性の付与機能である．

2．選挙が権威主義体制維持に果たす役割

　共産党が選挙に求めているのは政治的リーダーを補充する機能と正当性の付与機能であるが，この選挙は共産党の一党独裁体制の維持あるいは転換にどのようにかかわっているのだろうか．この分析枠組みとして，権威主義体制下における議会と選挙といったフォーマルな政治制度の役割について述べておきた

い[6].

　独裁者はその支配を維持するためにしばしば暴力的抑圧や不正を行使するが，強権的な支配と統治の効率化の両立は難しく，独裁者はジレンマに直面する．そのジレンマへの対処のため，独裁者は政党，議会，選挙といった「民主的」政治制度を用いるようになる［東島 2013：47］．豊田の整理によれば，こうしたフォーマルな政治制度は，「独裁者が体制内／外エリートからの挑戦を退けて，その支配を安定させるうえで，重要な 4 つの機能」を持つ[7]［豊田 2013b：117-121］．4 つの機能とは，①情報収集，②野党および反対勢力の分断化，③体制の盤石さを知らしめるシグナリング効果［Magaloni 2006：257-258］，④パトロネジ分配の実効化と効率化[8]である．①情報収集とは，選挙結果に基づき一般市民の不満を把握するため情報収集を図ることを意味する．②野党および反対勢力の分断化は，議会での議席などの公職ポストを戦略的に一部の体制外反対派に与えることにより，体制外反対派を分断することを意味する．③体制の盤石さを知らしめるシグナリング効果とは，独裁体制内エリートによる反乱や離脱を抑止するため，選挙において独裁者は独裁体制内エリートが圧勝しなければならないとするものである．独裁者の有する動員力を目の当たりにした体制内エリートは，体制内にとどまることを選択する．④パトロネジ分配の実効化と効率化とは，選挙によって，体制内エリートに権力と特権を分配することを意味する．これにより，仮にある体制内エリートが権力闘争に敗れた場合でも公職ポストを配分するなどして最低限の利益を保障することである［豊田 2013b：121］．前二者の機能を発揮させるためには，独裁者は最低限の政治的自

---

6) 本項での権威主義体制下での議会と選挙の役割については，宇山［2014：11-12］，東島［2013：47-52］，豊田［2013a：73-78，2013b：117-122］を参照した．
7) 4 つの機能の名称については，東島論文とマガロニ論文を参考し，「分断統治」を「野党および反対勢力の分断化」，「抑止シグナリング」を「体制の盤石さを知らしめるシグナリング効果」，「権力分有」を「パトロネジ分配の実効化と効率化」に変更した．豊田論文の特徴は，これら 4 つの機能をグループ分けし，トレードオフの関係にあることを指摘した点である．
8) 豊田［2013b］は，これを「権力分有理論」としている．東島［2013：47］によれば，政党組織や議会をつうじてパトロネジ分配を制度化し，長期的なキャリアパスの確実性を高めることにより，独裁者とエリートの間にある相互不信を払拭し，信憑性を高めることができると考えられる．

由を市民に与えて，競争的選挙を実施する必要がある．他方で，後二者の機能を発揮させるためには，選挙過程を厳密にコントロールする必要がある．豊田は1960-80年代のメキシコの覇権政党・制度的革命党の事例を取り上げ，この政党が「情報収集」「分断統治（野党および反対勢力の分断化）」のセットと「抑止シグナリング（体制の盤石さを知らしめるシグナリング効果）」「権力分有（パトロネジ分配の実効化と効率化）」のセットとのトレードオフに直面していたことを説明している［豊田 2013b：140］．

3. 人大直接選挙が共産党一党独裁体制に対して果たす役割

　中国の地方人大直接選挙においては，③体制の盤石さを知らしめるシグナリング効果と④パトロネジ分配の実効化と効率化に重心が置かれており，部分的な競争選挙の導入による情報収集や野党勢力の取り込みとのトレードオフは看取できない．

　こうした③体制の盤石さを知らしめるシグナリング効果と④パトロネジ分配の実効化と効率化のみが重視される理由は，2つある．第1に，共産党が一般大衆をも含めた体制外エリート・体制外勢力からの挑戦をほぼ排除することに成功しているため，第2に人大は「権力機関」であるため，その代表構成があらかじめ設定されており，選挙による情報収集とそれに基づいた利益再分配の決定は求められていないためである．

　まず，第1の点についてみてみよう．次節で詳述するとおり，中国においては，体制外勢力は予め議会，選挙などの制度化された政治参加の場から排除されているため，これらフォーマルな政治制度の重要性は低い．その一方で，体制内勢力やエリートからの挑戦を退けるにあたり，フォーマルな政治制度は有効に機能すると考えられる．しかしこの状況には問題もある．仮に体制外からの挑戦が起こった場合には，現行のフォーマルな政治制度においては対応ができず，インフォーマルな政治制度での対応が迫られることになる[9]．フォーマルな政治制度における「ハト派的選択」である①情報収集と②野党および反対勢力の分断化が選択肢として機能せず，「タカ派的選択」である③体制の盤石さを知らしめるシグナリング効果と④パトロネジ分配の実効化と効率化に傾斜していることは，結果として体制の維持と安定に際して，不確定要素が多くコ

ントロールが難しいインフォーマルな政治制度への依存度を高めることになると考えられる.

次に第2の点について検討しよう. これには, 関能徳の議論が参考になる [関 2013：17-39]. 関は1990年代のセルビアを観察対象として, 「情報収集のできる選挙 (informative elections)」と「情報収集のできない選挙 (uninformative elections)」について分析している. 「情報収集のできる選挙」とは, 国内のほとんどの主要政党が選挙戦を争う状態の選挙を指し, 「情報収集のできない選挙」は, 主要野党が選挙をボイコットするものを指す. 関は, 独裁者は「情報収集のできない選挙」が行なわれた場合は, 再分配政策を選挙結果に依拠して決断しない, と結論付けている.

現在, 中国で行なわれている人大直接選挙は実質的な野党が存在しない状態であるため, 「情報収集のできない選挙」と言ってよい. また, 人大直接選挙では, 逆に利益の再分配戦略が先に決定されており, これに見合う選挙結果が策定され, その選挙結果を実現すべく選挙が行なわれる. 非常に特異な設計の選挙が行なわれているといえよう. その理由は, 人大が「国家権力機関」であり, 「議会」ではないからである.

しかし, このような「情報収集を行なわない選挙」のあり方は, 他の情報収集のツールを充実させなければ, いずれ体制維持の障害となるだろう. 現在のところ, 党は地方の基層党組織を通じて党と大衆の関係をいかに調整するか, 基層党組織をいかに構築するか, 基層の党組織の代表たちをいかに活用するかといった課題に対する情報を収集している [中組部党建研究所 2013]. また, ツァイ [Tsai 2007] は, フォーマルな政治参加よりも道徳や倫理を結節点とする人的ネットワークが地方幹部と結びつくことの方が効率的な統治に有用と論証している. 旧ソ連地域を研究対象とする宇山は, 公式の制度と非公式な慣習の相互作用に注目することにより, 権威主義体制・半民主主義体制の維持のメカ

---

9) 人権派弁護士浦志強氏らの拘束など公安局による民主活動家や報道関係者の拘束・逮捕など過度に厳しい対応や, 少数民族によるとされる「テロ」対策に見られる暴力装置を利用した対応などは, 政権の側から見たインフォーマルな政治制度の一種と考えられよう. この他には, 集団抗議, テロ行為もインフォーマルな政治制度と考えられる. 法による抗議活動, 陳情, 公聴会は準フォーマルな政治制度と言えよう.

ニズムを解明することの必要性を説いている［宇山 2013：12］．中国の権威主義体制の場合，選挙という公式な制度での体制内勢力の内包と体制外勢力の排除と，党組織を通じた情報収集や基層社会に存在するネットワークの働きのハイブリッドが奏功しているために，体制維持に成功しているのではないだろうか．ただし，この成功は微妙な均衡の上に成り立っているものと考えられる．

3 "権力機関"を作り上げるための選挙の仕組み

2011年11月に行なわれた北京市での区・県・郷人大直接選挙は，97%の高い投票率を得，代表の中で71%を共産党員が占める結果となった[10]．朝陽区・海淀区人大においても区内の主要な指導者が無事当選を果たしており，選挙は共産党の意図したとおりの選挙結果を得たようだ．

本節では，設計通りに選挙結果を作り上げるために選挙においてどのようなコントロールがなされているのか，体制の盤石さを知らしめるシグナリング効果とパトロネジ分配の実効化と効率化と関連付けながら分析する．

初めに人大直接選挙の選挙工作の過程について説明しておこう．選挙工作の過程は，①選挙委員会の成立，②選挙委員会による選挙区割り，定数配分の決定，③選挙民登録，④選挙民名簿公布，⑤代表候補の推薦，⑥選挙委員会による初歩代表候補者の名簿を取りまとめ，公布，⑦選挙民小組による初歩代表候補者名簿の検討・協商，⑧比較的多数の選挙民の意見に基づき，選挙委員会が正式代表候補者名簿を決定，正式代表候補者名簿を公布，⑨選挙委員会が正式代表候補者の状況について選挙民に紹介，⑩投票，⑪選挙結果確定，である．本節では，主に①選挙委員会の成立，②選挙委員会による選挙区割り，定数配分，③選挙民登録，⑤代表候補の推薦，⑩投票について，どのようなコントロールが党によって行なわれ，選挙結果につながっていくのかを考察する．

---

10) 「本市新一届区県郷鎮人大代表選挙産生　12月底前選挙産生新一届国家機関領導人員」『北京日報』［2011.11.16］　http://www.bjrd.gov.cn/xwzx/xwbt/2011/t20111116_64216.html（2014年6月28日最終確認）．

1. 党による選挙過程のコントロール——パトロネジ分配の実効化と効率化

　選挙工作の過程は，選挙委員会が成立するところから始まる．海淀区の場合，選挙委員会は区人大常委会主任（元区委副書記）が主席を務め，人大常委会副主任（区人大常委会党組メンバー兼任），区人大常委会主要委員会主任，公安局，区委，区委宣伝部・組織部・統戦部，区紀律検査委，主要大学党委などの責任者により組織される［「海淀区人民代表大会常務委員会関于区，郷鎮人民代表大会換届選挙若干問題的決定」；「北京市海淀区人民代表大会公告」］．この構成は，共産党が選挙過程をコントロールし，区内での権力分配を行なう権限を独占していることを示している．次に選挙委員会は選挙区割りを行ない，定数配分を決定する．この時，選挙委員会は同級の政府・人大・区委や下級人大の指導者など各方面の代表的人物の分布状況を考慮し，異なる分野の代表的人物で知名度が同等の人物が同じ選挙区になってつぶしあうことのないように配慮する[11]［袁達毅 2003：88；「朝陽区第15届人民代表大会代表名単（2014. 4）」］．ここでも体制内エリートに対して党が絶対的な権力分配の権利を有していることが示される．

2. 候補者リストアップ——パトロネジ分配の実効化と効率化機能

　次に代表の推薦についてみてみよう．代表の推薦方法は2種類に分かれる．1つ目は政党・人民団体などによる連合あるいは単独推薦，2つ目は選挙民10名以上による連名推薦である．1つ目の党派・団体による推薦の対象となるのは，党が必ず当選させなければならないと考える重要人物である．彼らの推薦の過程について，何俊志の論文などをもとに紹介する［He 2010：315-317；袁達毅 2008：335］．ここでも，党が体制内エリートに対する権力と資源分配の権限を独占的に持つことがわかる．体制内エリートが人大という国家権力機関の構成員の地位を得るには，党の認可と支持を得る以外に方法がないのである．

　上級や同級からの落下傘型候補の選考は投票日の3-6か月前から始まる．何

---

[11] 朝陽区人大では，区人大常委会メンバー，区政府の指導者，区委の指導者，区政協主席ら13名が人民代表に選出されている．彼らはすべて異なる選挙区から選出されているが，通常，選挙活動への参加に際しては，所属単位において参加するよう求められる．つまり，政府・党・人大の指導者たちは所属単位とは無関係の選挙区で落下傘候補として擁立され，当選していると考えられる．

によれば，区・郷鎮の党委書記や区長・郷長といった人物は，業務を円滑に行なうため，区や郷の人大代表になっている必要がある．このため，区党委書記を人民代表に当選させるのであれば，区人大代表選挙の数か月前に区党委書記に異動しておき，周囲の理解が得られた状態で選挙を迎えるのが望ましい．上級の党委員会は区・郷レベルの現職の領導幹部に対する評価を行なった後，区・郷の中心的指導者の人選を進め，同時に内々に区・郷人大代表候補者を決定する．区・郷人民政府の指導者となる区郷長・副区郷長，人民法院院長・検察院院長たちを人大代表に選出するため，適格者の人選も人大代表候補の人選と同時に進めておかねばならないのである．この他に党委員会の書記や副書記，人大や政治協商会議の指導者も人大候補として推薦される．上級党委員会がこのリストを承認した後，区・郷党委員会が民主諸党派や大衆団体との会議を招集し，このリストに党と政府部門の幹部や民主諸党派・大衆団体の代表たちが追加される．こうして出来上がったリストが区・郷党委員会から同選挙委員会に渡され，落選が許されない候補者たちを適切な選挙区に割り振る作業が行なわれ，各選挙委員会や選挙民小組は落下傘型候補の当選に尽力する［袁達毅 2003：214］．

3．当選させるために──体制の盤石さを知らしめるシグナリング効果機能

次に選挙において圧倒的な勝利をおさめ，万が一にも党推薦の候補が落選することがないようにするための工作についてみてみよう．こうした工作は体制内エリートが党から離反したり距離を置いたりすることを抑止するシグナリング効果を持っている．

①選挙民を動員しての推薦──体制の盤石さを知らしめるシグナリング効果
　　機能とパトロネジ分配の実効化と効率化

党派・団体推薦による候補は，区県レベルでは全体の 20% を超えないよう，郷鎮レベルでは全体の 15% を超えないよう規定されている（細則第 33 条第 1 項）［「北京市区，県，郷，民族郷，鎮人民代表大会代表選挙実施細則」］．この規則を遵守するため，党は選挙民推薦の名を借りて実質的な党派推薦を行なう［He 2010：321］．こうして一般大衆の居住区が主体となる選挙区に落下傘として降りてき

た党政幹部の候補を当選させるために，基層党組織は選挙民を動員する．基層の党組織と党員は，落下傘型候補を当選させることにより上級党組織に対する忠誠を示す．これにより，基層自治組織での選挙やポスト配分の際に彼らに対して党から何らかの利益提供が期待できるからである．では，筆者が委託し北京市で2009年に行なったインタビュー調査をもとに，実態を紹介しよう[12]．

　まず，G郷の選挙委員会に対して，G郷からの区人大代表枠が10あること，そのうち3人は副区長，団委書記，政法委員会書記を当選させるように指示があった．そこで，G郷の選挙委員会はこの3人をいかに順調に当選させるかについて戦略を練った．その際に重要なのは選挙区割りである．上級からの割り当てられた候補を必ず当選させるため，これらの候補は組織力が強くて団結力のあるところ，間違っても落選させたりしない選挙区に割り当てて宣伝する．

　しかし，従順であるとはいえ，落下傘型候補を割り当てられた選挙区の選挙民は候補について全く知らないことが多く，宣伝や組織化が不可欠である．団委書記の場合は，選挙区では誰も知らないという状態で選挙工作が始まった．まず，団委書記は選挙区の幹部と会う機会を設けられた．郷党委は社区に指示し，社区書記が党支部の党員に指示して，団委書記に関する情報を伝えて支持を求めた．その後，党員内部でまず当選に対する保証を得て，党員たちはそれぞれ「居住区の小さな塊」を分担して，「小さな塊」の中の選挙民を動員し，団委書記に対する支持を固め，当選させる．多くの選挙民は党の言うことを素直に聞き，指示どおりに投票するため，G郷においては今のところ，落下傘型候補が落選したことはない．

　こうした基層党組織や街道の積極分子まで動員し，彼らの協力を得て当初の設計通りの選挙結果が作り出される．

　②より都合のよい選挙民構成を作る——体制の盤石さを知らしめるシグナリング効果の向上

　選挙を当初の設計通りに作り上げるためには，投票者である選挙民が確実に共産党を支持するように動員することも重要である．そのために現政権が行な

---

12) この部分は2009年の郷人大代表Eに対するインタビューによる．

っているのは，選挙民の資格を，確実に影響を及ぼすことができる範囲内に制限することである．制限の方法は2つある．1つは，外来人口を投票から実質的に疎外している点，2つ目は選挙民登録の際に，党や選挙管理当局による管理を容易にするため工作単位での登録を指示している点である．

まず，外来人口が投票から疎外されている点について説明しよう．「選挙実施細則」は北京市以外の戸籍を持つ外来人口の選挙民登録について以下のように規定している．一般には戸籍の所在地で選挙に参加すること，戸籍の所在地へ戻ることが困難な場合には，本人が選挙民資格の証明を戸籍所在地に対して行ない，現住地で選挙民登録を行なう．

しかし，戸籍所在地で選挙に参加することも，選挙民資格の証明を取り現住地で参加することも，多くの外来人口である出稼ぎ労働者にとっては障害が多い．そのため，2001年から2002年にかけて行なわれた郷レベル人大選挙における北京市戸籍の選挙民登録率は96.58%であったのに対して，外来人口の選挙民登録率はわずかに0.07%であった［史衛民等 2009：101］．

選挙から疎外される外来人口は決して北京の常住人口の少数派ではない．2011年には北京市の常住人口1961.2万人に対して外来人口が704.5万人で35.9%を占めるまでになっている．仮に北京市戸籍所有者だけではなく，外来人口も含めた北京市常住人口における18歳以上人口を分母にした場合には，選挙民登録率は98.95%から65.48%へ，投票率は97%から63.56%に下落するのである．つまり，外来人口を選挙民から排除することによって，選挙は格段に共産党にとって制御しやすいものとなっているといえよう．

次に2011年選挙においては「人戸分離」の場合には工作単位において選挙民登録をするよう指導が行なわれ，居住区よりも工作単位での登録が推奨された点について説明しよう．

「細則」は居民は基本的には戸籍所在地で登録し，機関・団体・企業事業単位などに勤務する者は工作単位で登録するよう規定している．しかし，市内でも不動産の取得や立ち退きなどにより多くの選挙民が戸籍所在地と現住地が一致しない事態が表れた．そこで選挙管理当局は北京市内で戸籍所在地から離れている者に対しては，工作単位において選挙民登録をするよう指示した［『北京日報』2011年9月15日］．その理由は，1つには工作単位での選挙の方が，選

挙結果がコントロールしやすいこと，もう1つは動員しやすく投票率を上げやすいことが考えられる．

こうして投票行動を制御しにくい外来人口を選挙から排除し，選挙活動を工作単位に誘導することにより，党は設計通りの選挙結果を得て高い投票率と高い支持率で勝利することができる．これは党の支配の正当性獲得のためであり，体制内エリートに対しては体制の盤石さを知らしめるシグナリング効果向上のための施策である．

③投票への動員——体制の盤石さを知らしめるシグナリング効果

最後に投票に際しての動員についても触れておきたい．2011年11月に北京市で区・県郷鎮人大直接選挙が行なわれた際に，筆者はいくつかの学校や事業単位に勤務する人々に対してそれぞれの所属単位での選挙工作について聞き取りを行なった[13]．そこで投票への動員が最後まで行なわれ，投票率の向上が目指されていることが明らかになった．第1に，所属単位が選挙民登録を代行していた．第2に，委託投票は1人3票までとされているが，厳密に守られているわけではない．たとえば，ある教員は自分の選挙民票を持参して，「米国に出張に行っている同僚の分も投票用紙がほしい」と言えば，投票用紙を2枚もらうことができたという．第3に，知らぬ間に投票が代行されていたケースもあった．ある事業単位では，出勤すると机の上に「投票済み」の印が押された選挙民票が置いてあったという．第4に，投票するまでメールや電話で督促され続けることもある．学校では教員に対しては投票確認のメールが投票するまで続き，学生の中ではクラスの班長がクラス内の有権者全員に投票させるノルマを負っており，投票が完了するまでメールで呼びかけたり寮まで尋ねたりする．

外来人口が選挙から排除される一方で，体制内の集団，あるいは体制に協力的な集団と認知された人々は，体制の盤石さを知らしめるシグナリング効果を機能させる理想的な選挙結果のために動員される．しかし，選挙民は客体として動員されるばかりで，主体的に選択することは認められず，可能性がある選

[13) 2011年11月8,9日の大学関係者，事業単位職員に対するインタビューによる．

択肢を提示されることも少ない．

おわりに

　中国で現在行なわれている地方人大直接選挙は，情報収集や野党および反対勢力の分断化のためではなく，体制内エリートに対する体制の盤石さを知らしめるシグナリング効果とパトロネジ分配の実効化と効率化の機能を発揮することにより，体制の維持に貢献するものである．同時に，情報収集を主たる目的とせず，利益表出・集約・統合機能を持たないという欠点を，党組織を通じた大衆の動向把握や党の役割の調整によって補完している．現在のところ，こうした法制化されたフォーマルな政治制度と法制化されていない非公式の党組織や社会的ネットワークによる調整がうまく組み合わされて機能していることが，共産党の一党独裁体制の維持に貢献している．

　しかし，現行の選挙と「議会」の在り方にも問題点はある．第1に，綿密に設計された利益の再分配構造を体現する「国家権力機関」の執政能力が十分に高くないことである［中岡 2013］．基層の積極分子を動員することにより当選した体制内エリートたち，即ち落下傘型代表の活動における問題点として，以下の3点が挙げられる．1つ目は議案の提案率が低く，代表活動が積極性に欠けること，2つ目は選挙区から隔たって工作しているため選挙民の利益が代表できないこと，3つ目は異動により選挙区から離れ代表を辞職する例が多くあり，折角の動員が無駄になることである．党により設計された再分配される利益の構成比率と実際の社会に偏在する利益の構成比率にズレが存在するため，現行の選挙制度は体制内エリートと大衆の中でも，エリートの要求を満たし彼らを引き付けることにしか成功しない．第2に，体制内外の人々の不満が，インフォーマルな政治制度しか経由できない点である．体制内に属する多くの国民は，動員されるのみで利益を再分配されないため，体制内においても不満を生む．そして，フォーマルな政治制度から疎外され，体制外におかれた人々の要求は，インフォーマルな政治制度へと向かわざるを得ない．

　権威主義体制下での人民代表大会という「議会」とその選挙は，体制内エリートと体制内と認定された集団を掌握し離反させないシステムを作り上げてい

る点では,体制の維持と安定に役立っている.しかし,それゆえに,体制から疎外された集団はインフォーマルな政治制度を利用するほか選択肢がない.暴力性や恣意性に富む不安定なインフォーマルな政治制度の活用は,やがて体制にとって悪い影響を及ぼすと考えられよう.

　現在のところ,権力機関としての人大とその直接選挙制度は一党独裁体制の維持に貢献しているが,歴史的に見れば中国の「議会」が常に体制維持のみに貢献してきたわけではないことも指摘しておきたい.1979年に選挙法が改正され,選挙民3名の連名での推薦が可能となり,また一律無記名投票が採用された.この改正を受け,翌80年の北京市区県人大選挙においては100名近い大学生が候補者として参加し,最終的に11名が投票により当選した［「被人遺忘的1980年大学生競選風潮」］.この時には,利益集約および統合と利益表出を求めて多くの大学生が選挙に参加し,このフォーマルな政治制度を通して代表が選出されたのである.その後,1982年改正の選挙法では候補者の宣伝活動を選挙委員会が一括して行なうことになり,1986年の選挙法改正により,選挙民による連名推薦が3名から10名に増やされるなど,選挙民と候補者による利益集約および統合への障壁は高くなっていった.この変化には,1982年3月に選挙事務の管理が民政部から人大常委会へ移管された［王振耀 2002：105-106］ことが大きく影響しているだろう.これにより,人大の選挙過程に対する第三者からの監督機能が失われてしまったのである.

　しかし,2003年,2006年,2011年の人大直接選挙に際して,自らの属する集団や周囲の人々の利益代表を志して立候補した「独立候補」が出現したように,政治参加の制度は,1度成立すれば,時にはこの制度を作った体制の意図を超えて利用されることもある点も留意すべきであろう.現在の共産党の一党独裁体制は,フォーマルな政治参加の制度と法制化されていないシステムの組み合わせの均衡の上に成立しているのであり,しかも法制化された制度を通じた挑戦にもさらされているのである.

第 10 章　権威主義的「議会」の限界　　　　　　　　　　　　243

文献目録
中国語文献

「北京市海淀区人民代表大会公告」『海淀区人民政府網』2006 年 12 月 26 日　http://www.beijing.gov.cn/zfzx/qxrd/hdq/t710548.htm（2014 年 6 月 29 日最終確認）.

「北京市区，県，郷，民族郷，鎮人民代表大会代表選挙実施細則」http://www.chinacourt.org/law/detail/2011/05/id/146083.shtml（2014 年 6 月 30 日最終確認）.

「被人遺忘的 1980 年大学生競選風潮」http://news.qq.com/zt2011/ghgcd019/index.htm?pgv_ref=aio（2014 年 9 月 6 日最終確認）.

「本市区県，郷鎮人大換届選挙工作詳解」『北京日報』2011 年 9 月 15 日.

「朝陽区第 15 届人民代表大会代表名単（2014. 4）」,『北京市朝陽区人大常委会』http://chyrd.bjchy.gov.cn/rdgl/rddb/8a24f095397579b5013979c07bb10009.html（2014 年 6 月 28 日最終確認）.

「朝陽区第 15 届人大常委会組成人員基本情況（2014. 4）」http://chyrd.bjchy.gov.cn/rdgl/cwcy/8a24f0b44564f11f0145a936976e0017.html（2014 年 6 月 28 日最終確認）.

「朝陽区第 14 届人大常委会組成人員基本情況（2008. 8）」http://chyrd.bjchy.gov.cn/rdgl/cwcy/ff80808122535534012271cf0de1001a.html（2014 年 6 月 28 日最終確認）.

「海淀区人民代表大会常務委員会関于区，郷鎮人民代表大会換届選挙若干問題的決定」,『海淀区人民代表大会常務委員会』http://hdrd.bjhd.gov.cn/jyjd/201207/t20120702_432242.htm（2014 年 6 月 29 日最終確認）.

史衛民・郭巍青・劉智［2009］『中国選挙進展報告』中国社会科学出版社.

王振耀［2002］『邁向法治型選挙的歴史邏輯』中国社会出版社.

衛乃斌［1994］『人大主任工作崗位上的思考与実践』中国民主法制出版社.

袁達毅［2003］『県級人大代表選挙研究』中国社会出版社.

─────［2008］『郷級人大代表選挙研究』中国社会出版社.

中組部党建研究所［2013］「2012 年度重点調研課題成果評審結果公告」『党建研究』2013 年 3 月号.

「政府工作報告─2006 年 12 月 12 日在北京市朝陽区第 14 届人民代表大会第 1 次会議上」『北京朝陽』http://www.bjchy.gov.cn/affair/report/38020.html（2014 年 6 月 29 日最終確認）.

「政府工作報告（審議稿）　2011 年 12 月 18 日在北京市朝陽区第 15 届人民代表大会第 1 次会議上」『北京市朝陽区人大常委会』http://chyrd.bjchy.gov.cn/rdhy/rdh/shiwuyc/8a24f0953597e8710135e6181a4d0052.html（2014 年 6 月 29 日最終確認）.

日本語文献

ウィーアルダ，ハワード・J（大木啓介訳）［2000］『入門比較政治学──民主化の世界的潮流を解読する』東信堂.

宇山智彦［2014］「権威主義体制論の新展開に向けて──旧ソ連地域研究からの視覚」日本比較政治学会編『体制転換／非転換の比較政治』ミネルヴァ書房.

久保慶一・河野勝編［2013］『民主化と選挙の比較政治学──変革期の制度形成とその帰結』勁草書房.

関能徳［2013］「非民主制における選挙の情報収集能力——理論と実証」田中愛治監修／久保慶一・河野勝編『民主化と選挙の比較政治学——変革期の制度形成とその帰結』勁草書房.

豊田紳［2013a］「独裁体制における競争選挙のジレンマ——1937年ソ連と1965年メキシコにおける制度改革の比較分析」久保慶一・河野勝編『民主化と選挙の比較政治学——変革期の制度形成とその帰結』勁草書房.

─────［2013b］「独裁国家における「上からの改革」——メキシコ・制度的革命党による党組織／選挙制度改革とその帰結（1960-1980）」『アジア経済』第54巻第4号.

中岡まり［2013］「「選抜された」代表と「選出された」代表——人民代表大会制度をめぐる中国共産党の支配の問題点」『常磐国際紀要』第17号.

─────［2015a］「政治参加」高橋伸夫編『現代中国政治研究ハンドブック』慶應義塾大学出版会.

─────［2015b］「人民代表大会直接選挙に見る中国共産党の適応能力——独立候補への対応を例に」『常磐国際紀要』第19号.

日本比較政治学会編［2014］『体制転換／非転換の比較政治』ミネルヴァ書房.

東島雅昌［2013］「権威主義体制における選挙景気循環——グローバル・データを用いた実証分析」久保慶一・河野勝編『民主化と選挙の比較政治学——変革期の制度形成とその帰結』勁草書房.

堀江湛・岡沢憲芙編［1997］『現代政治学　新版』法学書院.

英語文献

Cho, Young Nam [2009] *Local People's Congress in China: Development and Transition*, Cambridge University Press.

Diamond, Larry, Ramon H. Myers, eds. [2004] *Elections and Democracy in Greater China*, Oxford University Press.

He Junzhi [2010] "Independent Candidates in China's Local People's Congresses: A typology," *Journal of Contemporary China*, 19: (64).

Manion, Melanie [2000] "Chinese Democratization in Perspective: Electorates and Selectorates at the Township Level," *The China Quarterly*, 163.

Magaloni, Beatriz [2006] *Voting for Autocracy: Hegemonic Party Survival and Its Demise in Mexico*, Cambridge University Press.

O'Brien, Kevin J. [1990] *Reform without Liberalization: China's National People's Congress and the Politics of Institutional Change*, Cambridge University Press.

───── [1994], "Agents and Remonstrators: Role Accumulation by Chinese People's Congress Deputies," *The China Quarterly*, 138.

───── [2000], "Accommodating "Democracy" in a One-Party State: Introducing Village Election in China," *The China Quarterly*, 162.

O'Brien, Kevin J. & Lianjiang Li [2006] *Rightful Resistance in Rural China*, Cambridge University Press.

O'Brien, Kevin J. & Suisheng Zhao, eds. [2011] *Grassroots Elections in China*, Routledge.

O'Brien, Kevin J. [2013] "Rightful Resistance Revisited," *Journal of Peasant Studies*, 40 (6).
Perry, Elizabeth J., Merle Goldman, eds. [2007] *Grassroots Political Reform in Contemporary China*, Harvard University Press.
Shi, Tianjian [1997] *Political Participation in Beijing*, Harvard University Press.
Shi, Tianjian [1999] "Voting and Nonvoting in China: Voting Behavior in Plebiscitary and Limited-Choice Elections," *The Journal of Politics*, 61 (4).
Tsai, Lily L. [2007] *Accountability Without Democracy: Solidary Groups and Public Goods Provision in Rural China*, Cambridge University Press.

第11章　人大に埋め込まれた機能
——代理・諫言・代表

加茂具樹

はじめに

　民主的な体制と同様に権威主義的な体制にも選挙や政党，そして議会という民主的な制度がある．それは権威主義的な体制の政治指導者が，民主的な体制であることを偽装するために設えた飾り物ではない．それには様々な政治的な機能が埋め込まれている．本研究は，権威主義体制中国の民主的制度である人民代表大会制度に共産党が埋め込んだ政治的機能を論じようとするものである．

　もちろん中国の民主的制度が発揮している政治的機能は，民主的な体制の民主的制度のそれとは異なる．共産党は人民代表大会制度を通じて自らの一党支配の正当性を獲得してきたわけではない．共産党は自らの政治的な正当性を経済成長による国民の物質的な欲求の充足と，経済成長による力（パワー）の拡大による国際的な影響力の増大という，支配の実績によって調達してきた．共産党は中国の民主的制度に民主的な国家の民主的制度と同じ政治的機能の発揮を期待していない．民主的国家のそれと区別するために，中国の民主的制度を「偽装された」民主的制度と表現するべきだろう．

　先行研究が指摘するように，権威主義的な体制の政治指導者（政党）は，自らが設計した民主的制度のなかに，同制度が体制の持続に貢献するように，様々な政治的な機能を埋め込んできた．本研究は，共産党が他の権威主義体制の政治指導者（政党）と同様に，人民代表大会制度に埋め込んだ政治的機能を論じる．

1 何が埋め込まれているのか

　権威主義的体制の民主的制度に埋め込まれている政治的機能を理解するためには，その政治指導者が体制を持続させるために解決しなければならない政治課題とは何かを考える必要がある．

　先行研究によれば，権威主義的な体制の政治指導者は，2つの課題を克服しなければならないという．第1が政治指導者と体制内の他のエリート間の権力の共有の問題である．政治指導者は，常に他のエリートが離反する可能性を案じ，その脅威に晒されている．第2が権力から阻外されている社会に対する統制の問題である．政治指導者は，あたかも彼らを取り囲むように存在する大衆からの挑戦を防ぎ，かれらの敵対的な行動を抑止する必要がある［Svolik 2012］．これらの課題を克服するために，権威主義的な体制の政治指導者は，民主的制度にいくつかの政治的機能を付与した．久保によればそれは以下の様な3つの機能である．第1には体制エリートの離反防止機能である．トップリーダーは民主的制度を，体制内の他のエリート達に権力を分有する場として活用している．第2に反体制勢力の抑制と弱体化機能である．政治指導者は反体制勢力を取り込み，分断し，弱体化するための場として民主的制度を位置付けている．そして第3が統治の有効性の向上機能である．政治指導者は民主的制度を政策決定に必要な情報（社会の要求と不満）を把握する場として位置付けている［Gandhi 2008；久保 2013：2-10；Gandhi & Ruben 2015］．

　権威主義体制中国の民主的な制度もまた，同様の政治的機能を備えている．

　比較的長い間，中国政治研究において人民代表大会に対する学問的関心は決して高くなかった．人民代表大会の政治的な機能についての評価が低かったからである．人民代表大会研究の先駆者であるオブライエン（Kevin O'Brien）は，1976年まで中国の議会は代議機関としてほとんど機能することはなかったと述べている［O'Brien 1990a；O'Brien 1990b］．また加茂［2006］や Cho［2009］は，かつて人民代表大会は「ゴム印（rubber stamps）」と揶揄されたように，共産党のみならず行政機関と比較しても，なんら政治的な影響力を発揮することはなかったと論じていた．中国における民主的制度の政治的機能が中国政治研究における分析の対象となったのは，最近のことである．

近年の人民代表大会制度に関する研究によれば，それまでの評価を覆すほどまでにその活動は活発化し始めた［鄭永年 2000］．そうした先行研究は，地方に設けられた人民代表大会（以下，地方人民代表大会と呼ぶ．省・市・県・郷鎮の各行政レベルに設けられている．中央の人民代表大会は全国人民代表大会と呼ぶ）が，人事に関する議案や国家機関の活動報告を否決するなど，国家機関の活動を積極的に監督する実態を例示しながら，人民代表大会は「ゴムの印鑑」から「鉄の印鑑」へと変化しつつあると報告している［MacFarquhar 1998；鄭永年 2000；趙建民 2003；加茂 2006；Xia 2008；Cho 2009］．

例えば，近年，全国人民代表大会で制定される法律や下される決定や決議の数は飛躍的に増加してきた．政府の活動に対する監督活動は，中央におけるものよりも地方人民代表大会において活発であった［加茂 2006；Cho 2009］．比較的経済が発展している中国の南部の広東省や広州市の人民代表大会が政府機関の活動に対する監督活動を積極的に展開する姿は，人民代表大会の「広州モデル」と評されていた［加茂 2006］．こうして活動が活発化していったのは，共産党が人民代表大会の活動の制度化を進めたからである．特に 1990 年代以降共産党は，人民代表大会の立法活動と監督活動に関する法律法規の制定に着手した．2003 年には中華人民共和国立法法が，2006 年には中華人民共和国各級人民代表大会常務委員会監督法が採択された［加茂 2006］．近年，地方人民代表大会は地方政府の財政に関する監督活動を積極化させており，「予算監督」が研究対象として注目を集めている［Ma & Lin 2015］．

1990 年代以降，人民代表大会はようやく研究者の学問的な関心を集めている．共産党が着手した制度化が中国政治に与える影響に議論は集中している．この共産党が着手した人民代表大会の活動の制度化によって活発化した人民代表大会の政治的役割についての最も代表的な先行研究は O'Brien ［1990b；1994b；2009］の研究成果である．同研究によれば，その活発化は人民代表大会が権力機関としての政治的役割を担うという意思を持ち始めたことを示しているのではなく，また国家と社会との間の関係が変化し始めたことを表しているものでもなく，共産党が統治のあり方を改善しようとした取り組みの結果であると整理している．O'Brien の研究によれば，人民代表大会制度の制度化は中国政治に自由化をもたらすのではなく，共産党による「支配の合理化」と「社会的包

摂」を促したにすぎないものであった．

「支配の合理化」とは，支配に関する規則を整備し，政治権力の法制度化を実現し，個人指導者の政治的権威を制限するという意味である．また「社会的包摂」について O'Brien [1990b] は，共産党が中国の社会の様々なアクターとの間に利益の共同関係を形成し，彼らを体制内に取り込むことであり，共産党による一党支配に対する政治的な挑戦に先手を打ち，共産党による一党支配の強化を図ることであると論じていた．Cho [2009] は，共産党にとって人民代表大会は特定の集団の利益を代表している機関と直接的な意見の交換をすることができることから，共産党は人民代表大会を通じて「社会的包摂」を積極的に行なってきたと指摘していた．

O'Brien [1994a] は人大代表の行動に注目し，その政治的機能の概念化を試みている．同研究によれば，人民代表大会の代表は自身の選出母体（所属単位や所属単位が所在する行政区域）に対して，共産党や人民政府の政策を伝達するという役割を担っていると論じている．これが「代理者（agents）」としての活動である．加えて O'Brien は，人大代表が「諫言者（remonstrators）」としての働きをしているとも指摘していた[1]．選出母体の事情に詳しい人大代表は，適切な政策決定を下すために必要な情報や政策の不公平性や過ちを，政策決定者である共産党や政府に提供する役割を担っているという．こうした活動について O'Brien は，人民代表大会の代表はあたかも「指導者から選挙民に向かって延びる橋梁」として活動しているかのようであると表現していた．共産党は地方人民代表大会を通じて中国社会の亀裂や対立の所在を把握し，また地方人民代表大会を通じて中国社会の中産階級や社会的エリート層を代表する民主諸党派や無党派人士に対する，一定の影響力を発揮することができるのである．

政治指導者の発言から読み取ることができるように，共産党は人民代表大会代表が「代理者（agents）」，そして「諫言者（remonstrators）」として機能を活発に発揮するように近年は努めている．あたかも，それらの機能は共産党によって埋め込まれたかの様である．

---

1) なお O'Brien は，議案も建議・批評・意見も何も提出しない人大代表を「inactives（消極者）」と定義している．

天安門事件直後の1990年3月に開催された，全国人民代表大会と中国人民政治協商会議全国委員会の党員責任者会議において，江沢民党総書記（当時）は，人大代表に期待する政治的役割について，次のように述べていた．江は，人大代表を社会主義建設の過程で生じる矛盾や問題を適切に処理し，「大衆の正確な意見を取りまとめて共産党と国家の政策決定のよりどころを提供」するなど「社会の安定を維持する」ために不可欠な「民主的なチャンネル」であるといい，人大代表のあるべき役割を，「大衆との連携を築くこと」，「大衆の正確な意見を上部に伝達すること」，「（大衆の）明らかに正しくない意見に対しては，人民の利益にたって辛抱強く解説し，（大衆を）説得すること」と整理していた．

 胡錦濤もまた，2004年9月に人民代表大会制度が実施されてから50年を記念した式典での演説のなかで，人民代表大会の機能改革の方針を述べるとともに，人大代表のあるべき役割について，次のように述べていた．

> 人民代表大会は様々な分野の代表によって組織された，幅広い代表性を持った国家の権力機関である．そしてまた，共産党と国家が大衆との間の関係を繋ぐ重要な橋梁であり，人民大衆の希望を表出し，秩序ある政治参加を実現するための重要なチャンネルである．全国の全ての人民代表大会の280万人の代表は，大衆と緊密な連携を築き，大衆の声に耳を傾け，民情を深く理解し，民意を十分に反映し，幅広く大衆の知恵を集約する必要がある．

 Kamo & Takeuchi [2013] および加茂 [2013] の研究は，「代理者 (agents)」および「諫言者 (remonstrators)」に加えて，近年の人大代表が「代表者 (representatives)」という，「中国社会から共産党や政府に向かって延びる橋梁」としての機能を発揮していることを明らかにしている．一部の人大代表は，共産党や政府が適切な政策決定を下すための貢献というよりも，選出母体の代表として選出母体の要求を共産党や人民政府に突きつける役割も担っているのである [Kamo & Takeuchi 2013]．こうした機能は，共産党が埋め込んだというよりも人大代表が次第に担うようになってきたのであり，いわば彼らがそうした機能を「発見」したと表現した方が良いのかもしれない．

 共産党は人大代表に「代理者 (agents)」「諫言者 (remonstrators)」，そして

「代表者（representatives）」という政治的機能を埋め込み，適切な政策決定を下すために必要な情報の収集と，存在する社会的亀裂の把握という能力の発揮を期待したのである．

2　誰に埋め込んだのか

　こうした政治的機能が埋め込まれた人大代表とは，どのような人たちなのか[2]．

　圧倒的多数の人民代表大会代表は，中国共産党や国家機関，人民団体の幹部職を務めている．また国有や民間企業の幹部，教育機関の幹部も少なくない．この他，法律家や技術者も含まれている．国家機関や人民団体の一般職員，国営企業および民間企業の従業員，農民や労働者は少ない．人大代表は中国社会の中産階級であり，政治エリートと経済エリートである．なおこの構造は，近年ほとんど変化が見られない[3]．

　人大会議の会期中，人大代表は，「代表組」というグループごとに議案の審議などの活動をする．「代表組」の概念を理解するためには，人大代表がどのようにして選出されるのかを理解しなければならない．

　筆者が長期にわたって調査対象地としてきた江蘇省の揚州市を事例として考えてみよう．揚州市に居住する住民は揚州市人大代表を直接選挙で選出しない．彼らが投票によって選出できるのは揚州市の下級の行政級である県クラスの行政区（揚州市は7つの行政区によって構成されている．すなわち，広陵区・維揚区・邗江区・宝応県・儀征市・高郵市・江都市）の人大（県級人大）の人大代表である．揚州市人大（地級人大）代表は，県級人大代表が選出する．加えて人民解放軍揚州市分軍区が揚州市人大に自らの代表を選出して送り込んでいる．彼らはど

---

2) この問いに答えるために筆者は，江蘇省揚州市人民代表大会の資料を用いた［『中国・揚州人大』http://rd.yangzhou.gov.cn/］．これらの資料（党員比率・男女比率・学歴・平均年齢）は，他の中国の地方人民代表大会の平均値と大きな差はなく，揚州市人大に関する資料を用いて析出される人大代表の行動の特徴は，一般的な地方人大の代表の行動の特徴と判断してよいだろう．
3) 紙幅に制限があることからここでは詳論しない．具体的な資料については加茂［2013］を参照のこと．

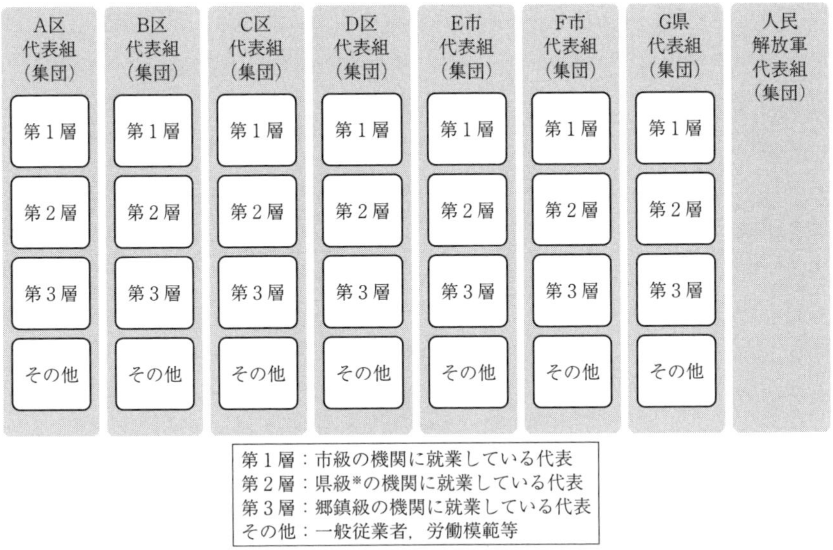

第 11 章　人大に埋め込まれた機能

A区 代表組 (集団)	B区 代表組 (集団)	C区 代表組 (集団)	D区 代表組 (集団)	E市 代表組 (集団)	F市 代表組 (集団)	G県 代表組 (集団)	人民 解放軍 代表組 (集団)
第1層	第1層	第1層	第1層	第1層	第1層	第1層	
第2層	第2層	第2層	第2層	第2層	第2層	第2層	
第3層	第3層	第3層	第3層	第3層	第3層	第3層	
その他	その他	その他	その他	その他	その他	その他	

第1層：市級の機関に就業している代表
第2層：県級※の機関に就業している代表
第3層：郷鎮級の機関に就業している代表
その他：一般従業者，労働模範等

※　県級とは，区，県，県級市（呼称は市であるが行政区分上は県扱いの市）のことをいう．

図1　人大代表の構造（揚州市人大を事例にして）
地域別の分類では8つ，就業別の分類では4つのグループに区分できる．

の様に行動するのだろうか．

　揚州市人大代表をその活動の特徴という視点で整理するのであれば，揚州市人大代表を選出する母集団である県級人大ごとの7つの地域別の集団と人民解放軍の1集団の，合計8つの集団に区分することができる．この集団が代表組といわれるものである．

　人大代表は人大会議の開催期間中，必ずいずれかの代表組に所属する．人大会議の会期中，会議に報告された国家機関の活動報告や提出された議案の審議は代表組ごとに行なう．

　また，人大代表を就業先の属性に基づいて観察すると，彼らを4つの層に分類することができる（図1）．それぞれの人大表組という集団は4つのグループに区分できるのである．例えば，揚州市人大広陵区代表団に所属する人大代表を事例にして確認してみよう．

　第1層は，揚州市の人大や党，政府，司法，政治協商会議および企業や社会団体に所属している人大代表である．イメージしやすくするために彼らの中で

幹部職に就いている人大代表だけを挙げてみよう．揚州市党委副書記・党紀律検査委副書記（党員），揚州市副市長，揚州市人大常務委副主任・揚州市人大常務委党組副書記（党員），揚州市人大常務委研究室主任（党員），揚州市政治協商会議主席・揚州市政治協商会議常務委党組書記（党員），揚州市婦女連合会主席・揚州市婦女連合会党組書記（党員），揚州市企業家協会会長・通裕集団董事長・揚州紡績資産経営管理公司董事長・揚州紡績資産経営管理公司党委書記（党員），揚州市天主教愛国会副主任兼秘書長である．

　第2層は，広陵区の人大・党・政府・司法・政治協商会議および企業・社会団体に所属している人大代表である．同様に彼らの中で幹部職に就いている人大代表だけを挙げてみよう．広陵区党委書記（党員），広陵区副区長・広陵区党委常務委（党員），広陵区人大主任・広陵区人大党組書記（党員），広陵区人民法院副院長である．

　第3層は，広陵区行政区域内の郷鎮・街道・村の人大・党・政府・司法・政治協商会議および企業・社会団体に所属している人大代表である．彼らの中で幹部職に就いている人大代表は，汶河街道共産党工作委書記（党員），荷花池居民委員会主任・荷花池社区共産党支部書記（党員），湯汪郷共産党書記（党員），渡江村共産党総支部書記・江蘇聯誼農貿市場総経理（党員），曲江街道共産党工作委書記（党員）である．

　なお，この他に一般工場労働者や農民，あるいは労働模範の層がある．

3　埋め込まれた機能はどのように発揮されているのか

　人大代表に埋め込まれた政治的機能が発揮されることによって，人大会議は社会の様々な利害が表出されるアリーナとなる．

　人大代表は議案あるいは建議・批評・意見のを人大会議に提出することをつうじて，政策決定に関与する機関に要求を伝達することができる．

　人大会議に提出された全ての議案が議題として扱われるわけではない．提出された後に，議題となる議案は極少数であり，圧倒的多数の議案は建議として処理される．人大会議に提出された建議は，その後，建議の内容に関係する機関に送付される．建議を受け取った機関は，3か月以内（遅くとも6か月以内）

に建議を提出した人大代表に対して，建議が提起した要求に対する取り組み状況を報告しなければならない．

　議案は建議と比較して，遥かにその政治的影響力は大きい．議題として扱われる議案は人大会議において審議され，表決に附される．もし議案が可決された場合，議案の要求は国家権力機関の意思として法的拘束力をもつことになるため，関係する機関は決議の求めるとおり活動することが要求される．本研究は人大代表に埋め込まれた政治的機能を理解するために，人大代表による議案の提出という行動に注目する．

　議案の提出要件は10名以上の人大代表が提出に賛同することである．なお建議は1名だけでよい．議案を提出しようとする人大代表，すなわち起草者は，議案に賛同する9名の人大代表を探し，彼らから同意を得る必要がある．そこで以下，起草者である人大代表が誰と議案を提出したかに注目して，人大代表が議案を提出する動機を観察する．

　議案提出者の属性に注目して議案を分類してみると，議案のほとんどは同じ代表団に所属する人大代表が共同議案提案者となっていることに気づく．さらに，議案の内容と人大代表の属性を関連づけて考察すると，興味深い結果を導くことができる．

　まず，内容を踏まえて議案を幾つかの種類に分類してみよう．1つには「代理者（agents）」志向の人大代表によって提出された議案がある．これらの議案は一般的に共産党や政府の政策方針の徹底を宣伝することを目的としたものである．いま1つは，提出した人大代表が所属する単位や単位が所在する行政区の政治的な利益や経済的な利益の拡大を要求する議案である．先行研究［加茂2013］は，こうした議案は「諫言者（remonstrators）」，あるいは「代表者（representatives）」という志向の人大代表によって提出されたものだと整理している．

　政治的利益の拡大とは上級に位置する政府（本章で取り上げている事例では地級市である揚州市政府このと）が掌握している行政権限や財源を，代表団が所在する行政区の政府に譲渡するよう要求することである．また経済的利益の拡大とは，上級政府に対して，代表団が所在する行政区に経済優遇政策を導入するよう要求することである．これには代表団が所在する行政区の環境問題の解決や，民生分野の諸問題の解決を要求することも含まれる．人大代表は所属する

「単位」や「地域」の利益の拡大という要求を表出する役を担っている.

　興味深いことは, 議案の起草者が共同議案提案者を探すとき, 同じ代表団に所属している人大代表だからといって, 誰でも良いと考えているわけではないということである. どうやら議案の起草者は議案を提出するにあたって, 議案の内容にふさわしい共同提出者を選択しているようである.

　例えば, 上級の政府が職掌する行政権限の放出や財源の再分配を要求する議案があったとしよう. この種の議案を共同して提出するのは上述した第2層や第3層に属する人大代表である. 同じ代表団ではあるけれども第1層に属する人大代表は, この議案の共同議案提出者とはなっていない. この議案の要求は彼らが所属する「地域」や「単位」の利益と対立するからである.

　これとは別に異なる代表団に所属している人大代表が共同して議案を提出することもある. 揚州市全域に及ぶ問題(揚州市の都市計画や経済発展計画, 都市地域の汚水処理施設の整備などの環境問題, 都市労働者の就業環境の改善)に関する議案がある. この種の議案は, 異なる代表団の第1層に属する人大代表が共同議案提出者となって提出される場合が多い. 揚州市の党や政府の要職に就いている第1層に属する人大代表は, 揚州市の党や政府の意向を受けるかたちで(党や政府の指示の下で), これらの議案を提出するようである. もちろん立場上事情をよく知る彼らが積極的に問題を発見して議案を提出することもある.

　また, 異なる代表団の第2層や第3層に属する人大代表が連名して提出した議案がある. 例えば, 揚州市の比較的経済発展の遅れた地域を選出選挙区とする人大代表が, 揚州市政府によって起草された揚州市の経済発展計画は自らが属する地域の発展に必要な取り組みをしていないことに異議を申し立て, 計画の修正を求める議案を提出している. 議案に署名した代表は, 揚州市の比較的経済発展の遅れた地域を選出選挙区(複数)とする第2層や第3層に属する人大代表であった.

　本章は人大代表の行動を「代理者(agents)」「諫言者(remonstrators)」「代表者(representatives)」という3つの概念で分類している. しかしこれらを明確に区分することは難しい. 実際の人大代表は, ある時は代理者として, ある時は諫言者として, ある時は代表者として活動していると考えるべきだろう.

　特に「諫言者(remonstrators)」と「代表者(representatives)」との区別は難

しい.共産党や政府機関の要職に就いていない人大代表が提出する利益誘導型の議案は,「代表者（representatives）」型の人大代表によって提出された議案と整理しておく.こうした議案を提出する人大代表へのインタビューによれば,自らが所属する機関から指示されて議案を提出したわけでもなく,また共産党や政府といった政策決定者へ情報提供をしたいという意図で議案を提出しているわけでもないという.純粋に社会的な不満を代弁したいという動機に基づいた議案の提出だという.

　なお,人大代表は議案という形だけで情報を表出しているわけではない.彼らは人大会議の会期中に開催される代表組ごとの会合での人大代表の発言というかたちでも重要な情報を表出している.共産党や政府はこうした政策決定に役だつ情報を,人大を「領導」するメカニズムを利用しながら収集している.

　人大に対する党の「領導」は,人大内部に設置される党組織が中心的な役割を発揮する［加茂2006］.人大には会議の開催とともに臨時党委員会が発足する.臨時党委書記には一般的に,人大が所在する地域の党委書記（揚州市人大の場合は揚州市党委書記）・副書記あるいは人大常務委党組書記（揚州市人大主任）クラスの党の幹部が就任する.臨時党委の構成員は,各代表団の第1層および第2層に属する人大代表である.臨時党委員会は共産党が人大会議に影響力を行使（すなわち「領導」）するための要となる.

　臨時党委の発足とともに,各代表団には臨時党支部が発足する.この臨時党支部書記には,各代表組が所在する行政単位（区・県・市）の党委書記,あるいは人大常務委党組書記が就任する.臨時党支部の構成員は,代表組の第1層および第2層に属する人大代表である.

　揚州市人大の各代表組に対して揚州市党委の意思（つまり党委による「領導」）は,臨時党委を起点にして臨時党支部を通じて浸透してゆく.各代表組に所属する揚州市の人大・党・政府・司法・政治協商会議,および共産党の「領導」下にある社会団体の党組織の幹部職に就いている人大代表は,党員として,揚州市党委の「領導」の下で各代表団に所属する一般の党員である人大代表と非党員の人大代表に対して党の意思を伝達し,意思を受け入れるよう働きかける役を担っている[4].こうした「領導」を徹底するためのメカニズムは,情報を収集するメカニズムにもなるのである.人大代表に対する党委の意思の伝達の

過程で当然,人大代表との意見交換が行なわれる.この過程で人大代表が表出する意見,すなわち社会の要求を党委は把握することができる.

各代表組が構造として抱える所属する単位の重層性(第1層・第2層・第3層)は,代表組ごとに展開する議論の内容の多様性を連想させる.各代表組の審議の場において議論のかたちで表出される利益は,揚州市レベルの利益と,区・県・県級市レベルの利益,さらには郷鎮・街道・村レベルの利益である.揚州市人大の各代表組は,これらの3つの利益が交錯しているアリーナなのである.共産党は,「代表者」「諫言者」「代表者」としての機能を人大代表に埋め込み代表組,そして人大会議を利益表出のアリーナとすることによって,政策決定を行なう上で有用な情報を収集する道具を手に入れたのである.

おわりに

本章は,権威主義国家中国の民主的制度である人大制度に,共産党が埋め込んだ政治的機能を論じた.もちろん,共産党による一党体制が安定してきたのは,本章が確認した機能が発揮されているからだけではない.他の多くの要因が影響し合いながら,この一党体制は持続している.本章の主張は,人大という民主的制度が政策決定に必要な情報(社会の要求と不満)を共産党や政府に提供する,「統治の有効性の向上」機能を発揮しているということである.

では「統治の有効性の向上」機能がいっそう活発化することによって人大はどのような政治的可能性を持つのだろうか.共産党の指導から逸脱する可能性を秘めているのだろうか.本章の議論だけでは,人大制度が共産党による一党体制を突き崩すような政治的エネルギーを秘めているかどうかという問いに答えることはできない.この問いに答えるためには,人大代表の属性に関するさらなる分析(時系列および人大代表のキャリアパスに関する研究),人大代表が議案および建議・批評・意見を提出する動機に関する分析,いま1つの中国の民主的制度である人民政治協商会議の政治的機能と人大制度が,現実の政治過程において果たしている役割についての理解[加茂 2013]が必要になるだろう.

中国の民主的制度に関する研究は,他の権威主義国家の民主的制度の研究と比較して,より多くの取り組むべき課題を残している.

文献目録

中国語文献

趙建民［2003］「中国民主之未来——八十年代以来中国全国人大発展的経験」徐湘林主編『民主，政治秩序輿社会変革』中信出版社．

鄭永年［2000］『政治漸進主義——中国的政治改革和民主化前景』吉虹資訊股份有限公司．

日本語文献

加茂具樹［2006］『現代中国政治と人民代表大会——人大の機能改革と『領導・被領導』関係の変化』慶應義塾大学出版会．

―――［2013］「現代中国における民意機関の政治的役割——代理者，諫言者，代表者．そして共演」『アジア経済』第54巻第4号．

久保慶一［2013］「権威主義体制における議会と選挙の役割」『アジア経済』第54巻第4号．

英語文献

Cho, Y. N. [2009] *Local People's Congresses in China: Development and Transition*, Cambridge University Press.

Gandhi, Jennifer & Ruben Ruis-Rufino, eds. [2015] *Routledge Handbook of Comparative Political Institutions*, Routledge.

Kamo, Tomoki & Takeuchi Hiroki [2013] "Representation and Local People's Congresses in China: A Case Study of the Yangzhou Municipal People's Congress," *Journal of Chinese Political Science*, 18 (1).

MacFarquhar, R. [1998] "Provincial People's Congresses," *The China Quarterly*, 155.

O'Brien, K. J. [1990a] Is China's National People's Congress a "Conservative" Legislature?" *Asian Survey*, 30 (8).

――― [1990b] *Reform without Liberalization: China's National People's Congress and the Politics of Institutional Change*, Cambridge University Press.

――― [1994a] "Agents and Remonstrators: Role Accumulation by Chinese People's Congress Deputies," *The China Quarterly*, 138.

――― [1994b] "Chinese People's Congresses and Legislative Embeddedness: Understanding Early Organizational Development," *Comparative Political Studies*, 27 (1).

――― [2009] "Local People's Congresses and Governing China," *The China Journal*, 61.

Svolik, Milan W. [2012] *The Politics of Authoritarian Rule*, Cambridge University Press.

Xia, M. [2008] *The People's Congresses and Governance in China: Toward a Network Mode of Governance*, Routledge.

＊本章は，『アジア経済』第54巻第4号，2013年に掲載された，「現代中国における民意機関の政治的役割　代理者，諫言者，代表者．そして共演．」に基づき，これに大幅な加筆・修正を行なったものである．

第12章　立憲主義か民主主義か？
——中国大陸と台湾

石塚　迅

はじめに

　現在，日本では，憲法をとりまく政治状況の変動が著しい．とりわけ，2012年12月に発足した第2次安倍内閣は，「日本国憲法」第96条の改正（改憲発議要件の緩和）の提唱，「特定秘密の保護に関する法律」の制定・公布（2013年12月），政府の憲法解釈変更による集団的自衛権の行使容認（2014年7月）および安全保障関連法の制定（2015年9月）等，様々な挙措を通じて，安倍晋三自身がいうところの「戦後レジームからの脱却」を目指している．しかしながら，これら挙措のいずれもが，「日本国憲法」を支える思想的バックボーンである近代立憲主義に背離しそれを形骸化させるものであると，憲法学者をはじめ多くの識者が懸念・批判を表明している．2014年4月に，憲法学者・政治学者らが中心となり発足した「立憲デモクラシーの会」は，その懸念・批判を「設立の趣旨」の中で次のように記している．「確かに，代議制民主主義とは議会多数派が国民全体を拘束するルールを決める仕組みである．しかし，多数を全体の意思とみなすのはあくまで擬制である．一時の民意に支持された為政者が暴走し，個人の尊厳や自由をないがしろにすることのないよう，様々な歯止めを組み込んでいるのが立憲デモクラシーである．それは，民主主義の進展の中で，民衆の支持の名の下で独裁や圧政が行われたという失敗の経験を経て人間が獲得した政治の基本原理である．しかし，安倍政権は，2つの国政選挙で勝利して，万能感に浸り，多数意思に対するチェックや抑制を担ってきた専門的

機関——日本銀行，内閣法制局，公共放送や一般報道機関，研究・教育の場——を党派色で染めることを政治主導と正当化している．その結果現れるのはすべて「私」が決める専制である．この点こそ，我々が安倍政権を特に危険だとみなす理由である」（立憲デモクラシーの会 HP）．

かつて，憲法学者の芦部信喜は，「①国民が権力の支配から自由であるためには，国民自らが能動的に統治に参加するという民主制度を必要とするから，自由の確保は，国民の国政への積極的な参加が確立している体制においてはじめて現実のものとなり，②民主主義は，個人尊重の原理を基礎とするので，すべての国民の自由と平等が確保されてはじめて開花する，という関係にある」と述べた上で，「民主主義は，単に多数者支配の政治を意味せず，実をともなった立憲民主主義でなければならないのである」と強調した［芦部 2015：17］．しかしながら，民主主義と立憲主義はもともと異なる概念であり，両者は相互補完の関係に立ちながらも，時として微妙な緊張関係に立つ．民主主義は，権力の民主化による真の多数者支配の実現を目指すのに対して，立憲主義は，民主化された権力も含めて権力からの個人の自由を確保しようとする．両者は，その射程も目指すべき方向性も違うのである．それゆえ，しばしば，両者の接合困難性が指摘される[1]．現在，日本の政治状況において問われているのは，まさにこのような「立憲主義と民主主義との両立可能性」であり，「立憲デモクラシーの会」の危機意識に即していえば，それは「民主主義的空間における立憲主義の生存可能性」なのである．

このような立憲主義と民主主義との緊張関係をめぐる問題は，現在の日本だけの問題ではない．古今東西を問わず表出しうる問題である．選挙や人民投票等の民主的手段によって表現された「民意」に重い価値をおきながらも，その「民意」，および「民意」に支持された為政者が暴走することのないよう，いかにして歯止めをかけるか．各国の政府指導者，法曹関係者および憲法学者をはじめとする知識人は，それぞれの時代の状況と国・地域の状況を勘案して，思考および実践の両面において腐心し試行錯誤を繰り返してきた．

---

[1] 立憲主義と民主主義の「断絶」と「逆接続」については，阪口［2001：277-293］から多くの示唆を得ている．

確認しておくべきことは，立憲主義と民主主義との緊張関係をめぐる問題の現代的展開として，司法権，とりわけ違憲審査制の役割が重視されることである．憲法学者の阪口正二郎は，東西冷戦終結後の状況を「立憲主義のグローバル化」と表現し，それを論じるにあたり，そこで復権している「立憲主義」とは，「権力は縛られるべきだ」という単純な発想を超えて，「権力＝多数者によっても侵しえないものとしての「人権」という観念と，それを担保するための違憲審査制という装置を内容として持ったものである」と述べている［阪口 2001：2］．本章は，現代の中国大陸（中華人民共和国．以下，「中国」と呼称）および台湾（中華民国）において，立憲主義と民主主義との緊張関係がどのように現出し論議されているのかについて，主として，「民意」に対する司法的統制を切り口に考察する．

1　人民代表大会と人民法院の相剋——中国

1. 民主集中制の原則

周知のとおり，中国の国家・政治体制は，憲法（正式名称は中華人民共和国憲法．以下，第1節において「憲法」と略称）上，「民主集中制の原則」を採用している（第3条第1項）．「民主集中制の原則」には，次の3つの内容が含まれる．第1に，人民と人民代表大会との関係である．中華人民共和国のすべての権力は，人民に属し（第2条第1項），人民が国家権力を行使する機関は，全国人民代表大会および地方各級人民代表大会である（同第2項）．全国人民代表大会および地方各級人民代表大会は，すべて民主的な選挙により選出され，人民に対して責任を負い，人民の監督を受ける（第3条第2項）．第2に，人民代表大会とその他の国家機関との関係である．人民代表大会は，人民を代表して国家権力を行使する機関として，その他の国家機関，すなわち国家の行政機関（人民政府），裁判機関（人民法院），検察機関（人民検察院）を選出する．国家の行政機関，裁判機関，検察機関は，人民代表大会に対して責任を負い，その監督を受ける（同第3項）．第3に，国家機関内部の関係および中央と地方の関係である．中央と地方の国家機構の職権の区分は，中央の統一的な指導の下で，地方の自主性と積極性を十分に発揮させるという原則に従う（同第4項）［胡錦光・韓大元

2004：325-326；木間等 2012：73-74］．

　本章との関係において，次の2点に注意しておきたい．

　1つは，広義でいえば，中国も憲法体制においては「民主主義」を採用していることである．「治者と被治者の自同性」を目指すという点においては，ファシズムも共産主義も徹底した民主主義なのである［長谷部 2006：80］．畑中和夫は，中国の人民代表大会制度は直接的には旧ソ連のソビエト制につながり，さらには，その起源を近代立憲主義の2つの源流の1つ（「1793年フランス憲法」）に持つものとして捉えることができると述べる．そして，現行憲法（1982年12月制定・公布・施行）が，「全国人民代表大会代表は，選挙母体および人民と密接な関係を保持し，人民の意見と要求を聴取し反映させ，人民への奉仕に努めなければならない」（第76条第2項），「全国人民代表大会代表は，選挙母体の監督を受ける．選挙母体は，法律が規定する手続に基づき，その選出した代表を罷免する権限を有する」（第77条）と規定していることを挙げ，人民代表大会制度は人民主権に直接基礎をおくものであると評価している［畑中 1994：47-52］．

　もう1つは，憲法上，三権分立が否定されていることである．すでにみたように，人民代表大会は，行政機関，裁判機関，検察機関を選出し，その活動を監督するという全権的な国家権力機関である．人民代表大会制度の下では，各機関相互間での業務の分業はありえても，西欧的な三権分立や司法権の独立を観念する余地はない．また，現行憲法は，裁判機関（人民法院）に違憲立法審査権を付与していない．現行憲法上，憲法実施の監督権限は全国人民代表大会およびその常務委員会に，憲法の解釈権限は全国人民代表大会常務委員会にそれぞれ付与されている（第62条第2号，第67条第1号）．これもまた，「民主集中制の原則」からの当然の論理的帰結とされる．強調しておきたいことは，「民主主義の暴走」に対する制度的な歯止めは現行中国憲法においては存在しないということである．

　このように，憲法の規定からみれば，中国の人民代表大会は圧倒的に強大な権力を有している．中国の憲法学者の周永坤は，「人民代表大会の憲法・法律上の権力がすべて真に実現することになれば，人民代表大会はきわめて恐るべき機構となる［周永坤 2008］」と危惧する．ところが，現在のところ，そうした人民代表大会の暴走（権力濫用）の危険性については，一部の法学者の議論

の段階に止まり，現実にはそれほど切実な問題とはなっていない．なぜなら，人民代表大会が，憲法・法律に規定された権力・権限を実際には十分に享有・行使しえていないからである[2]．それでは，人民代表大会を凌駕する権力・権限を享有・行使しているのは誰か．いうまでもなくそれは，中国唯一の執政党であり，国家と人民を指導する中国共産党である[3]．この共産党の権力の濫用をいかに防止するか，恣意的な権力行使をいかに規範化するか，より具体的にいえば，共産党と国家機構とをいかに分離するか（「党政分離」），これこそが中華人民共和国成立以降，とりわけ「文化大革命」終結以降の中国の政治体制改革の最大の課題であり[4]，日本の中国政治研究者は，この問題を政治的民主化と関連させつつ論じてきた．

2. 人民代表大会の権限強化か違憲審査制の導入か

　このように共産党が憲法に規定された国家機構を事実上凌駕する権力・権限を享有・行使している以上，「民意」に対する司法的統制の問題を中国憲法体制に即して論じるのは，一見無意義な試みのようにもみえる．しかしながら，「立憲主義」は「民主主義の限界」に際して再浮上しうるものである．人民代表大会がこのまま共産党の権力制御に対して無力であり続けた場合，あるいは逆に人民代表大会がその権力を濫用するような事態が生じた場合，現行憲法下の人民代表大会制度を修正する何らかの制度的枠組みが必要となってくる．すでに，中国の一部の法学者はそうした可能性について論じ始めている．また，実際の状況として，1990年代後半以降，人民代表大会の活動が徐々に活発化してきており，このことが人民代表大会と他の国家機関との間に様々な軋轢を生じさせており，法学者たちの関心を集めている．中国の法学者たちが「民意」機関としての人民代表大会の強大な権限をいかに評価しているかを確認しておくことは，私たちが中国の今後の政治体制改革の具体的内容を展望する上

2）　通山昭治は，こうした人民代表大会の現状を，「政治的美称」ならぬ「法律的美称」であると表現している［通山 2000：90, 92-93］．
3）　共産党の地位と指導性については，現行憲法の前文に叙述されている．
4）　「党政不分」の弊害については，鄧小平も早くからこれを指摘していた［鄧小平 1994：321］．

で重要な示唆を提供することになるはずである.

　紙幅の制限から，ここでは，筆者と近接した問題意識を持ち，近年，立憲主義と民主主義との相剋という問題について積極的に発言している憲法学者・周永坤の所説に着目しつつ，人民代表大会の権限強化の是非について，司法権との関わりから論じていきたい.

(1) 一府両院報告の否決は喜ぶべきことか憂うべきことか

　すでに述べたように，現行憲法は，「一府両院」（人民政府，人民法院，人民検察院）が人民代表大会に対して責任を負い，その監督を受けると規定している．人民代表大会およびその常務委員会の一府両院に対する監督は，憲法・法律上，「立法・執法監督」，「活動監督」，「人事監督」等，きわめて多岐にわたる[5]．近年，人民代表大会はこれら監督機能を徐々に積極的に行使するようになり，一部の地方においては，人民代表大会が一府両院の活動報告を否決したり，共産党の用意した人事案を覆したりするといった事態まで出現している[6]．

　その中でも，中国社会に衝撃を与えたのは，2001年2月に，瀋陽市人民代表大会が瀋陽市中級人民法院の活動報告を否決した事例である[7]．中華人民共和国成立以来，省人民政府所在地の市（省都）の人民代表大会において，一府両院の1つである人民法院の活動報告が否決された初めての事例であったからである．瀋陽市では，当時，大型のスキャンダルが相次いで発覚していたという背景も手伝って，この事例に対して，中国のメディアおよび憲法学界はおおむね肯定的評価を与えた．例えば，『中国青年報』は，「人民代表大会が次第に真の権力機関になりつつあることを示している」（許崇徳），「中国民主政治の象徴的事件である」（韓大元）といった憲法学者たちのコメントを掲載している［「瀋陽人大不通過案：吹皺一池春水——専家指出，這是中国民主政治的標志性事件」『中国青年報』2001年2月16日］.

　ところが周永坤は，これは「喜ぶべきこと」ではなく，むしろ「憂うべきこ

[5) 人民代表大会の監督の内容については，蔡定剣［2003：372-383］；林伯海［2004：99-106］が詳しい.

6) 唐亮［2001：191-228］が多くの事例を紹介している.

7) 事案の概要・経過については加茂［2006：291-292］；唐亮［2001：206］等を参照.

と」として，懸念を表明するのである．彼は，人民政府の活動報告については，その必要性を肯定するが，人民法院の活動報告については，憲法に根拠がなく司法の独立の原則にも反するためにこれを取り消すべきであると主張する．以下，その理由をみておきたい．

まず周永坤は，憲法の規定に着目する．現行憲法は，第92条において「国務院は，全国人民代表大会に対して責任を負い，かつ活動を報告する．全国人民代表大会の閉会期間においては，全国人民代表大会常務委員会に対して責任を負い，かつ活動を報告する」と，第110条第1項において「地方各級人民政府は，同級の人民代表大会に対して責任を負い，かつ活動を報告する．県級以上の地方各級人民政府は，同級の人民代表大会の閉会期間においては，同級の人民代表大会常務委員会に対して責任を負い，かつ活動を報告する」とそれぞれ規定している．人民政府の人民代表大会に対する活動報告は，「1954年憲法」，「1975年憲法」，「1978年憲法」にも規定が設けられていた．それゆえ，十分に憲法上の根拠を有している．ところが，これに対して，人民法院の人民代表大会に対する活動報告に関する規定は，事情がかなり異なっている．現行憲法は，第128条において「最高人民法院は，全国人民代表大会および全国人民代表大会常務委員会に対して責任を負う．地方各級人民法院は，それを選出した国家権力機関に対して責任を負う」と規定している．憲法第128条には，「活動を報告する」という文言が存在しないのである．人民法院の人民代表大会に対する活動報告は，以前の3つの憲法には規定が設けられていた．それなのに，現行「1982年憲法」においては，「責任を負う」としか規定されていない．この点について，彼は，「責任を負う」という表現と「責任を負い，かつ活動を報告する」という表現とには，明らかにその意味において違いがあるはずである，と述べ，現行憲法の制定者が司法活動と行政活動の性質の違いを意識して，「活動を報告する」という文言を設けるべきではないと考えたのではないか，と制憲者意思解釈を展開している．そして，このことは，司法の独立の観点において，現行憲法の制定者が以前の3つの憲法の制定者に比べ進歩していることを示しており，共産党第11期中央委員会第3回全体会議以降の「思想解放」運動および法制追求の結果であると論じている［周永坤・朱応平 2001：7-8］．

現行憲法には，人民法院の人民代表大会に対する活動報告が明記されていな

いが，個別法である「人民法院組織法」(1979年7月採択) が，第17条第1項において「最高人民法院は，全国人民代表大会および全国人民代表大会常務委員会に対して責任を負い，かつ活動を報告する．地方各級人民法院は，同級の人民代表大会およびその常務委員会に対して責任を負い，かつ活動を報告する」と規定している．人民法院の人民代表大会に対する活動報告に，憲法上の根拠はないが法律上の根拠があることについてどのように考えるべきか．周永坤は，一般法をもって憲法の規定を「改正」または「補充」することは適切ではないと主張する．なぜなら，第1に，全国人民代表大会は最高国家権力機関であるが，このことは，人民代表大会の権力が無限であることを意味するわけではないからである．人民代表大会の権力も，何よりもまず憲法の範囲内で行使されなければならない．また，第2に，「憲法至上」が貫徹されなければならないからである．憲法は，前文においてそれは「国家の根本法であり，最高の法的効力をもつ」と，第5条第3項において「すべての法律，行政法規および地方的法規は，憲法に抵触してはならない」と規定している．つまり，彼に言わせれば，現行の「人民法院組織法」の当該規定が憲法に違背しているのである ［周永坤・朱応平 2001：8-9］．

さらに，上述したような憲法上の理由以外に，人民法院の活動報告を停止すべき理由として，周永坤は，3点の法理上の理由を挙げる．第1に，人民法院の内部構造との矛盾である．人民法院の内部構造は，法律に基づき裁判権を行使する裁判官の活動の需要に適応し，高度に分散したものでなければならない．権力の集中は司法の公正に対する最大の脅威となる．第2に，法治国家における司法機能との矛盾である．人民法院院長の人民代表大会に対する活動報告は，必然的に人民法院の行政化を推し進めることになる．具体的にいえば，人民法院院長の行政首長化と審級制度の形骸化である．それにより，個々の裁判官の自主的地位を喪失させてしまう．第3に，裁判の専門性との矛盾である．人民法院の裁判の最終性は，人民法院の権威の保障なのである．もし，司法の権威の上にさらにもう1つ権威が増えれば，必然的に司法の権威を損なうことになる ［周永坤・朱応平 2001：10-11］．

以上のような周永坤の学説は，中国の学術界においてはいまだ少数意見に留まっている．法学界，政治学界を問わず，学術界は，総じて一府両院の人民代

表大会に対する活動報告について積極的な評価を下している．理由はすでに述べたとおりである．すなわち，憲法が採用する人民代表大会制度および「民主集中制の原則」という法制度的・法理論的な理由，および人民代表大会の監督権行使の活発化に対する期待という実践的な理由である．このような法学界の多数説と期待を受けて，2006年8月に「各級人民代表大会常務委員会監督法」が制定・公布された．同法は，第1条において「全国人民代表大会常務委員会および県級以上の地方各級人民代表大会常務委員会が，法律に基づき監督職権を行使することを保障し，社会主義的民主を発展させ，法律に基づいて国を治めることを推進するため，憲法に基づき，本法を制定する」と規定し，「第2章：人民政府，人民法院および人民検察院の特定項目活動報告の聴取および審議」という章を設けている．周永坤は，同法制定の後も，自身の立場に変更はないと明言し，人民代表大会の権力が大きくなりすぎることを理由に同法については高い評価を与えていない［周永坤 2008］．

(2) 人民代表大会制度の下での違憲審査の可能性

人民代表大会の権限強化に疑問を呈し，人民代表大会に対する司法権の牽制を必要不可欠のものと考えるのであれば，違憲立法審査権の導入は避けては通れない論点である．

違憲審査制の導入を含む憲法保障・憲法監督の問題は，現行「1982年憲法」の起草・制定当初から今日に至るまで，憲法学界において熱心に議論され，具体的な制度の構想をめぐっても多種多様な提案がなされてきた．現在，何らかの憲法監督機構を設置することが急務であるという1点においては，憲法学者の間で共通認識が形成されているものの，その具体的内容については，現行の人民代表大会制度をどのように評価するかと直接に関連する問題であるだけに，その意見には分岐がみられる[8]．

周永坤は，違憲審査制の導入を積極的に提唱する憲法学者の1人である．彼

---

8) 憲法監督について論じた研究成果は，中国においてはもちろんのこと，日本においても数多く公表されており，枚挙にいとまがない．さしあたり，王振民［2004］；莫紀宏［2006］；李忠［2002］；鹿嶋［2004 (20)：1-25, (21)：1-18］；胡錦光・韓大元［1996：107-119, 121-141, 143-180］等を参照．

は，(一) 憲法および法律の権威と安定の擁護，(二) 法秩序の統一性・連続性・実効性および政令の統一の擁護，(三) 人民代表大会制度の権威の擁護，(四) 公民の憲法的権利の保障，(五) 規範の制定をもって私利を図る行為の制止，(六) 社会の転換の円滑な実現の保証，を理由に，違憲審査制導入の意義を強調する．そして，「法律道具主義」の考え方が後退し，憲法の部分改正で「中華人民共和国は，法律に基づいて国を治めることを実行し，社会主義法治国家を建設する」(第5条第1項)，「国家は，人権を尊重し保障する」(第33条第3項) という条項を新設した今こそ，違憲審査制導入の好機であると説く．

現在，違憲審査制の制度構想をめぐっては，憲法学界の学説は，全国人民代表大会あるいはその常務委員会の下に何らかの憲法監督委員会を設置する説と人民法院に違憲審査権を付与する説とに二分されており，2つの学説は論者によってさらにそれぞれ細分化される．多数説は，細部において多少の違いはあるものの前者である．しかし周永坤は，「違憲審査制度は，人民代表大会制度そのものの改革にかかわる問題であり，そのカギは，憲法の形式をもって人民法院に違憲審査権を付与することにある」と断言する．具体的には，まず，最高人民法院に独立した憲法法廷を設置するか，単独の憲法裁判所を設置して，それを違憲審査制度の頂点とし，同時に，中級以上の人民法院に違憲審査権を付与するという「混合型」の違憲審査制度を構築する．次に，憲法は，違憲審査を明定すると同時に，違憲審査の範囲と効力についても相応の規定を設け，裁判官の違憲審査権を制限する．さらに，人民代表大会の人民法院に対する「反牽制」の制度を設ける．

周永坤は，階級闘争のイデオロギーの中で，違憲審査制をブルジョア階級の専売特許として人民代表大会制度と対立するものとして把握・理解してきたことこそが誤りであり，司法に違憲審査制を付与することは，人民代表大会制度とは何ら矛盾しないと述べる．「人民代表大会制度に対する誤解の中で最も有害なのは，「人民」に対する誤解である．我々は，事実上，意識的・無意識的に「人民主権」を「人民代表大会主権」と理解してきた」[9][周永坤 2006：120-127]．立憲主義と民主主義は接合可能であるという彼の立場は，違憲審査制の導入を

---

9) その他，周永坤 [2003：23-29]，邦訳・解説として周永坤 [2004：119-139] をも参照．

めぐる議論においても一貫しているといえる[10] [周永坤 2007b].

2 司法院大法官会議の躍動——台湾

1. 司法院大法官会議の変遷

　台湾の憲法（正式名称は中華民国憲法．以下，第2節において「憲法」と略称）は，1946年に憲法制定機関である国民大会において制定され，翌1月に公布された．その後，7回にわたる部分改正を経て，今日に至っている[11]．憲法は，司法について規定する第7章の中で，司法院を民事・刑事・行政訴訟の裁判および公務員の懲戒を掌理する国家の最高司法機関であると位置づけている（第77条）．さらに，司法院は，憲法を解釈し，かつ法律および命令を統一的に解釈する権限を有する（第78条）．第78条が規定する事項を掌理させるためにおかれるのが大法官である（第79条第2項）．条文を一見すると，司法院はアメリカや日本の最高裁判所と似ているようにみえるが，実際には，司法院は具体的争訟事件を担当せず，人事や予算等の司法行政を担当する機関にすぎない．民事・刑事・行政訴訟の裁判および公務員の懲戒は，司法院の下に設置された最高法院，最高行政法院，公務員懲戒委員会等が行なう（「法院組織法」，「行政法院組織法」，「公務員懲戒委員会組織法」）．そして，憲法解釈（違憲審査）を行なう機関が，司法院に専属し大法官から組織される司法院大法官会議（以下，大法官会議と略称）である．

　大法官会議の変遷について，台湾の憲法学者の呉煜宗は，制度の面に着目してこれを3つの時期に分けている[12] [呉煜宗 2008；呉煜宗 2009a：81-82]．

　第1の時期は，憲法制定直後の1947年3月に「司法院組織法」が公布され

---

10) 周永坤 [2007a：78-89] において，違憲審査の民主的正当性を立証するアメリカの様々な理論が紹介されている．ただし，これら理論はそれぞれに弱点をも抱えている．例えば，阪口 [2001] を参照．
11) 「中華民国憲法」および各種法律の条文については，立法院HPから検索できる．同HPは，現行の法律だけでなく，すでに廃止された法律や現行の法律の改正前の条文も掲載しており，非常に有用である．
12) なお，中国大陸の憲法学者の牟憲魁は，大法官会議の変遷について，実際の憲法解釈の運用・機能の面に着目して，これを萎縮期（1952-76年），復権期（1976-93年），転換期（1993年以降）に区分している [牟憲魁 2009：79-146]．

て以降の時期である．同年12月に修正された同法第3条は，「司法院には大法官会議を設け，大法官17名をもってこれを組織し，憲法解釈ならびに法律・命令の統一解釈の職権を行使する（第1項）．大法官会議は，司法院院長を主席とする（第2項）」と規定していた．「司法院組織法」に基づき，1948年7月に司法院が成立し，総統は大法官候補17名を指名したが，監察院の同意が得られたのはそのうち12名であった．大法官は就任直後の9月に，申立人の範囲，解釈の手続・方法等を定めた「司法院大法官会議規則」を制定した．それによれば，憲法解釈の申請権者は中央または地方の機関に限定され，申請の事項も憲法の適用上の疑義または法律・命令の違憲疑義に限られていた．

　第2の時期は，1958年7月に「司法院大法官会議法」が公布されて以降の時期である．同法は，人民（国民）を憲法解釈の申請の主体として初めて認めた．ただし，人民の憲法解釈申請権の行使は，訴訟審理進行中ではなく，確定終局裁判を経た後の法律・命令の適用に限定される点に注意が必要である．また，解釈文の公布について，従来は主文のみであったのに対して，同法は解釈の理由書の添付も義務づけた．

　第3の時期は，いわゆる政治的民主化（「戒厳令」解除（1987年7月），第1回憲法部分改正（1991年5月公布））以降の時期である．1992年5月には第2回憲法部分改正が行なわれ，ドイツ流の「違憲政党審査制」が導入された．すなわち，「司法院大法官は，憲法第78条の規定による場合を除いて，憲法法廷を組織して政党違憲による解散事項を審理する（憲法増修条文第13条第2項）．政党の目的またはその行為が，中華民国の存在または自由・民主の憲政秩序に危害を与える場合は，違憲である（同条第3項）」[13]．これを受けて，立法院は「司法院大法官会議法」を全面改正し，1993年2月，新たに「司法院大法官審理案件法」が公布された．同法は，憲法法廷の組織，政党違憲による解散事件の手続および判決の効力等に関する規定を新設するとともに，憲法解釈の申請権者として，立法委員現員総数の3分の1以上，最高法院・最高行政法院（後に，

---

13) 台湾は，第1回憲法部分改正以降，修正条項を憲法本文の後に増補し（憲法増修条文），その後はその憲法増修条文を改正していくという方式で憲法改正を行なっている．司法院大法官についても，現在は，憲法増修条文第13条ではなく憲法増修条文第5条がこれを規定し，上述した憲法第79条もそれを受けて凍結されている．こうした憲法改正の方式が，一般大衆の憲法の理解を困難にしているという批判がある［李惠宗 2011：27-28］．

「釈字第 371 号解釈」（1995 年 1 月 20 日により下級法院にまで拡大））[14] を追加した．

呉煜宗は，こうした大法官制度の変遷を「「疑義の解答」から「紛争の解決」へ，「憲法体制の維持」から「国民権利の保護」へと発展してきている」と評価している［呉煜宗 2009a：82］．

2. 民主政と司法院大法官会議

中国とは異なり，現在，台湾はすでに民主政に移行し[15]，立憲主義を受容しているといってよい．台湾の民主政移行および立憲主義受容をいつの時点とするかは判断が難しく，論者によって見解は異なる．この点，1946 年 12 月に制定され翌年 1 月に公布された「中華民国憲法」が，その実施状況はともかくとして，内容だけをみれば，人民の権利（人権）と統治機構の両面において，立憲民主政（リベラル・デモクラシー）にふさわしい内容を有していたことに鑑みれば［ネイサン 1990：125-129；中村 2010：22-42；薛化元 2010：43-70］，「中華民国憲法」が公布され「訓政」から「憲政」への移行が宣言された 1947 年 1 月の時点で，中華民国はすでに形式的には立憲主義を受容していたといってよいと筆者は考える．ただし，その後，中華民国が台湾に撤退する前後に「憲政」を棚上げにしたこと（「動員戡乱時期臨時条款」（1948 年 5 月公布）や「戒厳令」（1949 年 5 月公布）等）は周知のとおりである．台湾における政治的民主化は，いわば凍結された立憲主義を解凍することでもあったのである．その意味では，「戒厳令」の解除（1987 年 7 月），第 1 回憲法部分改正と「動員戡乱時期臨時条款」の廃止（1991 年 5 月）といった台湾の政治的民主化にとって象徴的な時期を立憲主義の実質的受容の時点と捉えてもよいかもしれない[16]．つまり，合わ

---

14) 大法官解釈（解釈文および理由書）については，司法院大法官 HP から検索できる．
15) ここでいう「民主政」とは，狭義のそれ，すなわち，本論で紹介したような立憲主義と結びついた立憲民主政（リベラル・デモクラシー）を指すものとする．民主政への「移行」とは，立憲民主政を保障する憲法体制が成立すること，いわば，形式的な民主政の実現を指し，民主政の「定着」とは，そうした立憲民主政を標榜する憲法体制が文字どおり国家・社会レベルにおいて定着すること，いわば，実質的な民主政の実現を指す．「移行」がある時点を意味するのに対して，「定着」はその過程を意味する．
16) 台湾における立憲主義（憲政）の政治的展開については，松田［2012］を参照．歴史学者・政治学者の松田康博は，「台湾における憲政の最大の問題とは，脱内戦化を進めて，「あるべき憲政の姿」を復元することであった」［松田 2012：42］と述べており，その問題意識は筆者の把握・理解と近接しているといえる．

せ技1本なのであるが，本章では，とりあえず，2本目の「技あり」，すなわち1980年代後半から1990年代初頭の時期を民主政への移行の時点と位置づけたい．そして，それ以降が民主政定着の時期となる．

民主政移行以前の大法官会議は，解釈の重点を憲法解釈ではなく，法律・命令の統一解釈におき，それら解釈は結果として権威主義体制の維持に少なからず寄与していた［牟憲魁 2009：90-97］．台湾の憲法学者の黄昭元は，この点について，大法官が憲法裁判機関よりも，むしろ独裁者の護法または憲法美容師として役立っていた，と厳しく指弾している［黄昭元 1996：35］．

台湾において大法官会議が躍動し始めるのは，民主政への移行後，民主政の定着の時期においてである．次の3点を確認しておきたい．

第1に指摘すべきは，政党違憲事件を審理するための憲法法廷の設置（第2回憲法部分改正，「司法院大法官審理案件法」）は，1986年9月に結党された民主進歩党（民進党）への警告をその狙いとしていたということである．当時の政府・与党（中国国民党）は，政治的民主化のうねりの中で，民進党の結党自体は容認せざるをえなかったものの，1991年10月に，民進党が「台湾独立」をその綱領に掲げた点を問題視した．しかしながら，その後の内外の情勢の中で，結局，国民党は，民進党の綱領の憲法解釈，民進党自体の解散を大法官会議に申請することなく，現在に至っている．これまで，憲法法廷が政党違憲事件を審理したことは1度もなく，他の憲法解釈事件の中で口頭弁論の場に何度か利用されただけである［許宗力 2004：241-242；李仁淼 2006：130-132；牟憲魁 2009：118-123］．

第2に，台湾の憲法学者が総じて高く評価するのは，国民大会の廃止，「万年国会」の解体に大法官会議憲法解釈が果たした役割である．周志宏は，筆者のインタビューに対して「大法官会議憲法解釈が，国民大会の権限を漸次弱め，国民の政治参加の拡大を促してきた」と述べた[17]．その周志宏が真っ先に挙げたのが「釈字第261号解釈」（1990年6月21日）である．憲法疑義の解釈という形で出された同解釈は，「中央民意代表の任期制は，憲法に明定されてお

---

17) 筆者は，2009年10月31日から11月4日までと2010年10月19日から10月25日までの2度にわたり，台湾を訪問し，呉煜宗（世新大学）・周志宏（台北教育大学）・李仁淼（中正大学）にインタビューを行なった．

り，第 1 期の中央民意代表が当選・就任後，国家が重大な事変に遭遇したことで改選されずに職権を引き続き行使してきたことは，憲政体制の維持にとって必要なことであった」と述べる一方で，当面の情勢に適応させるために，定期的に改選されなかった第 1 期の中央民意代表は，「1991 年 12 月 31 日までにその職権の行使を終止しなければならない．さらに，中央政府は，憲法の精神，本解釈の趣旨および関連法規に基づき，速やかに全国的な次期中央民意代表の選挙を行ない，もって，憲政体制の機能を確保しなければならない」と明言した．この憲法解釈が，翌年の第 1 回憲法改正へとつながっていくのである．これに対して，憲法改正権を有し，憲法上中華民国の最高機関として位置づけられていた国民大会が，自らの延命を図り，国民大会代表および立法委員の任期延長等を憲法増修条文として成立させたのが，1999 年 9 月の第 5 回憲法部分改正である．この憲法部分改正は国民の激しい反発を買い，大法官会議は，「釈字第 499 号解釈」（2000 年 3 月 24 日）において，第 5 回憲法部分改正の手続上の重大な瑕疵を指摘して，憲法増修条文を違憲・即時失効とするまでに踏みこんだ．同解釈が，手続上の瑕疵の指摘に加えて，憲法の中の民主共和国樹立の原則（第 1 条），国民主権の原則（第 2 条），人民の権利の保障（第 2 章）および権力の分立と均衡の原則等を，自由・民主の憲政秩序を形成し憲法の存立を基礎づけるものであると位置づけ，これらの修正は憲政秩序の破壊であり正当性を有しない，と憲法改正の「限界」[18] を示したことも，人権・立憲主義の擁護という点から見逃せないだろう．

　第 3 に，民主政の前提条件でありかつ民主政の目的でもある人権の保障の面でも，1990 年以降，画期的な大法官会議憲法解釈がいくつか出されるようになった．まず，表現の自由（憲法第 11 条）については，「釈字第 445 号解釈」（1998 年 1 月 23 日）が注目される．同解釈は，「集会行進法」（1988 年 1 月公布）第 11 条の集会・行進の不許可要件の憲法適合性について，次のように判断し，違憲・即時失効とした．すなわち，同条第 1 項の「共産主義または国土の分裂を主張する」言論（1992 年法第 4 条）を集会・行進の不許可要件に含めるのは，主管機

---

18) 台湾における憲法改正の限界をめぐる議論について，李恵宗 [2011：28-29]，謝瑞智 [2009：216-217]．

関が集会・行進を許可する前に人民の政治的言論の内容を審査することを可能とし，憲法が保障する表現の自由の趣旨に違背する．また，「国家の安全，社会の秩序もしくは公共の利益に危害を与える虞があることを認定するに足りる事実がある場合」（同条第2項），「生命，身体，自由に危害を与え，または財物に重大な損壊をもたらす虞がある場合」（同条第3項）という表現は，具体性・明確性に欠け，憲法が保障する集会の自由の趣旨と相容れない［許宗力 2004：245-246；牟憲魁 2009：134-135］．次に，人身の自由（憲法第8条）については，「警察処罰法」（1943年9月公布，1991年6月廃止）の警察機関による刑事被疑者の身柄拘束に関する規定が憲法に違反すると判断した「釈字第251号解釈」（1990年1月19日），刑事手続上の勾留について検察官に多大な権限を与えていた「刑事訴訟法」（1928年7月公布）の関連条項が憲法に違反すると判断した「釈字第392号解釈」（1995年12月22日）等が特筆するに値する［李仁淼 2006：143］．

　このような大法官会議の現状については，台湾の憲法学者の多くがそれを積極的に評価しているが，他方で，若干の懸念も表明されている．制度改革の展望ともあわせ，以下の3点を指摘しておきたい．

　第1は，「政治の司法化（Judicialization of Politics）」とよばれる現象，およびそれへの対応である．「政治の司法化」とは，アメリカの政治学者・憲法学者のラン・ハーシュルによって提示された概念で，「本質的に倫理上の難題，公共政策の決定あるいは政治的論争に対応するために裁判所および裁判的方法に依存すること」と定義される［Hirschl 2008：2］．近年のタイの政治状況を説明する際にしばしば用いられる概念であるが［今泉 2011：135-138；下條 2013：25-29］，台湾の場合はどうであろうか．「司法院大法官審理案件法」は，立法委員現員総数の3分の1以上にも憲法解釈申請権を付与したが，それにより，政党間の政治的紛争が大法官会議の場にもちこまれることになった［郭銘松 2001：285；陳新民 2004：189］．政治的紛争の解決に大法官会議が乗り出した場合，もし，その大法官会議の判断が政治機関に受け入れられなければ，大法官会議の憲法解釈の権威は大きく損なわれることになる[19]．そもそも，権威主義体制

---

[19]　呉煜宗は，大法官会議の憲法判断に対して，立法院からの立法の不作為による抵抗や無視が少なからず存在すると指摘する［呉煜宗 2009：661-692］．

下においては，大法官会議は萎縮した状態におかれたために，「政治との距離」が問題となることは少なかった．しかしながら，民主政への移行後，大法官会議がその活動を活発化させる中で，「政治との距離」に大法官会議は苦慮し続けることになる．上述の「釈字第499号解釈」は大法官会議が政治に積極的に踏みこんだ事例である．他方で，大法官会議があえて政治に対して謙抑的な態度をとった事例も少なくない．例えば，上述の「釈字第251号解釈」では，「警察処罰法」の関連条項を憲法違反としながらもその失効を約1年半猶予し，立法府に一定の配慮を示した．また，「釈字第328号解釈」（1993年11月26日）では，中華民国の「固有の領土」（憲法第4条）の「確定は，重大な政治問題であるがゆえに，司法権を行使する憲法解釈機関によって解釈されるべきではない」と，アメリカの政治問題の理論（統治行為の理論）を用いて，憲法判断そのものを回避した．

第2は，人民主権的直接民主制への高い支持が，大法官会議の存立基盤と機能にも影を落としていると思われるということである．周知のとおり，1994年8月公布の第3回憲法部分改正により，総統は台湾地域の国民による直接選挙で選出されることとなった（憲法増修条文第2条）．また，立法院については，度重なる憲法部分改正の結果，現在，立法委員の定数は113人にまで減少し，選挙制度については小選挙区比例代表並立制が採用されている（憲法増修条文第4条，「公職人員選挙罷免法」（1980年5月公布））[20]．こうした民主主義優位の神話の下で，立憲主義の担い手である大法官会議の存在意義が問われているのである．現在，大法官のメンバーは，原則として4年ごとに半数が改選されるシステムであり，総統の指名・立法院の同意を必要とする（憲法増修条文第5条）．台湾の憲法学者の李仁淼は，この大法官の任命方式に対して強い懸念を表明する．すなわち，総統・立法院が，民意の支持をバックにして，あるいはそれを口実にして，人事権の行使において大法官会議に介入・干渉する可能性が否定できないというのである．日本やアメリカも，最高裁判所判事は内閣や大統領が任命ないし指名する．それゆえ，内閣や大統領による最高裁判所への人事面

---

20) 台湾の選挙制度の概略および選挙をめぐる憲法部分改正の経緯について，李惠宗［2011：143-146］，楊智傑［2009：44-45, 50-51］．

での影響力の行使はありうる．しかしながら，日本やアメリカの最高裁判所判事の任命・指名は欠員が出た場合の補充であり，4 年ごとに総統が大法官の半数を指名する台湾の状況とは決定的に異なっている，と李仁淼は述べる[21]．このようなシステムの中で，今後も大法官会議が，立法権や行政権に対して有効なチェック機能を果たしうるのであろうか．

　第 3 は，現在進行中の司法改革に対する評価をめぐってである．中国法研究者の鈴木賢は，「どの国でも司法改革は，改革の最後の時期に行われるものであり，この点から言えば，司法改革とは 1 番最後に残される民主化の課題である」と述べ，台湾の司法改革の方向性に対して肯定的な評価を与えている．司法改革の原動力になっているのは，民衆の裁判に対する不信感であり，不信感を増長しているのは深刻な賄賂の問題に他ならないと鈴木は指摘する［鈴木 2000：274-277］．また，民主政移行以前において，大法官会議が人権の保障よりも権威主義体制の維持に傾斜していたという点についてはすでに述べた．しかしながら，問題は，どのように司法を改革するかである．司法改革は，司法院の位置づけの改革と法曹養成制度の改革という 2 本の柱から構成されるが，憲法学者たちは，主として，前者の司法院の位置づけについて，違憲審査制の改革ともあわせて，1990 年代から活発な議論を展開してきた［許宗力 2004：247-251；李仁淼 2006：146-161 等］．呉煜宗は，台湾において，国民と違憲審査制（司法権ではなく違憲審査制である点に注意）との間に「距離」ができてしまっていると指摘する[22]．すなわち，台湾の大法官会議は，ドイツ型の憲法裁判所と接近したものであるため，違憲審査権が大法官会議に集中し，アメリカや日本のように，下級裁判所が違憲審査権を行使することはない．そのため，裁判を通じた市民運動が起こりにくいのである．しかしながら，違憲審査制を国民に身近なものにするためにはどうしたらよいのであろうか．アメリカ型の付随的違憲審査制の導入で弊害は解消されるのであろうか[23]．また，司法をも「民主化」することが，かえって立憲主義を浸食していくことになりはしない

---

21) 2010 年 10 月の台湾訪問時における李仁淼へのインタビュー（注 17）．
22) 2009 年 11 月，2010 年 10 月の台湾訪問時における呉煜宗へのインタビュー（注 17）．
23) 李仁淼はアメリカ型の違憲審査制の導入に憂慮を表明している［李仁淼 2006：161-165］．

だろうか．憲法学者たちの議論は続いている．

おわりに

通俗的にいえば，民主主義とは，「みんな（多数）で決めること」，そして，その過程と結果に価値を認めることである．民主主義には，人々の意見が対立する問題に対して，社会全体としての統一した結論を下すという役割が期待される．しかしながら，世の中には，「みんな（多数）では決められないこと（可否）」，「みんな（多数）で決めてはならないこと（是非）」がある．民主主義が問題の解決に失敗し社会の重大な危機を招いた事例，あるいは「民主主義」の名の下に個人や少数者の人権・自由が抑圧された事例，これらは，歴史上枚挙にいとまがない．「みんな（多数）で決めるべきこと・決めてよいこと」と「みんな（多数）で決めてはならないこと」との境界を確定し，民主主義の射程を限定することが，立憲主義の眼目である．それは，とりもなおさず，民主主義が良好に機能することを保障するためでもある［長谷部 2004：29-42］．

そうはいっても，この境界の線引きはきわめて難しく，それについて一義的な答えがあるわけではない．

台湾においては，「みんなで決める」ということを具体的に体現する制度を一般市民が自分たちの手で創りあげてきた．総統直接選挙の導入，憲法改正手続における国民投票の新設等，新しく制度を設けたものもあれば，「万年国会」の廃止による議会（立法院）の活性化等，これまで凍結されていた憲法の制度を起動させたものもある．この過程こそが政治的民主化の過程（民主政への移行）そのものであったといってもよいだろう．大法官会議の積極的な活動も，そうした民主政への移行を推進するにあたり大きな役割を果たした．つまり，民主政への移行においては，国家権力の濫用・恣意的行使を制限するという目標を実現するために，「民主主義も立憲主義も」双方が必要とされたのである．ところが，民主政への移行後，民主政の定着の時期においては，大法官会議は，権威主義体制の復辟の防止という面で引き続き民主主義を補完する役割を担うだけでなく，民主主義の暴走の抑止という面で民主主義を制御する役割も担うこととなった．台湾は「民主主義か立憲主義か」という困難な課題に直面する

ことになったのである．

　これに対して，中国は，1949年10月の建国以降，今なお立憲主義を受容していないとみるべきであると筆者は考えている．国家権力だけでなく個々人にも憲法の擁護・遵守義務を課していること，個々人の価値の相対性の保障に消極的ないし否定的であること等，中国憲法の規定および理論と西欧的な近代立憲主義との間にはなお埋めがたい溝が存在している[24]．その一方で，民主主義（広義）についていえば，本論でみたように台湾よりも徹底した「みんなで決める」制度を採用している．しかしながら，人民代表大会制度およびその選挙制度が，その運用において，実際には様々な問題を抱えていることは周知のとおりである．中国の一般市民はこれまで「みんなで決めた」という経験がなく，現在も「みんなで決める」場と機会が与えられていないのである．そのような状況の下で，毛沢東の「文化大革命」や薄熙来の重慶統治等，しばしば立憲民主主義とは異なる動員型・ポピュリズム型民主主義が出現し，少なからず一般市民はそれに魅惑された．周永坤ら憲法学者たちは，こうした動員型・ポピュリズム型民主主義の再演およびその結果としての少数者・個人の自由の抑圧を警戒し，「民主主義よりも立憲主義を」という選択を説いているのである．民主主義に懐疑の眼差しを向け，司法権の独立の確立および違憲審査制の導入を突破口に立憲主義を構築し人権・自由の保障を図るべきだとする周永坤ら憲法学者たちの主張には筆者自身首肯しうる点も多い．ただ，立憲主義も民主主義も実現していない段階での「立憲主義か民主主義か」という二者択一は，劣位する一方の端的な否定につながってしまうことになりはしないか．民主主義を過度に警戒し「国家と個人の二極対立」という構図の創出にこだわれば，個人は個人のままであって市民にはなりえないし，民意・公論は十分に生成しえないのではないだろうか．周永坤ら憲法学者の主張に対する筆者の若干の懸念である[25]．

---

24)　詳細については，石塚［2013］を参照．
25)　筆者は，中国において，国家と個人をつなぐ公共圏を構築するにあたり，陳情（信訪）が一定の役割を果たしうるのではないかと論じたことがある［石塚 2012：87-89］．

文献目録

中国語文献

蔡定剣［2003］『中国人民代表大会制度（第 4 版）』法律出版社．

陳新民［2004］「我国立委声請釈憲制度的「質変」？——兼談所謂的「予防式的違憲審査権」制度的改正」『月旦法学雑誌』第 105 号．

鄧小平［1994］『鄧小平文選（第 2 版）』人民出版社，第 2 巻．

郭銘松［2001］「違憲審査機制解決政治僵局可能性之評估——以司法院大法官針対政治部門権限争議之解釈為中心」『台大法学論叢』第 30 巻第 2 期．

胡錦光・韓大元［2004］『中国憲法』法律出版社．

黄昭元［1996］「従「違憲但不立即無効」的大法官解釈検討我国的違憲審査制度」『月旦法学雑誌』第 12 号．

李惠宗［2011］『中華民国憲法概要——憲法生活的新思維（第 9 版）』元照出版．

李忠［2002］『憲法監督論（第 2 版）』社会科学文献出版社．

立法院 HP（立法院全球資訊網）http://www.ly.gov.tw/innerIndex.action の立法院法律系統 http://lis.ly.gov.tw/lgcgi/lglaw

林伯海［2004］『人民代表大会監督制度的分析与構建』中国社会科学出版社．

莫紀宏主編［2006］『違憲審査的理論与実践』法律出版社．

司法院大法官 HP　http://www.judicial.gov.tw/constitutionalcourt/

王振民［2004］『中国違憲審査制度』中国政法大学出版社．

呉煜宗［2009b］「立法不作為的違憲訴争性——自由民主之憲政秩序与釈字第 632 号解釈」（廖福特主編『憲法解釈之理論与実務』中央研究院法律学研究所籌備処専書（8））．

謝瑞智［2009］『中華民国憲法』台湾商務印書館．

楊智傑［2009］『図解憲法』書泉出版社．

周永坤・朱応平［2001］「否決一府両院報告是喜是憂」『法学（滬）』第 5 期．

周永坤［2003］「政治文明与中国憲法発展」『法学（滬）』第 1 期．

――――［2006］「試論人民代表大会制度下的違憲審査」『江蘇社会科学』第 3 期．

――――［2007a］「違憲審査的民主正当性問題」『法制与社会発展』第 4 期．

――――［2007b］「周永坤訪談録（8 月 15 日）」『平民法理（周永坤ブログ）』http://guyan.fyfz.cn/b/578221

――――［2008］「関於立憲主義的訪談——答石塚迅先生（7 月 30 日）」『平民法理（周永坤ブログ）』http://guyan.fyfz.cn/b/585748

日本語文献

芦部信喜（高橋和之補訂）［2015］『憲法（第 6 版）』岩波書店．

石塚迅［2012］「政治的権利論からみた陳情」毛里和子・松戸庸子編『陳情——中国社会の底辺から』東方書店．

――――［2013］「中国憲法の改正，解釈，変遷」北川秀樹・石塚迅・三村光弘・廣江倫子編集委員『現代中国法の発展と変容——西村幸次郎先生古稀記念論集』成文堂．

今泉慎也［2011］「司法化するタイ政治——憲法裁判所の政党解散命令判決」『アジア法研究』第 5 号．

鹿嶋瑛［2004］「中国における憲法保障——現行82年憲法下における憲法監督制度を中心に（一）（二・完）」『法学研究論集』明治大学大学院，第20号・第21号．
加茂具樹［2006］『現代中国政治と人民代表大会——人代の機能改革と「領導・被領導」関係の変化』慶應義塾大学出版会．
許宗力（宮地基訳）［2004］「台湾における憲法裁判」ドイツ憲法判例研究会編『憲法裁判の国際的発展』信山社．
胡錦光・韓大元［1996］『中国憲法の理論と実際』成文堂．
木間正道・鈴木賢・高見澤磨・宇田川幸則［2012］『現代中国法入門（第6版）』有斐閣．
呉煜宗［2008］「台湾の憲法裁判機関の構造的発展」（アジア法学会研究総会における研究報告）国際基督教大学，11月15日．
―――［2009a］「台湾の憲法裁判機関——大法官会議の軌跡（報告要旨）」『アジア法研究』第3号．
阪口正二郎［2001］『立憲主義と民主主義』日本評論社．
下條芳明［2013］「「新アジア立憲主義」の構造問題——1997年および2007年のタイ憲法を素材として」『アジア法研究』第7号．
周永坤（石塚迅訳・解題）［2004］「政治文明と中国憲法の発展」『東京立正女子短期大学紀要』第32号．
鈴木賢［2000］「現代台湾における法の本土化——「中華民国在台湾」法から台湾法への転換」『北大法学論集』第51巻第4号．
薛化元（吉見崇訳）［2010］「憲法の制定から憲法の施行へ——「政協憲草」とリベラリストの憲政主張（1946～1972）」石塚迅・中村元哉・山本真編『憲政と近現代中国——国家，社会，個人』現代人文社．
唐亮［2001］『変貌する中国政治——漸進路線と民主化』東京大学出版会．
通山昭治［2000］「現段階における中国国家システムの基本問題——中国人大の司法に対する監督「強化」を素材として」『社会体制と法』創刊号．
中村元哉［2010］「近代中国憲政史における自由とナショナリズム——張知本の憲法論と中華民国憲法の制定過程」石塚迅・中村元哉・山本真編『憲政と近現代中国——国家，社会，個人』現代人文社．
ネイサン，アンドリュー・J［1990］「中国憲法における政治的権利」R・ランドル・エドワーズ，ルイス・ヘンキン，アンドリュー・J・ネイサン（斎藤惠彦・興梠一郎訳）『中国の人権——その歴史と思想と現実と』有信堂．
長谷部恭男［2004］『憲法と平和を問いなおす』ちくま新書．
―――［2006］『憲法とは何か』岩波新書．
畑中和夫［1994］「人民代表大会制度の比較憲法的検討」王叔文・畑中和夫・山下健次・西村幸次郎編『現代中国憲法論』法律文化社．
松田康博［2012］「台湾における憲政の展開過程概論——独裁か民主か？　中華民国か台湾か？」『現代中國研究』第31号．
牟憲魁［2009］『中国における違憲審査制の歴史と課題——大法官憲法解釈制度を中心として』成文堂．

李仁淼［2006］「台湾における違憲審査制の新展開――アメリカ型か，ドイツ型かといった制度選択の論争を手がかりとして」大沢秀介・小山剛編『東アジアにおけるアメリカ憲法――憲法裁判の影響を中心に』慶應義塾大学出版会.

立憲デモクラシーの会 HP　http://constitutionaldemocracyjapan.tumblr.com/

英語文献

Hirschl, Ran［2008］"The Judicialization of Mega-Politics and the Rise of Political Courts," *Annual Review of Political Science*, Vol.11.

＊本章は，日本学術振興会科学研究費補助金（若手研究（B））「近現代中国憲法における「市民」の概念的・実体的検討」（課題番号：24730019）（2012-14年度）に基づく研究成果の一部である．

あとがき

　2014年4月1日，ベルギーのブルッヘに位置する欧州大学院大学（College of Europe）で講演した習近平国家主席は，次のように述べている．

　　1911年，孫文先生の指導する辛亥革命は，中国を数千年にわたり統治してきた君主専制制度を打倒した．古い制度が打倒されると，どこへ中国は向かったのか．中国の国情に合った道を，中国人は必死に探し求めたのだ．立憲君主制・帝制復活・議会制・多党制・大統領制など，すべてを考え，すべてを試したが，どれも結果として上手く行かなかった．最後に中国は，社会主義の道を選んだ．社会主義建設の実践において，我々には成功もあれば失敗もあり，深刻な曲折すら生じた．改革・開放以後は鄧小平先生の指導下で，我々は中国の国情と時代の要求から出発し，国家発展の道を探索・開拓して，中国の特色ある社会主義を作り上げた．……独特の文化的伝統，独特の歴史的運命，独特の国情は，中国が必然的に自身の特徴に合った発展の道を歩むよう決定づけた．そのような道へと我々は歩き出し，そして成功を収めたのだ．……世界は多方向へ発展するものであり，ましてや世界史は単線的に前進するものではない．中国が全面的に他国の政治制度や発展模式を模倣することはできず，さもなければ風土に合わないだけでなく，破滅的な結果すらもたらしかねないのだ．

　そして，「中国は東洋文明の重要な代表であり，ヨーロッパは西洋文明の発祥地である」と説く，彼の文化多元主義的な政治発展論の当否は，ここで問わないことにしよう（2015年のイギリス訪問時にも，彼は同趣旨の発言を行なっている）．しかし，その発祥地であるヨーロッパにおいて彼が，「水土不服〔風土に合わない〕」を理由に拒絶した議会制民主主義が，中国で100年来どのように追求され，どのように挫折し，またどのように変形を遂げて，現在の政治体制を形成するにいたったのかを，ある程度は本書において明らかにできたものと，編者としては考える．

あとがき

　本書は，日本学術振興会科学研究費（基盤研究(C)）「近代中国政治体制史の再検討　議会制度と統治正統性」（2012～2014年度），および中央大学特定課題研究費「近代中国政治体制史の再検討」（2012～2013年度）の成果の一部である．そして，本書の原型となったのは下記2回のワークショップだが，各章の執筆者には報告者として，李暁東（島根県立大学）・丸田孝志（広島大学）両氏には討論者として参加をお願いし，また九州大学・広島大学の方々に協力を仰いだことを付記しておきたい．

　「中国議会百年　政体与正統化之成敗」2013年7月6日（九州大学）

　「中国代議政治百年　民意，選挙，体制」2014年7月26日（広島ガーデンパレス）

　本書の出版を引き受けてくださったのは，2009年刊行の共編著『模索する近代日中関係――対話と競存の時代』でお世話になった東京大学出版会の山本徹氏であり，編集作業は同会の神部政文氏に担当していただいた．さらに本書の刊行にあたっては，東京大学出版会の学術書刊行基金を受けた．

　これまでご支援くださったすべての方に，この場を借りて衷心からの謝意を表する．しかし，なんらかの瑕疵が本書にあるならば，その責めを編者が一義的に負うべきことは，もちろん言うまでもない．

2015年10月30日

深町英夫

索引

ア行

アメリカ（米国）　8, 38, 45, 58, 60, 88, 108, 111, 114-116, 120, 122, 124-128, 130-132, 153, 157-159, 162, 183, 191, 193, 226, 240, 271, 276
安徽派　→皖系
安福倶楽部（安福系）　10, 64-66, 68-81, 87
イギリス（英国）　5, 45, 57, 86, 89, 100, 111, 112, 124, 125, 157
違憲立法審査権　18, 264, 269
一院制　145, 146
一党独裁　17, 101, 105, 106, 130, 147, 158, 227, 231, 233, 241, 242
一府両院　18, 266, 268
閻錫山　94, 95, 98
袁世凱　7-9, 25, 27-29, 35, 40, 45, 49, 50, 54-56, 58, 60, 66, 71, 72, 88
王雲五　111
汪精衛　44, 49, 95, 97, 98, 107
王世杰　107, 111, 112
王寵恵　113

カ行

階級闘争　216, 270
戒厳令　18, 272, 273
外来人口　239, 240
カイロ会談　111
各級人民代表大会常務委員会監督法　249, 269
過渡期の総路線　14, 153, 154, 156, 163, 166, 178
華北臨時人民代表大会（華北人代）　140, 141, 147
皖系（安徽派）　10, 68, 70, 71, 75, 76, 79, 80

諫言者　17, 250-252, 255-257
議院法　78
議行合一　16, 227, 228, 230, 231
己未倶楽部　70, 71, 73, 76
九・一八事変　97
旧交通系　71, 76
旧国会　→第1次国会
共産党　→中国共産党
龔心湛　75-78, 80, 81
行政院　66, 98, 108, 111, 113-115
——新聞局　109
共同綱領　→人民政治協商会議共同綱領
共和党　33, 35
軍事委員会　109, 110, 113
——委員長　110
——委員長侍従室第2処　109, 111, 112
——戦時新聞検査局　109
訓政　11-13, 20, 59, 85, 95-98, 105-107, 110, 114, 115, 123, 124, 273
軍政　11, 13, 20, 59, 85, 123
権威主義　3, 12, 16, 18, 21, 105, 119, 120, 127, 132, 133, 142, 147, 225-227, 230-232, 234, 235, 241, 247, 248, 258, 274, 276, 278, 279
研究系　67, 68, 71, 89, 183
憲政　11-13, 20, 43-45, 49-51, 59, 60, 85, 97, 98, 105-109, 111-116, 120, 123, 124, 127-129, 131, 154, 167, 191, 194, 196, 202, 272, 273, 275
——運動　109, 111
——実施協進会　111, 112
憲法法廷　270, 272, 274
黄炎培　112, 155, 158, 159
江沢民　20, 251
抗日戦争　→日中戦争
胡漢民　90, 93

国防最高委員会　　106, 109-113
国民会議（国大）　　11, 12, 85, 86, 93-97
国民革命（北伐）　　6, 11, 19, 92, 93, 116, 123, 194
国民参政会　　11, 12, 20, 85, 98, 99, 106, 107, 109-111, 113, 115, 121, 124, 146, 196
国民大会　　11, 13, 15, 18, 20, 21, 65-67, 81, 85, 86, 97-100, 114, 123, 124, 128, 129, 146, 160, 191-195, 198, 199, 201, 202, 207, 208, 214, 218, 271, 274, 275
国民党　　8, 9, 11, 34, 35, 39, 40, 44, 45, 49-51, 55, 68, 90, 91　　→中国国民党
国民投票　　279
国務院　　16, 69, 70, 73, 77, 78, 88, 196, 215, 267
国務総理　　67, 69, 73, 75, 76, 81
呉国楨　　113
五五憲草　　→中華民国憲法草案
国会組織法　　7, 27, 68, 69, 78, 87
国共内戦　　13, 66, 108, 114-116
胡適　　58, 125
コーポラティズム　　12, 86, 96, 97, 101

サ　行

載濤　　206, 207, 209-211, 216, 217
差額選挙　　145, 146
左舜生　　111
参議院　　7, 8, 68-70, 72-79, 90, 91　　→臨時参議院
――議員選挙法　　7, 68
三権分立　　4, 16, 18, 66, 138, 264
三三制　　138, 143
三反五反運動　　163, 164, 166
諮議局　　6-8, 26, 28
資政院　　6, 7, 54
思想解放　　58, 267
七・七事変　　99
支配の合理化　　250
施復亮　　155, 166
司法院　　271-273, 278

――組織法　　271, 272
――大法官会議　　18, 271, 272
――大法官審理案件法　　272, 274, 276
司法権の独立　　264, 280
社会主義法治国家　　270
社会的包摂　　250
上海総商会　　73, 89, 94, 97
衆議院　　8, 28, 32, 52, 68-70, 72, 73, 75, 76, 78-80, 90
――議員選挙法　　7, 27, 30, 68
出版法　　113-115
商会　　65, 73-76, 80, 81, 87-90, 95, 97, 98
蒋介石　　11-13, 66, 94, 96, 97, 99, 105, 106, 108, 110-114, 119-133, 160, 194-197, 199, 201, 208
省議会　　7-9, 19, 27-31, 34-36, 38, 40, 68, 90, 91
章乃器　　155, 165, 166
邵力子　　111, 112
職能代表　　11, 12, 14, 20, 85, 86, 88-93, 95, 97-101, 107, 145, 146
舒舎予　　205, 206, 209, 216, 217
徐樹錚　　68, 70, 71, 79-81
徐世昌　　69, 71, 74-76
辛亥革命　　7, 15, 19, 26, 36, 43-46, 48, 49, 58, 65, 67, 116, 193-195, 206, 217, 218
人権　　45, 234, 263, 270, 273, 275, 278-280
新国会（安福国会）　　→第2次国会
清朝　　5-7, 9, 11, 15, 19, 25-27, 30, 37, 40, 41, 43-46, 48, 59, 87, 191-193, 198, 213, 215, 217, 218
進歩党　　48, 49, 51
人民検察院　　18, 184, 263, 266, 269
新民主主義　　153, 154, 162, 163, 165, 170
人民政治協商会議（政協，人民政協，新政治協商会議，新政協）　　4, 5, 13, 14, 16, 20, 21, 137, 138, 141, 142, 144-147, 150, 156, 157, 160-162, 183, 216, 236, 251, 253, 254, 257, 258
――共同綱領（共同綱領）　　14, 141, 142,

索　引

144, 149, 156, 171

人民政府　　13, 18, 67, 138, 141, 143, 144, 158, 171, 183, 205, 206, 209, 237, 250, 251, 263, 266, 267, 269

人民代表会議　　14, 88, 137, 138, 141, 145, 150, 155, 156, 162, 165, 205, 206, 209

人民代表大会（人大，人代）　　4, 13-18, 20, 21, 63, 65-67, 81, 138, 141, 150, 151, 153-163, 171, 185, 193, 204, 207, 209, 211, 212, 216-218, 226-231, 233-242, 247-258, 263-270

人民法院　　16, 18, 237, 254, 263, 264, 267-270
　──組織法　　268

スターリン　　14, 126, 153, 157, 159, 162

政治協商会議（旧政協）　　66, 99, 100, 138, 148, 161

政治参加　　9, 11, 14, 15, 17, 120, 133, 153, 164, 191-193, 199, 200, 204, 207-209, 211, 226, 227, 233, 234, 242, 251, 274

政治の司法化　　276

正統性（正当性）　　4, 10, 13, 15, 17-21, 26, 38, 40, 41, 63-65, 81, 132, 137, 138, 141, 142, 147, 148, 156, 159, 161, 162, 193, 204, 205, 231, 240, 247, 271, 275

選挙委員会　　14, 17, 92, 145, 158, 164, 172, 175, 176, 179, 181, 184, 186, 187, 208, 209, 211, 213, 216, 217, 235-238, 242

全国教育会連合会　　89

全国商会連合会　　88, 89

全体主義　　3, 4, 11

宣伝部　　107-114, 175

宋教仁　　8, 39, 44, 49, 51

総統　　13, 66, 115, 129, 208, 272, 277-279

ソ連　　43, 61, 86, 89, 105, 114-116, 126, 131, 157, 161, 205, 225, 234, 264

孫科　　91, 93, 97, 98, 112

孫文　　7, 9-12, 19, 44-46, 59, 65-67, 81, 85, 86, 91-94, 96, 99, 123, 137, 147, 194, 204, 217

村民委員会　　226

タ　行

第1次国会（旧国会）　　8-10, 50, 51, 59, 60, 66-69, 72, 81, 87

代議制（代表制）　　3-5, 20, 52, 60, 61, 85, 88, 261

体制移行　　3, 226, 230

大総統（臨時大総統）　　7, 9, 10, 25, 31, 39, 49-51, 55, 56, 66, 67, 69, 71-78

第二革命　　9, 10, 45, 48, 51, 52

第2次国会（新国会，安福国会）　　10, 64-72, 80, 81

代表者　　4, 17, 110, 138, 251, 252, 255-258

代表制　　→代議制

代理者　　17, 250-252, 255, 256

段祺瑞　　10, 67, 68, 69, 70, 81

地域代表　　11, 14, 17, 85, 89, 145-147

中央図書雑誌審査委員会　　109

中央日報　　110, 112

中華人民共和国憲法　　16, 154, 159, 162, 163, 263

中華民国訓政時期約法　　11, 97

中華民国憲法　　11, 12, 18, 85, 89, 100, 106, 109, 115, 125, 128, 160, 271, 273

中華民国憲法草案（五五憲草）　　11, 67, 85, 89, 99-100, 146, 194

中華民国臨時約法（臨時約法）　　7, 9, 10, 27, 64, 66, 69, 70, 72, 76, 78, 80, 81, 88

中国共産党（共産党）　　5, 13-18, 20, 21, 43, 65-67, 81, 85, 88, 96, 99, 106, 108, 111, 112, 116, 120-122, 124, 126-132, 137-151, 154, 157, 163, 166, 169, 173, 175, 184, 187, 191, 193, 197, 204-206, 208, 209, 215-218, 226-228, 230, 231, 233, 235, 236, 238, 239, 241, 242, 247-252, 254, 255, 257, 258, 265-267

中国銀行則例（中行則例）　　65, 67, 70, 71, 75, 76, 79-81

中国国民党（国民党）　　11-15, 20, 21, 43, 46, 66, 67, 85, 86, 94-100, 105-112, 114-116, 119-

124, 126-131, 133, 137-141, 146-148, 160, 161, 166, 175, 180, 191, 193, 197, 199, 200, 203-208, 214, 218, 274
中国民主建国会（民建） 14, 153-156, 158-161, 163-166, 215, 229
中国民主同盟（民盟） 100, 155, 159-162, 183, 229
張君勱 66, 111, 125
張公権 72, 74, 77, 79, 80, 81
張志譲 111
張寿崇 197, 213-216
朝鮮戦争 150, 153, 156, 163
張東蓀 55, 56, 183, 184
張厲生 111, 113
陳布雷 111, 112, 114
天安門事件　→六・四天安門事件
天津講話 139
天壇憲法草案 64
ドイツ 8, 89, 97, 99, 272, 278
動員戡乱時期臨時条款（臨時条款） 115, 273
等額選挙 14, 15, 145-147, 174, 177, 185
党国体制 12-17, 20, 21, 150
鄧小平 140, 212, 265
党政分離 107-109, 265
統治の有効性の向上 17, 248, 258
董必武 112
トルーマン 153

ナ行

内政部 107, 109, 110, 113, 114
日中戦争（抗日戦争） 6, 11-13, 15, 20, 99, 107, 119-121, 124, 127, 128, 138, 143, 159, 194
日本 5, 6, 8, 19, 20, 40, 47, 88, 99, 153, 157, 161, 180, 193, 206, 228, 261, 262, 265, 269, 271, 277, 278

ハ行

薄熙来 280

馬星野 113
反右派闘争 16, 20, 148, 154
ファシズム 96, 97, 264
馮玉祥 93-95, 98
馮耿光 72, 77, 79
溥儒 193-197, 199, 200-202, 205, 208, 214
普通選挙（普選） 8, 13, 14, 20, 29, 91, 96, 100, 138, 141, 155, 156, 158, 160, 162-165, 167, 169, 171-176, 178, 179, 180-183, 185, 186, 188, 189, 193, 209, 211, 212, 215
フランス 8, 38, 45, 86, 264
ブルジョア（ブルジョアジー） 13, 100, 139, 141, 144, 148, 149, 151, 158, 159, 216, 270
文化大革命 16, 20, 265, 280
北京政府 10, 64, 72
彭真 14, 162, 166, 167
法統 10, 21, 64
北伐　→国民革命
ポピュリズム 18, 280

マ行

民主化 4, 18, 20, 26, 45, 101, 132, 225, 226, 262, 265, 272-274, 278, 279
民主集中制 18, 263, 264, 269
民主主義 3-5, 11, 12, 18-20, 37, 40, 96, 108, 115, 130, 132, 142, 158, 159, 161-163, 165, 167, 225, 226, 261-266, 270, 277, 279, 280
民主諸党派　→民主党派
民主進歩党（民進党） 274
民主党派（民主諸党派） 13, 14, 16, 139, 140, 142, 146-149, 151, 155, 159, 207, 229, 230, 237, 250
毛沢東 16, 137, 139, 140, 148, 150, 154, 156, 157, 159, 161, 167, 170, 188, 189, 280

ラ行

雷震 111
李宗仁 98, 129, 194, 195, 197
立憲主義（立憲制） 9, 18, 21, 48, 161, 163,

　　　　　261-266, 270, 273, 275, 277-280
立法院　　3, 9, 12, 13, 18, 20, 66, 97-100, 105-107, 109, 110, 112, 114-116, 127, 146, 166, 198, 271, 272, 276, 277, 279
劉少奇　　14, 139, 140, 148, 154, 157, 162, 163, 166, 167
梁寒操　　111
梁啓超　　28, 46, 48, 52, 54, 57, 58, 69, 71, 72, 89

領導　　17, 237, 257, 258
臨時参議院　　7, 8, 27, 28, 30, 63, 64, 66-69, 71, 72, 78
臨時大総統　　→大総統
黎元洪　　67, 72
冷戦　　114-116, 153, 157, 263
連合推薦　　15, 174, 175, 177, 185, 186, 209, 211, 218
六・四天安門事件（天安門事件）　　20, 251

執筆者一覧

[編者]
深町英夫　　　　　中央大学経済学部

[執筆者]
ジョシュア・ヒル　オハイオ大学歴史学部
王　奇生　　　　　北京大学歴史学部
金子　肇　　　　　広島大学大学院文学研究科
孫　宏雲　　　　　中山大学歴史学部
中村元哉　　　　　津田塾大学学芸学部
汪　朝光　　　　　中国社会科学院近代史研究所
杜崎群傑　　　　　中央大学経済学部
水羽信男　　　　　広島大学大学院総合科学研究科
張　済順　　　　　華東師範大学思勉人文高等研究院
張　玉萍　　　　　東京大学教養学部
中岡まり　　　　　常磐大学国際学部
加茂具樹　　　　　慶應義塾大学総合政策学部
石塚　迅　　　　　山梨大学生命環境学部

[翻訳者]
家永真幸　　　　　東京医科歯科大学教養部
衛藤安奈　　　　　東海大学教養学部

中国議会100年史
誰が誰を代表してきたのか

2015年12月21日　初　版

［検印廃止］

編　者　深町英夫
　　　　ふかまちひでお

発行所　一般財団法人　東京大学出版会
代表者　古田元夫
　　　　153-0041 東京都目黒区駒場4-5-29
　　　　http://www.utp.or.jp/
　　　　電話 03-6407-1069　Fax 03-6407-1991
　　　　振替 00160-6-59964

組　版　有限会社プログレス
印刷所　株式会社ヒライ
製本所　誠製本株式会社

©2015 Hideo Fukamachi, Editor
ISBN 978-4-13-036257-3　Printed in Japan

JCOPY〈(社)出版者著作権管理機構　委託出版物〉
本書の無断複写は著作権法上での例外を除き禁じられています．複写される場合は，そのつど事前に，(社)出版者著作権管理機構（電話 03-3513-6969，FAX 03-3513-6979, e-mail: info@jcopy.or.jp）の許諾を得てください．

編者	書名	判型	価格
貴志　俊彦 谷垣真理子　編 深町　英夫	模索する近代日中関係 対話と競存の時代	A5判	5800円
高原　明生 丸川　知雄　編 伊藤　亜聖	東大塾 社会人のための現代中国講義	A5判	2800円
青山　瑠妙　編 天児　慧	外交と国際秩序 〈超大国・中国のゆくえ　2〉	四六判	2800円
丸川　知雄　編 梶谷　懐	経済大国化の軋みとインパクト 〈超大国・中国のゆくえ　4〉	四六判	3000円
高原明生ほか編	日中関係史　1972-2012（全4巻）	A5判	3000〜 3800円
飯島　渉 久保　亨　編 村田雄二郎	シリーズ20世紀中国史（全4巻）	A5判	3800円
久保　亨ほか編	現代中国の歴史 両岸三地100年のあゆみ	A5判	2800円
岡本　隆司　編 川島　真	中国近代外交の胎動	A5判	4000円

ここに表示された価格は本体価格です．ご購入の際には消費税が加算されますのでご了承ください．